湖湘文化区域精粹

郴州
郴江幸自绕郴山

主编：毛健　胡祥苏
副主编：李国春　刘军勇

总编：刘建武　肖君华
副总编：贺培育　殷晓元

社会科学文献出版社
SOCIAL SCIENCES ACADEMIC PRESS (CHINA)

"湖湘文化区域精粹"丛书
编 委 会

主　　　任： 刘建武　肖君华

编　　　委：（按姓氏笔画排序）

马　娜　马延炜　王安中　王国宇　毛　健
冯海燕　伍新林　刘丽华　李　超　李　斌
吴小月　吴建平　张　霞　张　衢　杨　乔
陈　军　周少华　周亚平　周迎春　胡立安
胡丘陵　贺　辉　贺培育　聂方红　殷晓元
高　山　唐光斌　郭　钦　郭天保　潘小刚

总　编　辑： 刘建武　肖君华
副总编辑： 贺培育　殷晓元
编辑室主任： 李　斌　王安中

本卷顾问： 冯海燕
主　　　编： 毛　健　胡祥苏
副　主　编： 李国春　刘军勇

总　序

中华民族有五千多年的悠久历史，儒、道、法、墨、兵、阴阳、纵横家等思想流派源远流长，博大精深；哲学、艺术、文学、历史、地理、宗教等学术文化领域异彩纷呈，高潮迭起。海纳百川，浩浩汤汤。中华优秀传统文化就是在这个基础上逐渐形成并为全社会广泛认知的最大公约数，是中华民族生生不息、发展壮大的丰厚滋养，是中国特色社会主义植根的文化沃土，是当代中国发展的突出优势，是中国人的精神家园，是中华民族的"根"和"魂"。中华优秀传统文化的主要内容集中在核心思想理念、中华传统美德和中华人文精神方面，这些正面向上的文化基因对当代中国人的思想启迪、精神滋养和价值培育极其重要，不可或缺。中国文化精神中的讲仁爱、重民本、守诚信、崇正义、尚和合、求大同等核心思想理念，自强不息、敬业乐群、扶危济困、见义勇为、孝老爱亲等传统美德，文以载道、求同存异、形神兼备、俭约自守等人文精神，集中展现了中国人独特的智慧禀赋、精神追求、价值观念、生活旨趣，是中华优秀传统文化的精髓，在今天也有着最大的群体认同。传承发展优秀传统文化，就是要抓住重点，明辨视听，正本清源，激浊扬清，最大限度地形成认知和实践共识。

党的十八大以来，以习近平同志为核心的党中央高度重视弘扬中华优秀传统文化，把文化看成民族的血液和人民的精神家园，提出了创造性转化、创新性发展优秀传统文化的重要方针。中共中央办公厅、国务院办公厅《关于实施中华优秀传统文化传承发展工程的意见》，第一次以"两办"文件的方式印发各地，表明了我们党和政府对文化建设特别是传承与发展本民族优秀传统文化的高度重视，为传承发展中华优秀传统文化的理论与实践指明了方向。我们要按照中央的要求，整合全社会力量，通过深入研究，有序引导和增强人民群众对中华民族所创造的光辉灿烂的中华文化的认同自觉和坚定自信。

湖湘文化是中华传统文化的重要组成部分，既一脉相承，又具有鲜明的三湘地域特征和湖南文化个性。长期以来，湖湘文化因其独有的忧国忧民、敢为人先、自强不息、崇尚务实等优良品格而广为传颂。特别是其中的崇尚务实、敢为人先的实践品格是湖湘文化最富个性的特征，它彰显了湖南人忧国忧民的爱国主义精神，激励了湖南人奋斗不息的不屈意志，赋予了湖南人开拓创新、勇于进取的实干精神。"惟楚有材，于斯为盛。"湖湘文化的绚丽光彩，还表现在近代以来，湖南杰出人物睥睨天下、纵横捭阖，无数英雄竞折腰。一座岳麓山，半部中国近代史。这里不仅有魏源等人睁眼看世界，有曾国藩、左宗棠等湘军将帅，有谭嗣同、唐才常等人力推维新变法，有流血革命的黄兴，这里更是孕育了毛泽东、刘少奇等老一辈无产阶级革命家的热土，是红色革命文化的重要源泉。在社会主义现代化建设进程中，湖湘文化作为湖南发展的文化底蕴，有力助推了全省现代化的进程。因此挖掘湖湘文化的优秀传统和有益成分，实现湖湘文化的现代变革，服务于湖南现代化建设，是我们理论工作者在社会主义建设进入新时代时不可推卸的历史使命和责任担当。

在湖南，发掘、整理和研究湖湘文化，严格地说开始于湖广分治、湖南独立建省之后。反思与总结绵延不断，自信与自卑、表彰与批评交织在一起。前贤秉持这样一种严谨和较为理性的态度，在传播和弘扬湖湘文化的过程中，做了大量的工作。比如说，纂修第一部省志《乾隆湖南通志》，编辑《沅湘耆旧集》《湖南文征》，曾国藩兄弟不遗余力刊刻《船山遗书》。从民间到官府，通过举办这一系列文化工程建设，洗抹湖南"边鄙无文"的旧形象，构建湖南文化的道统谱系，塑造湖南与中原地区同沐圣恩、一道同风的文化气派。到民国时期，本土学者李肖聃的《湘学略》、刘茂华的《近代湘学概论》，以及国立师范学院钱基博的《近百年湖南学风》等，则把对湖湘文化的研究由清代以搜集整理文献为主推进到了综合研究的新阶段。中华人民共和国成立后，特别是改革开放四十年来，湖南的知识界更是把前人文献整理和综合研究两个方面结合起来，比如"湖南精神"的提炼发布、七百巨册的《湖湘文库》出版，《湖湘文化通史》等重点课题的完成，在全国产生了很大的影响。这些工作都卓有成效，值得我们今天好好学习和总结。

湖南省社会科学院是从事哲学社会科学研究、经济社会发展战略决策咨询的专门机构，是中共湖南省委、湖南省人民政府的思想库和智囊团。曾经在湖南地方文史研究方面取得很大的成绩，率先完成的大型科研成果有《湖南通史》古代、近代、现代三卷本，《湖南文学史》古代、现代、当代三卷本，《湖湘文化纵横谈》等，是湖南省社会科学研究的第一方阵和主要基地。2012年，省委研究同意在省社会科学院成立湖南省湘学研究院，明确要求进一步整合学术资源，深入开展学术研究，促进探讨交流，提升湖湘文化研究水平。我们要全面贯彻落实省委、省政府关于文化强省建设的决策部署，汲取历史的营养和先贤的智慧，弘扬湖湘文化的时代精神，增强湖南文化自觉和文化自信，加快建设文化强省和教育强省，提升湖南文化竞争力和软实力，推动湖湘文化走向世界。努力把湘学研究院建设成为湖湘文化的研究中心、宣传中心、学习中心和人才中心，为传承中华文化多盖一片瓦，为新时期湖湘文化建设多加一块砖。

由省湘学研究院组织编纂的"湖湘文化区域精粹"丛书，共15册，分为总论和14个市州分册，这个结构非常好。文化都有自己的共性和个性，中华传统文化从地域的视角看，有南方与北方、东部与西部、长江与黄河、沿海与内地之间的差别，它们在神州大地上都以母体文化为依托，形成各具特色、争奇斗艳的区域文化。十里不同风，百里不同俗。湖湘文化的发展历史也是一样，从三湘到四水，从洞庭湖到九嶷山，从湘东到大湘西，汉族民众和土家、苗、瑶、侗、白、回等少数民族同胞和睦相处，差别化的发展极大地丰富了湖南的文化光谱。湖南14个市州的文化作为湖湘文化的组成部分，如同湘资沅澧汇入洞庭湖一样，孕育和滋养了湖湘文化。研究地域文化，实际上就是研究文化的空间分布及其特征。从市州、县乡区域文化角度开展湖湘文化研究，不仅有助于我们将湖湘文化研究推向微观层面，还能帮助我们从文化层面增进当地人民群众对本土文化以及湖湘文化的认同，增强文化自信。此外，对市州湖湘文化精粹进行深入研究，对形成地域文化品牌，推进市州文化建设也有着重要的实践指导意义。我们可以把这一套丛书的编撰和出版看成湘学研究院的学者们在深入推进湖湘文化研究中的一次探索和试验。

不辱文化使命，创造性转化、创新性发展优秀传统文化，为实现中华民族的伟大复兴而努力奋斗，全省理论学术界任重而道远。期待全省从事思想文化和社会科学研究的同志们围绕建设湖南文化强省的目标，进一步拓展文史工作的深度和广度。一方面，湖湘文化是一种传统文化，也是农耕文明时期的人文思想和智慧，有精华也有糟粕，有进步的元素也有落后的内容。湖湘文化要实现由革命性文化向建设性文化转变，由封闭文化向开放文化转变，由重农文化向重工文化转变，由斗讼文化向和谐文化转变，由自负文化、"老子天下第一"向自信文化转变，由关注政治军事方面向崇商和重视经济转变，传统的湖湘文化如何创造性转化、创新性发展，适应新时代的新要求，助推湖南全省经济社会发展，这是一项刚刚起步的重大课题，希望每一位从事意识形态和社会科学研究的同志都来思考这个题目，求索解决问题的答案。另一方面，湖湘文化的精粹与中华民族文化的优良传统一脉相承。在培育和践行社会主义核心价值观的过程中，湖南应当以继承发扬优秀湖湘文化传统为切入点，做好湖湘优良传统文化与社会主义核心价值观的融合文章，通过着力深化社会主义核心价值观的文化内涵、文化认同、文化体验，不断把培育和践行社会主义核心价值观推向前进。

湖南省社会科学院党组书记　院长　刘建武

目　录

郴州赋 / 1

第一章　绵长悠远的历史源流 / 1
一　巫傩千古传歌弦 / 4
二　铁马金戈入梦酣 / 6
三　悠悠古郡马蹄疾 / 9
四　郴桂双雄竞风流 / 12
五　旌旗飘处舞大风 / 15
六　高歌唱出花千树 / 19

第二章　传诵千秋的文化奥区 / 25
一　神农作耒创农耕 / 27
二　百草橘井兴医药 / 32
三　矿物冶铸播远名 / 37
四　吾道南来理学宗 / 42

第三章　多元包容的精神特性 / 47
一　开拓进取勤创业 / 49
二　情系家国怀孝忠 / 55

三　知行合一笃诚实 / 59
　　四　善待民生重友情 / 64
　　五　刚毅不屈敢担当 / 68

第四章　卓有贡献的历代名人 / 73
　　一　名宦贤能传佳话 / 75
　　二　文人儒士留辞章 / 79
　　三　红色功臣存风范 / 82
　　四　科教俊杰万人尊 / 87

第五章　独具韵味的风土人情 / 93
　　一　饮食文化有特色 / 95
　　二　婚丧习俗展风情 / 99
　　三　农耕传统渗节庆 / 103
　　四　方言俗语竞风流 / 109

第六章　辉煌灿烂的文化艺术 / 119
　　一　神话美名传四海 / 121
　　二　诗文千年朝朝盛 / 122
　　三　昆曲兰花别一枝 / 135
　　四　民歌小调咏不尽 / 139
　　五　百花争艳满园香 / 142

第七章　异彩纷呈的科技教育 / 147
　　一　教育传统源流长 / 150
　　二　创造发明耀千秋 / 161
　　三　科技成果盛名扬 / 164

第八章　灵秀清淑的山水情韵 / 171
　　一　群峰竞秀耸云天 / 173
　　二　碧水温泉可赏玩 / 180
　　三　岩洞幽奇邃且深 / 186
　　四　福地宜居多公园 / 189

第九章　阅尽沧桑的人文景迹 / 195
　　一　仙佛寺观看来处 / 197
　　二　聚落古村叙伦常 / 203
　　三　寨堡要塞忆沧桑 / 207
　　四　红色旧址传初心 / 211

第十章　珍奇独秀的风物特产 / 217
　　一　矿物宝石藏郴山 / 219
　　二　手工物品赛天工 / 222
　　三　风味食品诱人馋 / 227
　　四　农副产品有名牌 / 231

结　语 / 241

主要参考文献 / 244

后　记 / 247

郴州赋[*]

泱泱中华，气象万千。锦绣潇湘，最美郴州！

郴山之势兮，逶迤俊秀。罗霄层峦叠嶂，云蒸霞蔚呈仙境；扶苍怪石嶙峋，昂首睐天唤女娲。熊峰参星抚云，纵览田畴美如画；莽山石峰千仞，谷深林幽杜鹃红。骑田固湘粤之咽喉，扼京广之通途。郴水之韵兮，灵动涵情。东江湖，万顷碧波照大千；热水温泉，炎液渲波沸似汤。郴江北去，成就洞庭潇湘；武水南流，哺育花城香江。郴洞之幽兮，深邃神奇。万华洞，怪石熔岩流异彩；通天宫，卧龙藏蛟天下惊。郴园之景兮，清明温馨。北湖水月伴霓虹，苏仙翠竹播清风；爱莲垂柳鸳鸯乐，相山鸟鸣指仙踪。哎嗱嘚！[①]郴州，华夏福地，清淑之乡。[②]

水流岁月，云观沧桑。古韵郴州一长卷，先辈功德今犹存。神农作耒，授民种谷，肇始农耕兴稼穑；虞舜南巡，祈福苍生，演奏韶乐《南风操》。义帝都郴，林邑筑宫画郴城；苏仙行善，橘井泉香成美谈。敦颐仕郴，悟道著书，濂溪一脉，理学开宗。湘粤古道越崇岭，亘古奇功；聚落古村重农桑，天人合一。汝城古祠堂，昭示祖先信仰；桂阳古戏台，演绎楚南遗风。湘南起义南天红，革命旧址传初心。"第一军规"出桂东，"半条被子"鱼水情。哎嗱嘚！郴州，文明奥区，[③]泽被千秋。

南岭悠悠，魁星高照。民尚忠义，人才辈出。昔日名宦贤能传佳话，文

---

[*] 本文原载于《郴州日报》2018年6月1日《林邑周刊》（文学版），编入本书时略有修改。
[①] 郴州市北湖区西部和桂阳县南部一带表示惊叹的语气词。
[②] 唐代文学家韩愈所写《送廖道士序》称郴州是清淑之气凝聚升腾的地方。
[③] 文明奥区是指历史深处的文明创新进化区域。

人儒士留辞章；今朝红色功臣创大业，科教俊杰竞风流。中国女排五连冠，起飞郴州；郴籍健儿夺金牌，耀眼环球。自古文风浩荡，今又百花争妍。文艺郴军，群星璀璨；精品佳作，层出不穷。古华抒情芙蓉镇，白薇赋诗春笋歌。阳春白雪数湘昆，下里巴人伴嫁歌。几曲绕梁音，尽是湘南韵味。山歌、小调、劳动号子，唱得回肠荡气；龙舞、狮舞、广场舞，舞出民俗风情。哎嗐嘚！郴州，地灵人杰，文运长盛。

天耀光华照郴山，地润物资阜民财。郴州乃八宝之地，有色金属之乡。山野藏珍稀，阡陌遍稻菽；水中游鱼虾，地下储金银。矿晶宝石，流光溢彩；手工物品，巧夺天工。永兴银都，遐迩闻名；"桂阳金叶"，享誉全国。东江蜜橘味浓郁，宜章脐橙色棕黄。玲珑茶香飘万里，倒缸酒美醉仙翁。还有那冰糖橙、舜华鸭、坛子肉、禾花鱼、捣辣椒、汝城板鸭、栖凤渡鱼粉，数不完的名优特产九州称誉，享不尽的风味美食四海名扬。哎嗐嘚！郴州，物华天宝，富饶恒昌。

改革开放迎盛世，新风催开花千树。忆昔日郴州，农耕之乡，偏闭山区；看今日郴城，创业高地，工商繁荣。山川新意无重数，林邑大地尽妖娆。哎嗐嘚！大美郴州，人间乐园。

天佑吾民兮，福祉万万年！

郴州市委宣传部副部长　胡祥苏

第一章 绵长悠远的历史源流

第一章 绵长悠远的历史源流

郴州,一个美丽而神奇的地方。

郴州的美丽和神奇,得益于悠悠南岭。南岭,横亘在赣粤、湘粤、湘桂之间,是中国南部最大的山脉。这条山脉由大庾岭、骑田岭、都庞岭、萌渚岭、越城岭5座主要山岭所组成,所以又称五岭。"五岭逶迤腾细浪",这是伟人毛泽东在《七律·长征》诗中描写五岭的美丽壮观图景。南岭是中国重要的地理界线。在自然方面,南岭是长江水系与珠江水系的分水岭,是热带与亚热带的分界地带:岭南是粤桂,岭北是湘赣;一边属华南,一边属江南。在人文方面,山的南面为岭南文化区,山的北面具有湘楚文化特色。所以,南岭是中国境内一个重要的"区域节"①。郴州地处南岭中部北麓,北瞻衡岳,南直韶广,东屏罗霄,西接九嶷,自古以来为中原通往华南沿海的"咽喉",既是"兵家必争之地",又是"文人毓秀之所"。由于气候温暖湿润,郴州山清水秀,风光旖旎,历来被誉为"四面青山列翠屏,山川之秀甲湖南"。

郴州的美丽和神奇,更得益于这里绵长悠远的历史和千百年来郴州人创造的文明成果。早在一万多年前,这个区域就有原始人在这块土地上繁衍生

---

① 区域节,是胡祥苏2006年在《区域节概念与湘粤赣红三角地区开发建设战略研究》一文中首次提出的新概念,是指一个大区域(包括自然、经济、政治、文化等类型区域)与另一个大区域相连接的地理部位,就像竹节和人体的关节一样。该文指出,在中国境内,南岭地区是大中原区域与华南沿海区域的区域节,甘肃省是大中原区域与新疆、青藏高原的区域节,燕山、秦皇岛地区是华北区域与东北区域的区域节。该文认为,把区域节开发建设好,不仅有利于区域之间经济社会文化交融,而且对维护国家统一、保持政治稳定也具有战略意义。

息。郴州是中华民族农耕文化的发祥地之一，是开创中国原始农耕文化的神奇地方。郴州历来是文人墨客荟萃之地，历代文人在此留下脍炙人口的诗文。在长期发展中，郴州人既充分汲取了湖湘文化"敢为天下先"的豪气和自强不息的锐气，又继承发展了岭南文化开放包容的大气和拼搏进取的勇气，成就了具有郴州地域特色的文化底蕴。

让我们先从历史沧桑中认识郴州吧！

一　巫傩千古传歌弦

根据古人类遗迹考古发现，旧石器时代晚期郴州这一带就有古人类活动。

1964年，湖南省地质部门在郴州桂阳县樟木乡上龙泉村的石灰岩山洞堆积物中发现第四纪哺乳动物化石，并采集一枚刻纹骨锥。骨锥经磨制刻划而成，磨制痕迹清楚，表面光滑，通体呈圆柱形，器身中部有横道刻划纹。经中国科学院古脊椎动物与古人类研究所鉴定，这个骨锥为旧石器时代晚期古人类遗物。刻纹骨锥属"刻纹记事"，是文字产生前的一种帮助记忆的方法，相当于"结绳记事"，是最早的原始记数、记事印记。

1960年在郴州安仁县何古山挖掘出新石器时代晚期古人类遗址，出土有磨制石器和陶器。石器有斧、锛、凿、箭镞、环等。陶器以夹砂红陶为主，纹饰主要为方格纹和几何形印纹。

2011年3月，郴州市文物处考古人员在桂阳县银河乡千家坪发掘古墓时，在春陵江河岸台地上发现距今6000年左右的新石器时代人类村落遗址。2011年和2012年，湖南省考古研究所组织有关人员对千家坪遗址进行了两期发掘。遗址堆积共有6层，其中第三层为商代遗存，第四至六层为新石器时代遗存，新石器时代遗存是千家坪遗址主体。在遗址的新石器时代文化层，发现了厚达30多厘米的陶片堆积。成千上万的红陶、白陶，器表均有装饰，而且纹饰精美，刻画、篦点、戳印是其主要装饰风格，凤鸟、太阳、獠牙兽面及其他复杂的几何形纹样，令人叹为观止。遗址中发现的房址、灰坑、墓葬、壕沟，已具备成熟聚落的基本特征。此外，还在陶器里发现了稻壳，说明当时此地已有较为发达的农耕文化。

依据考古发现，文史专家认为，郴州在新石器时代早期，主体居民是游走于南岭的渔猎族群。新石器时代早期，原始稻作农业虽已产生，并获得初步发展，但仍属火耕水耨原始农业的范畴，其采集渔猎仍是当时土著居民的主要生计。新石器晚期，采集渔猎虽仍存在，但以稻作为主的锄耕农业在整个经济中已开始占据重要地位。

根据文史资料反映，远古时期，炎帝神农氏、舜帝有虞氏都在郴州一带活动过。在郴州，至今仍有许多关于炎帝和舜帝的传说。在郴州市五岭广场，人们建造了"神农作耒"大型塑像（见图1-1）；在安仁县，建造了神农殿和炎帝塑像；在临武县，建造了舜帝塑像。这些都反映了郴州人对炎帝和舜帝的敬仰和尊崇。

图1-1 位于郴州市五岭广场的"神农作耒"大型塑像

神农氏被奉为农耕文化的始祖。炎帝神农氏在郴州一带留下很多丰功伟业。一是在古郴州耒山发明了农耕工具耒耜。耒山在今天的汝城县城西南部。《汉书·地理志》载，桂阳郡郴耒山，耒水所出。北魏郦道元《水经注》云："耒水出桂阳郴县南山。"耒山因炎帝神农氏在此地作耒而得名。《易·系辞下》云：神农氏"斫木为耜，揉木为耒，耒耨之利，以教天下"。耒耜是依靠人力用于翻土的生产工具，是畜犁的前身。在生产水平十分低下的原始社会，耒耜的发明使用，为人类由原始游牧生活向农耕文明过渡创造了条件。

二是教民种谷。《管子》云:"神农种五谷于淇田之阳,九州之人乃知谷食。"清朝王万澍《衡湘稽古》说:"淇田即骑田岭也,音同而字偶异。"《衡湘稽古》还说,"炎帝之世天降嘉谷,神农拾之,以教耕作,于其地为禾仓,后行以置县,循其实曰嘉禾。"三是尝百草,创中医,制本草。相传炎帝在郴州资兴一带采药误食毒草,头晕腹胀,无意中在身边灌木中抓了一把嫩叶放在口里咀嚼,即刻神志清醒,满目清怡。茶就这样被炎帝当作"救命草"传世。炎帝也因此被尊为"中华茶祖"。

舜帝有虞氏为五帝之一,《史记·五帝本纪》载:舜"南巡狩,崩于苍梧之野,葬于江南九疑,是为零陵"。舜帝南巡的路线,从蒲坂出发,由风陵渡过黄河,入潼关,经商洛,顺丹江,下汉水,过长江,到洞庭湖,自洞庭湖溯湘江南下,经韶山、衡山到永州,再从永州溯潇水而上,过道县、宁远、嘉禾、临武、宜章到韶关,最后由韶关经连州、蓝山到九嶷山。舜帝南巡临武的故事被人们口口相授,代代相承,广为流传。传说,舜帝南巡临武,有一天,他登上一座山峰,举目四望,但见山岭郁郁,武水潺潺。清风徐来,心旷神怡。于是,舜帝将琴摆放在石头上,轻抚琴弦而奏《韶》乐,口中吟唱《南风操》:"南风之薰兮,可以解吾民之愠兮;南风之时兮,可以阜吾民之财兮……"舜帝吟唱激昂,如虎啸龙吟,连琴下石头也砰然而动。后来,临武人将舜帝攀登过的山峰称为"舜峰",将他摆放琴的大石头称为"韶石",又在山腰建有虞帝祠,塑像祭奉。

二 铁马金戈入梦酣

商周时期,南岭一带为古越人居住,被历史学家称为方林地区。这个时期,境内的古越人开始从氏族社会进入阶级社会,并创造了成熟的青铜文化。从考古来看,临武、汝城、永兴、安仁等地都有商代遗址,郴州市城区发掘出了周代玉玦、铜斧等。到春秋战国时期,境内古越人在保持着原有的越文化的同时,开始吸收大量的先进的楚文化,表现为陶器和铁制工具的普遍使用,并随着越人南迁,将楚文化带入岭南。

春秋时期,楚成王(前671~前626年在位)奉周天子之命,实施战略转移,挥兵南下,楚国的势力范围可能远达五岭南部、桂江(又名浬水、湟水、连江）北岸，与百越部落相对峙。楚国占领五岭中部地区以后，数百年间，在百越部落的顽强抵抗下，管辖范围可能有所反复。文献资料显示，楚悼王（前401～前381年在位）时，重用吴起为丞相。吴起进行大刀阔斧的改革和征战，发起"南平百越"战争，征战楚国南面大片区域，把南方大块地区纳入到楚国范围，并建置了洞庭和苍梧两郡。《后汉书·南蛮西南夷列传》卷八十六记载："吴起相悼王，南并蛮越，遂有洞庭、苍梧"。这说明，在楚悼王时期，就设置了洞庭和苍梧两郡。《战国策》记载："苏秦为赵合纵，说楚威王（前339～前329年在位）曰：'楚，天下之强国也。大王，天下之贤（王）[主]也。楚地西有黔中、巫郡，东有夏州、海阳，南有洞庭、苍梧，北有汾陉之塞、郇阳。地方五千里，带甲百万，车千乘，骑万匹，粟支十年，此霸王之资也。夫以楚之强，与大王之贤，天下莫能当也。'"在这里，也明确记述楚国"南有洞庭、苍梧"二郡。楚国苍梧郡的范围，目前史学界大都认可是现在的湘南地区，含部分粤北及桂西北的区域，郡治可能在郴县。

也正是在这个时期，"郴"字诞生了。远古的郴地是一个水源丰富的地方，其河溪、湖泊、沼泽的水边，长满了一种被称为菻蒿的蒿类植物。菻蒿，又名莪蒿、萝蒿，为多年生草本植物。菻蒿的茎叶可食用，根茎可入药，是古越人的主要菜蔬药草，深受越人喜欢。古郴地盛产"菻蒿"。古越人便以"菻"为郴地的地名，意思就是长满青蒿的地方。楚人在占领湘江中游后，沿耒水"上逾取菻"。菻为楚征服，属楚南边陲。于是，大量的楚国官吏、军人、商贾沿水道而来，一个长满青蒿的地方逐渐形成楚人聚居的城邑。为此，楚人将地名"菻"从"邑"改称"郴"。"菻"改"郴"，意味着一个长满青蒿的地方成为一个人类聚居的城邑。这是郴城建制的肇始，在郴州的历史上具有划时代、里程碑式的意义。史学界大多认为，"郴"这个地方是楚国苍梧地区的政治经济重镇，是当时楚国统治南岭一带的政治中心。西汉以后，"郴"这个地方在很长时期里是桂阳郡的治所。关于"郴"字的意义，许慎《说文解字》云："郴，桂阳县也，从邑林声。"许慎所在的汉代，置郴地为桂阳郡，郴的读音为林（lín）。明代郴州籍学者何孟春有言："吾州制字郴，以多木名。"古音与今音差别很大，然而以字形会意却古今相通。郴，以形会意是"林""邑"两字的合体，故也称"林中之城"。从郴字的形成历史可以看出，郴州自古以来就是林木茂盛的地方。今天，郴州市创建生态园林城市，是有着深厚的历史文化底蕴的。

公元前223年，秦军灭楚，并继续南进。公元前221年，秦始皇发兵五十万，由国尉屠睢率领，分为五路，越过五岭。越人进行反击，杀死屠睢。秦始皇继续增派兵将，终于在公元前214年将百越平定，设置了南海、桂林、象三个郡，并沿五岭遍置戍兵。秦始皇统一六国后，在全国范围内实行郡县制。史料表明，秦代初期仍然有苍梧郡。关于这一史实，湖南龙山县里耶出土的秦简有所记载。里耶秦简中，有多处关于苍梧郡的记载。其中有两支简牍记载有"卅四年（即秦始皇三十四年，公元前213年），奏及苍梧为郡九岁"，"苍梧郴县"等文字。秦朝在平定百越，并设置南海、桂林、象三个郡以后，苍梧郡与洞庭郡整合，设立长沙郡。秦代始置郴县，为长沙郡属县。《史记·项羽本纪》载，"徙义帝长沙郴县"。这说明在秦代末期郴县属长沙郡管辖。秦郴县辖区较广，相当于今北湖区、苏仙区、资兴市、汝城县、桂东县的全部，永兴县、宜章县和桂阳县的大部。

秦二世胡亥元年七月（前209），陈胜、吴广在蕲县大泽乡（今安徽宿州西南）揭竿而起，各地迅速掀起反秦浪潮。公元前206年，刘邦攻破咸阳。项羽自立为"西楚霸王"，擅自分封天下，逼义帝徙都郴县，进而派英布弑义帝于郴城穷泉旁。郴人怜之，将义帝葬于城邑西南边的后山，后来又修筑了义帝陵。

义帝（？~前206），名熊心，战国时期楚怀王熊槐之孙，楚国灭亡后隐匿民间为人牧羊为生。陈胜、吴广起义后，楚人刘邦起兵家乡丰县（今江苏丰县），响应陈胜、吴广起义，东攻沛县，被萧何等人拥立为沛公。原楚国名将项燕之后项梁、项羽叔侄于会稽（今浙江绍兴）起兵，项梁自号武信君。秦二世二年（前208）六月，项梁获悉陈胜被秦将章邯击败的消息后，召集刘邦等各路将领商议反秦大计。为凝聚人心，树立一面反秦有道的旗帜，项梁采纳范增的建议，在民间寻找到熊心，拥立他为楚怀王，以顺从百姓的愿望。同年九月，楚军被秦击败，项梁兵败丧命。为稳定局面，怀王熊心从盱台（今江苏盱眙）移都彭城（今江苏徐州），主持军政事务，并与诸将领约定"先入定关中者王之"。项羽北上于巨鹿大破秦军主力，刘邦则直破咸阳，秦亡。拥兵四十万的项羽虽连破秦军主力，功名盖世，但晚于刘邦入咸阳，按照怀王原先约定，项羽不能封王。项羽自然心有不甘，要求怀王改变先前约定。然而，怀王不允。在此情况下，项羽一方面佯尊怀王熊心为义帝，一方面大行分封王侯，并自封为"西楚霸王"。为排除义帝熊心的干扰，项羽以"古之帝者，地方千里，必居上游"为托词，派遣将士迫使义帝迁徙长沙郡郴县，在郴县建都，同时为义帝修筑都城。然而，义帝到达郴县不久，项羽即密令手下将领追杀过来，害义帝于郴城穷泉旁。刘邦闻讯义帝被害，谴责项羽"大逆无道"，号令天下诸侯讨伐项羽，由此揭开三年"楚汉之争"的序幕。

义帝徙郴，在郴县建筑的都城，城池南北布局，背靠山岭，面朝燕泉河，东临郴江，西依广袤数里的沼泽湿地（今城区北湖一带），体现着依山就势、高亢近水、负阴抱阳的古代五行阴阳理念，彰显了古人的智慧。义帝都郴，虽然时间不到一年，却为郴州城建史留下了不可忽视的一页。远离中原地区的郴县，成为一个帝王的都城，这在郴州历史上是一个重大的事件，具有深刻的历史影响。

三　悠悠古郡马蹄疾

西汉初期，在南岭地区设置桂阳郡，这在郴州历史上是一件重大的事件。《汉书·地理志》记载："桂阳郡，高帝置。"从那以后，桂阳郡雄峙南岭一千多年，其璀璨的人文历史在两汉、三国、晋、南北朝、隋唐文化中占据极重要的一席。

据传，桂阳郡的设置源于义帝都郴。公元前205年，义帝住进了匆忙修筑的郴城。因有感于皇城太小，帝都级别太低，王畿之地虽"地方千里"，却处于长沙郡边缘，于是，义帝颁布诏书，分长沙郡南地置桂阳郡，帝都郴县处于桂阳郡中心范围。因为义帝都郴时间短，可能这一诏令并未落实。汉高祖五年（前202），项羽四面楚歌，自刎乌江，刘邦登基。刘邦称帝后，分长沙郡南部诸县始置桂阳郡，郴县为桂阳郡郡治。桂阳郡就这样诞生了。其时，刘邦封开国功臣吴芮为长沙王，以原秦代长沙郡建立长沙国。桂阳郡为长沙国支郡，归长沙国管辖。吴氏长沙国撤除后，桂阳郡归汉中央王朝直接管辖。汉武帝时期，设置刺史制度，桂阳郡隶属荆州刺史部。文史学者大多认为，桂阳郡之命名，可能与南岭、古郴地区出产药材桂有关。历史上，这一带有多处名叫桂山、桂岭的山。桂山、桂岭流出的江河叫桂江或桂水。按以"山之南、水之北为阳"的传统叫法，桂阳郡当为桂山、桂岭之南，或桂江、桂水之北而命名。

桂阳郡初建时期，管辖郴县、临武、南平（今蓝山）、便县（今永兴）、耒阳、桂阳（今连州）、阳山、阴山等8县，郡治设于郴县，太守杨璆筑郴城土垣。汉元鼎四年（前113），桂阳郡辖郴、临武、南平、便、耒阳、桂阳、阳山、阴山、曲江（今韶关）、含洭、浈阳（今英德）等11县。公元9年，王莽称帝，改桂阳郡为南平郡，并移郡治于耒阳（改名南平亭）。公元35年，恢复郡县原名，郡治由耒阳迁还郴县。三国时期，吴国分桂阳郡南境曲江、桂阳、阳山、含洭、浈阳等县置始兴郡，隶属交州，桂阳郡则余6县。晋朝时（315），陶侃分郴县西部设立平阳郡，桂阳郡一分为二。南朝陈武帝永定三年（559），在汝城一带设置卢阳郡。其时，桂阳、平阳、卢阳三郡并存，桂阳郡管辖郴、便、临武、南平4县，平阳郡领平阳（今桂阳县）县，卢阳郡领卢阳（包括今资兴、桂东、汝城范围）县。

隋朝时期，隋文帝推行地方行政区划州县制。隋开皇九年（589），改桂阳郡为郴州，平阳、卢阳两郡并入郴州。"郴州"这一地名就这样诞生了。隋炀帝大业三年（607），郴州复名桂阳郡。唐代，桂阳郡时而改名郴州，时而又复名桂阳郡，到唐末称郴州桂阳郡。其间，唐乾元元年（758），郴州州治移至平阳县城。唐贞元二十年（804），在平阳设置桂阳监，掌管冶炼铸钱。唐元和十五年（820），郴州州治复还郴县。唐天祐元年（904），平阳县并入桂阳监，仍隶属郴州桂阳郡。

五代时期，后晋天福元年（936），郴州桂阳郡改名为敦州。从此以后，再没有复称"桂阳郡"这个名称了，这就意味着雄踞南岭历时千年风风雨雨的桂阳郡最终退出了历史舞台！也就在这个时候，后晋天福四年（939），临武县并入桂阳监，桂阳监成为特别行政区，脱离敦州（后汉乾祐三年，即950年，敦州复名郴州）管辖。由此至清末，郴州、桂阳分区而治。郴州继承了古桂阳郡的郡治郴县，而桂阳监则承接了古桂阳郡的郡名"桂阳"，老祖宗的"遗产"就这样"公平分配"了。两个行政区管辖范围，虽时有变化，但郴州主要管辖今北湖、苏仙、资兴、宜章、永兴、汝城、桂东一带，桂阳主要管辖今桂阳、临武、嘉禾、蓝山一带。

古桂阳郡雄踞南岭中段，北有长江水系，南有珠江之水，是中原通往粤海最便捷的通道。南北人流、货运到此，舍舟下船，或拨夫差，或雇骡马，翻山越岭。自春秋战国以后，古人在南岭一带修路架桥，开筑道路。历史上，湘江水系经今郴州境内通往粤北珠江水系的线路主要有东、中、西三条：东线从郴州汝城县至韶关仁化县，连接泷江与锦江，货物集散地汝城县为暖水镇，仁化县为城口镇。西线从桂阳县至临武县，连接春陵江与武水，货物集散地桂阳县为舍人渡，临武县为汾市；而临武以南，又有旱路到广东连州。中线有两条，一条为郴州至临武，一条为郴州经宜章至韶关乐昌市，两条线均连接郴江与武水。货物集散地在郴州城内河街、裕后街一带，临武县为汾市，宜章县为县城及白石渡，广东乐昌市为坪石镇水牛湾。三条线路中，东、西线为支线，中线为主干线。其中，郴州至临武线最为古老，晚至唐宋，郴临线都是湖广最主要的客货运输通道。秦始皇收服南越国，又在临武境内修建了新道。东汉光武时，桂阳郡太守卫飒"凿山通道，列亭传、置邮驿"；灵帝时周憬"开武溪，通南海"。而郴州至宜章、坪石这条古道，由于翻越骑田岭直线距离最短，无论陆路、水路，都较郴临、郴汝线节省几十公里行程，唐宋以后，经过不断改造，逐步成为沟通南北交通的主动脉。以这条主动脉和郴临、郴汝线为骨干，多条道路错杂其间，构成古代郴桂境内、南岭之中四通八达的交通网络。今天，人们将这些古道统称为湘粤古道（见图1-2）。

悠悠古郡马蹄疾。湘粤古道不知留下了多少人间艰辛和人文故事。楚人征战百越，秦军平定岭南，还有汉武帝时伏波将军路博

图1-2　湘粤古道苏仙段

德屯兵桂阳郡，越南岭，收复南越国，都在湘粤古道上留下血汗和印迹。秦末，南海郡尉赵佗乘秦亡之际，封锁南岭所有的交通要道，控制横浦、阳山、湟溪三座关隘以断绝与岭北地区的一切联系，于公元前204年建立南越国。公元前181年，南越国发兵攻占吴芮长沙国桂阳郡一带数县。汉朝闻讯遣周灶将兵攻南越国，一年后周灶罢兵归。汉武帝时，派遣十万大军分四路进攻南越王国，一路由"伏波将军"路博德率领，溯耒水而上，从桂阳郡跨越骑田岭入连江；一路由"楼船将军"杨仆率领，溯赣江而上，跨越大庾岭入浈江；一路由"戈船将军"郑严和"下厉将军"田甲率领，由零陵出发后，沿漓江而下；一路由"驰义侯"何遗率领巴蜀及夜郎国兵，沿北盘江而下。在四路大军的攻打下，南越国灭亡。唐代以后，湘粤古道人流、物流逐渐频繁。《临武县志》载："唐时临武至郴县设驿站（铺15处），为海南至京师通衢。"许多内地官吏、文人去岭南任职或流放，都要经郴寓郴。他们在这条古道上创作了许多不朽的诗文，不知留下多少文人骚客的风流韵事，把中原大地先进的文化带到了南越地区。

四　郴桂双雄竞风流

在中国历史上，不同朝代对地方行政区划建制名称大多不一样。从宋代起，郴州先后改称郴州军、郴州路、郴州府、郴州直隶州。桂阳监也在南宋绍兴三年改为桂阳军，之后改称桂阳路、桂阳府、桂阳州，清雍正时期改为桂阳直隶州。这样，古桂阳郡的大地上出现了郴桂"双雄"竞风流的格局。

宋代是中国古代史上文化教育、科技创新和商品经济高度繁荣发展的时代。这个朝代，有一个人物对郴州、对中国乃至世界都产生了重要影响，他就是周敦颐（1017～1073年），宋明理学的开山鼻祖。周敦颐是北宋道州营道（今湖南省道县）人，庆历六年至皇祐二年（1046～1050）任郴州郴县令，皇祐二年至至和元年（1050～1054）任桂阳县（今汝城）县令。周敦颐在郴州为官8年，兴办学校，谈经讲学，治绩尤佳，在郴州兴起敦学重教的良好风气。他著述了《太极图说》《通书》，开创了宋明理学并成为理学的开山鼻祖。"吾道南来，原系濂溪一脉；大江东去，无非湘水余波。"这副岳麓书院威名远扬的楹联，道出了周敦颐对湖湘文化形成的重大贡献。

南宋以后，中国经济文化发展重心南移，郴桂大地也迎来快速发展的景象。这很大程度得益于北方人口的大量迁入。北宋靖康之难后，金兵南下，高宗南渡，中原居民大规模南迁。这次移民活动，形成了今天南方的"客家人"族群。金人主中原不久，蒙古崛起，继续南下侵占中原，中原人又不断南迁。元朝末年，湖广地区是红巾军与元朝军队以及朱元璋与陈友谅厮杀拉锯的主要战场。由于社会动荡，生灵涂炭，田畴荒芜，湖广地区人口随农民逃荒外省和大量死亡而急剧减少。相比之下，江西人口众多。于是，到明朝，在朝廷的推动下，奏响了历史上有名的"江西填湖广"的宏伟史诗。郴州、桂阳两府（州）此时迁入大量江西移民。

江西移民人口大量迁入，为郴桂两地带来了先进生产力，促进了本地区各民族交流交融，增强了郴桂大地经济社会发展活力。明代，红薯种植从外地引进到本地，逐渐发展成为本地区旱粮中面积最大、产量最高的作物。"红薯半年粮"，为人们尤其是贫困百姓提供了粮食来源。明万历年间，晒烟种植由菲律宾传入区内，到清乾隆时期普及各县，到清朝末期成为出口产品。工业经济也得到较大发展。唐代以后，郴桂地区矿业生产在全国占有重要地位。宋代，发明硫酸取铜，并能从铜矿中提取伴生黄金。桂阳监是当时全国最大的白银产地，岁纳白银总计23976两，约占全国总产量的16.5%。明代，能采冶铅、锌、锡、锑等多种产品。今桂阳县境内的桐木岭冶炼遗址表明，明清时期，炼锌技术已达到较高水平。明末清初，永兴县兴起白银冶炼，成为县域特色产业。今天永兴县被誉为"中国银都"，其发展历史可以追溯到明清时期。

工农经济的发展带动商贸流通。明清时期，湘粤古道由过去的军事战略古道变成了经贸大通道。北货南迁，南货北运，行旅客商，纷至沓来，甚至广州著名的十三洋行也在郴州设有办事处。郴县、宜章两地常年饲养骡马上万匹。民谣唱道："商贾郴阳辐辏通，骡铃终夜响秋风。小民尽逐锥刀利，长日肩挑大道中。"就是当时湘粤古道上运输繁忙的真实写照。清光绪三十三年（1907）刊行的《郴州直隶州乡土志》载："郴地南通交广，北达湖湘，为往来经商拨运之所。道、咸之世，海舶未通，南货运北，北货往南，悉由此经过。故沿河一带，大店栈坊数十家。客货至，为拨夫，为雇骡，为卸船只，络绎不绝，诚南楚一大冲要也。"湘粤古道最繁忙时，骡马、挑夫每日均以万计。当时的郴州裕后街货栈、客铺林立，外地会馆众多，是南岭一带最繁华的街市。

随着大量外来人口的涌入，特别是经济社会的发展，南宋以后，郴桂两地人文渐盛。到了明代，更是人才辈出，科举登仕者呈井喷式涌现。明朝一代，桂阳州（包括今桂阳、嘉禾、临武、蓝山）及第进士17人，举人108人，出了1个一品官员，4个二品官员，8个三品官员。宜章县有"隔巷两尚书"的故事，说的是宜章新田村同村近邻先后有两人中进士、任尚书：一个叫邝埜，永乐九年（1411）中进士，正统十年（1445）任兵部尚书；一个叫邓庠，1472年中进士，1514年任户部尚书。地处偏僻的汝城县，在明代也出现众多名人，有太子太保曾鉴、都察院右都御史朱英、监察御史范渊等。

明清时期，郴桂一带建筑技术达到相当高的水平。村落选址、建筑布局、建筑形式等，都很有湘南特色，民居建筑蕴藏着伦理传统、风水观念、生态原理。永兴县板梁古村初建于宋末元初，强盛于明清时代，至今仍保存着360多栋完好无损的明清历史建筑，雕梁画栋、飞檐翘角，砖雕、木雕、石雕，工艺都十分精湛，让人叹为观止。由于迁徙的历史，聚族而居的生活方式，人们普遍重视修纂族谱，建设公共建筑，盛行兴建宗祠之风。汝城县至今尚存710多座古祠堂，绝大多数始建于明清时期。其中，历史价值、艺术价值比较突出的有津江朱氏祠堂、城郊范氏家庙、岭秀阮氏宗祠、星村何氏宗祠，以及外沙"太保第"等360多座古色古香的大祠堂。

明清时期，郴桂一带戏曲流行。昆剧原为元代江苏昆山一带流行的民间戏曲，明万历年间流传到湖南，后进入桂阳州，并在桂阳扎根，逐步向周边各县扩散。清乾隆、嘉庆年间，桂阳昆剧集秀班演出活动不仅遍及湘南各县，而且到了外省。随着戏曲文化的兴盛，作为戏曲活动的演出场所，戏台也应运而生。清代，在今桂阳县一带，几乎村村建戏台，有宗祠戏台、庙宇戏台、会馆戏台、圩场戏台等，至今仍基本保存完好的古戏台还有300余座。

明清时期，统治阶级不断强化对民众的封建伦理管控，用"三纲五常"奴化民众，以"三从四德"作为妇女的道德礼仪标准，封建礼教渗透社会生活的方方面面。与此同时，境内民间宗教活动频繁，融入民众世俗生活，影响广泛。据《郴州地区志》记载，现今郴州市境内有清代修建的佛教寺庙708座，其中郴县境内有271座，数量之多，历史罕见。

五　旌旗飘处舞大风

南岭一带受古越文化基因影响，自古民风彪悍。南宋时期，黑风洞（今桂东县西南）瑶汉数万民众起义，历时五年，连破江西吉州（吉安）、湖南郴州等地，打击了南宋封建统治。明朝永乐年间，宜章、临武一带发生西、莽二山瑶民起义。朝廷派兵镇压，并修建城堡镇守。

清朝晚期，社会动荡。特别是鸦片战争以后，国门洞开，各国列强纷至沓来，巧取豪夺，中国逐渐沦为殖民地半殖民地国家。此时的郴桂大地，也深受影响。骑田岭骡马古道风光不再，日渐衰微。《郴州直隶州乡土志》称："及东南氛靖（指太平天国失败），海运既通，百货遂徙而之他，加以陆运濡迟，夫骡偷损，富商大贾悉视郴道为畏途。今昔比较，十一悬殊。河街店栈，落落晨星，仅存数家，且有不能持久之势。"清道光、咸丰年间，南方天地会、哥老会活动频繁。郴桂境内发生天地会反清起义，以及太平军与湘军展开激烈战斗的历史事件。1850 年，洪秀全发动金田起义，成立太平天国，兴宁（今资兴）天地会首领焦亮奔赴广西加入起义军，号称"天德王"，成为太平天国的早期领导人。1852 年，永兴县刘代伟，嘉禾县尹尚英，郴州直隶州邱昌道（又名朱九涛），兴宁县焦宏、许仙桂、许月桂，桂阳直隶州李石保等先后率众在郴桂境内起义。他们与太平天国军相互配合，在郴桂大地掀起轰轰烈烈的反清斗争。1855 年，郴桂天地会配合何禄、朱洪英等率领的两广天地会军，接连攻克郴州、桂阳、永兴等县，影响很大。在王鑫、刘长佑的湘军围攻下，天地会军转战嘉禾、宁远、江华，进入广东。咸丰六年七月，天地会军在广东乳源县与清军激战失败，部队解散。湘南天地会反清起义和太平天国在湘南的活动，培育了郴桂民众的斗争精神，为日后湘南起义等革命活动积累了精神传统。

20 世纪初，孙中山、黄兴、陈天华等人组建中国同盟会，开展轰轰烈烈的反清革命，郴州青年学生中的积极分子起来响应。郴人李国维，在省城读书时秘密加入中国同盟会，郴州陈九韶、谢凤池、首进之、张衍洪，嘉禾雷飞鹏、雷龙海、雷瀛、李国柱、李云杰，资兴程子楷，宜章彭邦栋、彭遂良、彭昭、彭陶、胡襄，临武陈校经、陈振东、王玉章，永兴刘重，桂东李长才等也先后加入中国同盟会，成立了郴县、宜章、嘉禾、临武、永兴分会，坚持本地斗争。1911年10月10日（农历八月十九）辛亥革命爆发，11月1日，宜章彭邦栋组织3000多民军攻打县衙，知县吴道晋越墙逃命，起义军占领县衙，并以湘南革命实行团名义传檄湘南各县联合行动。11月5日郴州举行群众集会，宣布独立。11月9日，李国柱发动起义军1000多人攻打嘉禾县城，知县钟麟吞金自尽。11月10日，刘重率起义军占领永兴县城，被推为县知事。同日，临武陈校经等率领民众攻克县衙，解救众多被关押百姓。清廷在郴州的统治土崩瓦解。

辛亥革命推翻了清朝，建立了中华民国。民国初期，地方行政区划实行省、道、县三级制，后改为省、县二级制，省县之间设立行政督察区。1913年，废郴州直隶州，改为郴县；废桂阳直隶州，改为桂阳县；原桂阳县复名为东晋穆帝升平二年始置县时的汝城县地名。1914年，原郴州、桂阳州所辖各县归衡阳道管辖。1937年，在郴县设立湖南省第八行政督察区（后改为第三区。下文简称郴州），管辖原郴州、桂阳两州所辖各县。郴州、桂阳州两个行政区自五代时期各自为政近千年后，又开始重新走到一起。不过，民国时期的行政督察区属于准行政区，为虚级，由行政督察专员公署管理，其行政长官为行政督察专员。因此，它同古代的郡、州有点不一样，古代的郡、州是行政区划实体。

1919年五四运动期间，郴州组织"郴县学生联合救国团"，教育、工商各界积极参与。1920年3月，在北大读书的宜章籍学生邓中夏参加李大钊领导的马克思学说研究会，10月又参加北京共产主义小组，是中国投身共产主义运动的最早成员之一。1921年底，在长沙、衡阳读书的郴籍学生黄静源、唐朝英、刘通著、袁痴分别入党，成为郴州最早的一批共产党员。此后，黄克诚、曾志（女）、曾中生、曾希圣等纷纷入党。1923年6月，中共嘉禾县小组、中国社会主义青年团嘉禾县支部先后成立，开郴州各县建立党团组织之先河。1926年3月，中共郴县地方执行委员会成立，毛泽东堂妹夫陈芬任书记。

1927年，蒋介石、汪精卫先后发动反革命政变，大肆屠杀共产党人，郴州被杀害的革命烈士有1900余人。中共中央决定举行湘粤赣鄂四省秋收暴动，并组织成立湘南特别委员会。9月，按照湘南特委指示，一支500余人的农军，在何举成、李涛等人的带领下，占领桂东县城，宣布举行秋收暴动，之后又攻占汝城。由于敌我力量悬殊，后隐蔽在湘粤赣边境坚持斗争。1928年1月，朱德、陈毅率南昌起义军余部在湘南特委、宜章县委及胡少海自卫队的配合下，在宜章县城发动了著名的"年关暴动"，揭开湘南起义的序幕。2月，朱德率部北上进取郴州。起义以郴州为中心，迅速扩大到周边各县，广大农民踊跃参军参战，农军发展到7万多人。宜章、郴县、永兴、桂阳、资兴、桂东、安仁等县建立县苏维埃政府。3月，在永兴召开湘南工农兵代表会议，成立湘南工农兵苏维埃政府。湘南起义为中国共产党领导武装斗争与农民运动相结合提供了范例。3月下旬，国民党大军压境，朱德、陈毅率领部队撤离湘南，向井冈山转移。为接应湘南起义和湘南农军，毛泽东率领部队从井冈山地区进取桂东、汝城。为严明军纪，4月3日，毛泽东在桂东县沙田村向工农革命军和地方赤卫队宣布"三大纪律六项注意"。三大纪律是：行动听指挥，不拿工人农民一点东西，打土豪要归公。六项注意是：上门板，捆铺草，说话和气，买卖公平，借东西要还，损坏东西要赔。后来，"三大纪律六项注意"发展完善为"三大纪律八项注意"，成为人民军队的"第一军规"。

朱德、陈毅率部队撤离湘南后，郴州被国民党军队占领。毛泽东、朱德多次率部队转战郴州，湘南游击队积极开展武装斗争。1929年5月，彭德怀、滕代远率红五军占领桂东、攻打汝城。1931年1月底，邓小平、张云逸等率红七军自广西赴苏区，转战宜章、资兴、汝城、桂东，在郴州境内历时一个多月。1932年4、5月间，彭德怀率红三军团攻占汝城县城，将匪首胡凤璋围困在汝城马桥上古寨。1934年8月，湘赣苏区红军共9700余人在桂东寨前墟召开誓师大会，宣布组成红六军团开始西征，经汝城、资兴、郴县、桂阳、嘉禾，最后到达贵州省印江县与贺龙领导的红三军会合，为中央红军长征起到了先遣队作用。1934年10月底，中央红军长征进入汝城热水，11月底分别从嘉禾、临武进入蓝山。中央红军过郴州时，湘南特委组织沿途群众捣毁敌碉堡，收留红军伤病员，仅郴县为红军筹集粮食12万斤，光洋四千块，草鞋2万多双。红军主力长征后，湘南特委组建湘南赤色游击大队，坚持在湘赣、湘粤、郴衡边界开展游击战争，直到抗战爆发。

红军长征经过郴州时，留下许多美谈。"半条被子"的故事就是其中一

图1-3 湘南起义纪念塔

个。红军长征经过汝城县沙洲村,3名女红军借宿徐解秀家中。女红军战士见到徐家家境贫寒,家里连床御寒的被子都没有,临走时,用剪刀把自己仅有的一床被子剪开,将半条被子留给了徐解秀。后来,老人说,什么是共产党?共产党就是自己只有一条被子,也要剪下半条给老百姓的人。2016年10月,在纪念红军长征胜利80周年大会上,习近平总书记讲述了82年前发生在湖南汝城县的"半条被子"的感人故事。

  1937年7月,日军挑起"卢沟桥事变",发起全面侵华战争。中国进入全面抗日战争。抗战前期和中期,郴州作为后方基地,积极支持全民抗战。国民党湖南省政府很多机关先后迁至郴州一带,大量难民也涌入郴州各地。爱国将领张学良也曾于1937年冬至1938年春被国民党囚禁于郴州苏仙岭。在这里,张学良写下了"恨天低,大鹏有翅愁难展"几个大字,饱含其空抱爱国情怀却难展宏图的抑郁之情。1944年,日军进犯郴州,在郴州犯下滔天罪行。抗日战争期间,郴州人民积极参与抗战各项工作,各县先后建立抗日游击队,发动和依靠民众,打击日本侵略者。1944年6月,日寇进犯安仁,中国守军在安仁民众大力支持下,在熊峰山多次击退日军的猛烈进攻,坚守阵地,直至抗战胜利。1945年初,日寇进犯宜章境内,宜章抗日自卫队用土枪土炮阻敌于栗源明星桥,打得日寇屁滚尿流,落荒而逃。早在1934年,国民党政府先后从郴县、永兴、资兴、桂东、汝城、宜章、桂阳、嘉禾、临武、蓝山和新田等地征调民工14480多人，在郴县西郊（今北湖区飞机坪社区）修建机场。年底完成简易（土质）跑道、油库和信号塔等主要设施建设。1939年9月，国民党航空54站设在郴州，又征调民工2000多人，历时一年多时间，进一步改造完善机场设施。郴州机场为抗战运送了大量物资。1945年1月，郴城沦陷，飞机场被日军占领。6月，飞机场被盟军飞机大规模轰炸，沦为一片荒地。后来，飞机坪用作城市建设用地。

抗战胜利后，蒋介石发动了内战。国民党政府在郴州成立"湘粤赣边区剿匪指挥部"，大肆征兵、征粮、征税，致使生产萎缩，通货膨胀，财政经济陷入全面崩溃。郴州民众在中共湘南党组织的领导下，在农村开展"三抗"（抗征兵、抗征粮、抗征税）、在城市开展"三反"（反内战、反饥饿、反迫害）斗争。共产党领导的粤赣湘边区人民解放总队北上先遣队、人民解放军湘南支队等工农革命武装，开展游击战，与国民党军警和匪特武装进行不懈斗争。1949年6月16日，北上先遣队围攻桂东县城，争取国民党军警起义，桂东解放。7月6日成立桂东县人民政府。桂东县为湖南省最早解放的县。

六　高歌唱出花千树

中华人民共和国成立后，1949年11月25日成立郴县专区。1950年11月更名为郴州专区，辖10县。1952年11月，郴州、零陵、衡阳3个专区合为湘南行政区。1954年7月，撤销湘南行政区，改设衡阳与郴县两个专区，郴县专区增辖新田、耒阳、安仁、酃县，共14县。1958年8月，设郴县专区郴州市。1959年3月，资兴并入郴县，桂东并入汝城称汝桂县，临武并入宜章县，嘉禾并入蓝山，称蓝嘉县，新田并入桂阳县，酃县划归湘潭专区茶陵县。11月，郴县专区郴州市升为县级市。1960年7月，改郴县专区为郴州专区。1961年，恢复原县市建置。1962年12月，划蓝山、新田归零陵专区。1963年5月，撤销县级郴州市。1967年3月，专区改称地区。1977年12月，恢复县级郴州市。1983年5月，耒阳县划归衡阳市。1984年12月，资兴县改为资兴市。1988年，郴州地区辖2市9县。1995年，经国务院批准，撤销郴州地区，设立地级郴州市，管辖2区、1县级市、8县，即北湖、苏仙两区、资兴市、桂阳、宜章、永兴、嘉禾、临武、汝城、桂东、安仁等县，从此开启了市管县的行政区划体制。

中华人民共和国的成立掀开了郴州历史新篇章，制度变革和各项建设如火如荼展开。1953~1957年，开展对农业、手工业和资本主义工商业进行社会主义改造，建立起以公有制为主体的社会主义经济制度，并逐步推行计划经济管理体制，大力开展经济文化建设。5年间，修整塘坝等水利工程10.36万处，新建1.2万处，新修小型水库261座，实行单季稻改双季稻的耕作制度改革；修建桂阳至嘉禾、宜章至汝城、临武至嘉禾等公路。在城镇和农村，广泛开展工农扫盲和成人业余教育，动员工农子女入学。1958年，根据中央精神，郴州全区开展人民公社化运动，人民公社与乡镇政权组织合而为一（即政社合一），公社下面设生产大队，大队下面设生产队。农村土地、劳动力、耕牛、农具等生产资料归公社所有，由公社统一调配使用。公社推行组织军事化、行动战斗化、生活集体化，建立公共食堂，吃饭不要钱。从1958年到1960年，三年间全区新建中型水库5座、小一型水库30座、小二型水库222座，扩大有效灌溉面积17万亩；公路通车里程1901公里，比1957年增长1.4倍；新建和扩建了一大批工业企业。1961年，全区贯彻中央关于"调整、巩固、充实、提高"的方针，对人民公社体制进行调整，实行"三级所有、队为基础"的管理制度，以生产队为基本核算单位，解散公共食堂。1966~1976年"文化大革命"时期，全区贯彻"以阶级斗争为纲"的方针，成立红卫兵和造反派组织，党政机关受到冲击。开展"破四旧"（即破除旧思想、旧文化、旧风俗、旧习惯）活动，传统习俗受到批判，很多文物古迹遭到破坏。其间，在"抓革命、促生产""农业学大寨""工业学大庆"的号召下，全区经济建设依然有所发展，农业基础建设和技术改造、工业和交通运输业建设等方面取得不少成绩。从1970年起，区内兴办小水泥、小化肥、小冶金等企业，使全区工业继1958年后又一次获得较大发展。1976年，全区农村社队企业7447个，从业人员11.31万人。以欧阳海烈士命名、时任湖南省委书记华国锋为总指挥长的欧阳海水库于1966年10月动工，1970年6月建成，其坝身为全国第一座开大孔口泄洪的双曲拱坝。

1978年以后，中国进入改革开放历史新时期。改革从农村开始，1979年春，汝城、桂东、资兴、宜章等县部分生产队率先实行集体土地经营"包产

图1-4　郴州城区

到户、包干到户"的做法。之后，全区推开农户家庭承包经营责任制。1984年，人民公社改为乡镇人民政府，大队、生产队分别改为村民委员会、村民小组。农村生产经营体制改革后，调动了农民群众的生产经营积极性，大大促进了农业经济发展。到1988年，全区农业总产值10.01亿元，比1978年增长54.7%。农产品商品率也由1978年的30%提高到1988年的60%。乡镇企业"异军突起"。到1988年，全区乡镇企业发展到近7万家，比1978年增长7.25倍，其中，乡（镇）办企业1433家、村（组）3055家、联办3394家、户办61056家，全区乡镇企业职工20多万人。在城镇，推行公有制为主体、多种经济成分并存的方针，发展民营和个体私人企业，一些国有企业和集体企业推行承包经营制或租赁经营制。1988年，经国务院批准，郴州成为由沿海向内地改革开放的"过渡试验区"，实行一些过渡政策和灵活措施。郴州站在了湖南改革开放的潮头，在价格体制、流通体制、投资体制等方面大胆探索，多项改革在全省先行一步。当时，有一句话叫"风从南面来"。意思是说，郴州发挥毗邻粤港澳的区位优势，学习借鉴广东先行先试、迅速崛起的经验，主动对接粤港澳，大胆探索改革开放的做法。另一层意思是，区内每年几十万劳动力南下广东打工经商，为内地带来了广东沿海地区的市场文化和生活风气。

　　1992年中国共产党十四大以后，中国经济体制改革步入全面建立社会主义市场经济体制轨道，对外开放加快步伐。由此，改革开放进入一个新的阶段。以此为契机，郴州大力推进国有和集体企业改革改制。同时，进一步扩大对外开放，采取各种政策措施，动员各方面力量招商引资，并积极争取国家投资，推进产业项目和城乡基础设施项目建设。2009年，湖南省委、省政府赋予郴州承接产业转移先行先试34条优惠政策。郴州先后创建了1个国家级高新区、1个国家级出口加工区、11个省级产业园区，在承接沿海地区产业转移方面为全省树立了样板。

改革开放的持续推进，使郴州经济社会管理体制和运行方式发生根本变化，实现了经济成分由改革之前单纯的国有、集体所有制向多种经济成分共同发展转变，由计划经济向市场经济转变，由自给自足的封闭型经济向全方位开放型经济转变，由城乡分割式发展向城乡融合型发展转变，由资源采掘型经济向创新集约型经济转变，增强了经济社会发展活力，推动了郴州经济社会加快发展，各项事业取得长足进步，获得了巨大成就。

重大工程建设：东江湖大坝1980年11月截流合龙，1986年8月下闸蓄水，1992年枢纽工程全面竣工。耒宜高速公路1998年10月开始动工建设，2001年12月正式开通运营。衡武高速公路2008年12月底开工建设，2012年11月建成通车。厦蓉高速公路郴州段2008年8月开工，2016年10月随着赤石特大桥的建成而全线通车。京广高铁武广段2005年开始建造，2009年12月通车运营。市体育中心等一大批民生工程先后建成。

城乡建设：郴州撤地建市后，市中心城区"南延东进"，框架成倍拉大，功能不断完善，建成区面积由1995年的24平方公里扩大为2015年的72平方公里，增大了近3倍，人口由23万人增加到60多万人。境内县城建设也加快发展。2015年，全市城镇人口238.1万人，乡村人口234.9万人，城镇化率达到50.3%。城镇人口超过乡村人口，成为乡村社会向城市社会转变的一个重要标志。与此同时，新农村建设全面铺开。全市100%的乡镇、99.5%的行政村实现了通水泥路，农村面貌不断改善。

经贸发展：全市地区生产总值（GDP）由1978年的10.32亿元增加到2017年的2337.73亿元，按可比价计算，2017年比1978年增长36.9倍。人均地区生产总值1978年298元，2017年达到49514元，年均增长8.9%。三次产业增加值在地区生产总值中所占的比例由1978年的30.2∶43.2∶26.6转变为2017年的9.7∶48.8∶41.5，产业结构不断优化升级。市场贸易繁荣，2017年全市社会消费品零售总额999.70亿元，比1978年增长289.6倍，年均增长15.6%。①

---

① 参见《郴州市2015年国民经济和社会发展统计公报》。

文化教育：全市有普通高校 3 所，各类民办学校 881 所。2017 年小学适龄儿童入学率 99.99%，九年义务教育巩固率 97.9%，高中阶段教育毛入学率 91.5%。全市有群众艺术馆、文化馆 12 个，公共图书馆 11 个，博物馆（纪念馆）10 个。全市广播综合人口覆盖率 99.2%；电视综合人口覆盖率 99.1%。

改革开放和经济社会快速发展，使人们的生活水平得到较大的提升，短短几十年，郴州实现了从贫困到温饱的转变，又正在从温饱向全面小康迈进。人们的生活方式也发生大的改变，从传统的自给自足农耕生活向城市化、市场化、信息化、开放化的生活方式转变。越来越多的人在城镇里生活，从事各种不同的工作。手机等通信工具、汽车等交通工具的普及化，为人们获取信息和出行提供了便利。过去的砖木结构建筑日益成为"文物古迹"，一栋栋钢筋水泥现代化建筑在城乡大地拔地而起。人们对精神生活的需求也越来越多样化，文化产品越来越多，文化活动丰富多彩。城乡社会面貌文明程度大大提高。

从远古方林到楚秦苍梧，从汉唐桂阳郡到当代郴州，治世沧桑，人间巨变。改革开放迎盛世，高歌唱出花千树。今日之郴州，同全国各族人民一道，向着实现中华民族伟大复兴的光辉前景而奋进！

（本章撰稿：刘专可　胡祥苏）

第二章 传诵千秋的文化奥区

在中国历史地理图上，两大山脉最引人注目：巍巍秦岭，分隔黄河流域与长江流域；郁郁南岭，间开长江流域与珠江流域。华夏上万年文明，多少鲜活历史于此演绎，无数璀璨文化在此萌发。而湘南郴州，踞南岭要冲，得天独厚，享誉"湖湘南大门"。岭南亚热带季风气候与内陆季风性湿润气候的锋面交集于此，万物欣荣、生机盎然，形成一处特殊生态基因库；五岭逶迤转环，复杂地质构造丰富的矿物宝藏，百余种元素汇集郴州，垒成世界有色金属博物馆；穿行于山地河谷间的交通孔道，导引中原清淑气韵南下、沿海潮热风情北上，于此汇聚碰撞；先民融合天赐人文资源，织为脉络，源远流长，孕育神奇基因、富含宏博底蕴的文化奥区一方。

一　神农作耒创农耕

人类社会发祥于农耕文明，农耕文明开端于稻作文化。考古学界公认，稻作文化肇始于中国长江流域中上游的南岭地带。

民以食为天，上古先民一直在探究农耕文化的开创奥秘。春秋齐国宰相管仲在名著《管子》中指出："神农作，树五谷淇山之阳。九州之民乃知谷食，而天下化之。"[①] 意即远古神农氏族兴起，在南岭之一的淇山（即骑田岭南），作田种稻开创农耕，天下黎民才懂得吃用粮食，从而归化为一体。清史学家王万澍在史著《衡湘稽古》剖析"淇、骑"文字："淇田即骑田岭也，

[①] 赵守正译注《白话管子》，岳麓书社，1993，第656页。

音同而字偶异。"①"骑""淇"通假，且表示山中有水。从地理上来讲，骑田岭的"骑"意即呈纵跃之势，整个岭系从湘南郴州骑跨到粤北，岭两边是田地；如主峰北边是郴县良田，南边是宜章县麻田、梅田，故曰"骑田"。而南岭山脉之所以别名五岭，深层基因出自神农"树五谷淇山之阳"。

《周易·系辞下》记"神农氏作，斫木为耜，揉木为耒。耒耨之制，以教天下"。"神农作耒"，即神农发明了世上最早的农具——耒，一种掘土穴的硬木叉；耜是用荆条绑骨片石片于耒下端，作翻泥土的铲锹。耒耜结合更便于掘土犁田、种植稻谷，最终完善为木把铁犁。后将"耒耜"作为农具总称。

《汉书·地理志》接续春秋战国的研究，从历史学和地理学两方面，给出唯一的权威指向：桂阳郡治所"郴，耒山耒水所出……舂山舂水所出"②。历史上南岭地域自有行政区划概念起，长期统辖于以"郴"为治所的夏商周"林"、春秋方国"林邑"、战国楚苍梧郡、汉代桂阳郡；神农氏炎帝的葬地酃县原属桂阳郡治郴县，清同治年间为皇帝讲学论史的翰林侍讲、国子监祭酒、湖湘文化大家王先谦在《汉长沙零陵桂阳武陵四郡地考》专文，有"桂阳郡……其十一县，郴（郡治），今酃县及郴州"③ 的凭据。中外联合科考，在舂陵水流域的道县玉蟾岩发掘了1.2万~1.8万年前的人工驯化稻谷，此前在桂阳县上龙泉洞发掘了万年前的刻纹骨锥，可揭示郴前身"林"与稻耕的关联。

史学家王万澍在《衡湘稽古》考证："……当时田器，帝创其式，命匠作之，颁赐万国，衡湘山水，故每以田事制名。《衡湘传闻》曰：帝之匠赤制氏，作耒耜于郴州之耒山。明《一统志》曰：耒水出郴州之耒山是也，水西北流经耒县。《水经注》曰：县'盖因水以制名'，然水乃因事，为作耒而得耒名矣。"④ 南宋学者罗泌在《路史》稽考出，神农炎帝"乃命郴天，作扶耒之乐，制丰年之咏，以荐犁耒"。明代《衡湘传闻》点明"郴天者，郴

---

① （清）王万澍：《湖南阳秋附衡湘稽古》，岳麓书社，2012，第409~410页。
② （汉）班固：《汉书》，中州古籍出版社，1996，第566页。
③ （清）王先谦：《湖南全省掌故备考》，岳麓书社，2009，第663页。
④ （清）王万澍：《湖南阳秋附衡湘稽古》，岳麓书社，2012，第410~411页。

人也，因赤制作耒耜于郴，天乃为扶耒之乐以献于帝……"。①

这充分说明，耒耜由神农炎帝创造于古郴耒山。他命令工匠赤制氏按式样大批制作，分发天下乡国；并让助手郴天编成"扶耒之乐"，向各地推广；获得丰收后又编成"丰年之咏"，赞美使用农具的益处；而《汉书·地理志》记载"郴……舂山舂水所出"，表示舂捣稻谷脱壳成米的工具、技术也产生于此。如此，农耕文化兴起于这一方山水。

故南岭、衡山、湘江流域的一些地方，用田器、田耕等事物或耕田人命名。迄今仍保留：骑田岭、耒山、耒水（郴州、耒阳）、舂山、舂水（宁远、桂阳）、洣水（资兴、炎陵、茶陵）、犁头山（汝城）等山水；郴州、耒阳、嘉禾、新田、道（稻）县等市县（郴州、衡阳、永州）；苏仙区良田、宜章麻田、梅田、里田、汝城田庄、永兴马田、嘉禾田心、桂阳余田、荫田，桂东沙田、耒阳肥田、遥田、方田、炎陵塘田、宜章赤石（神农臣工赤制氏）、临武汾市（臣工赤瀵氏别称）等乡镇；还有资兴龙溪乡耒头、永兴县郊乡耒头、临武水东乡犁头嘴等行政村。

不同的典籍一致揭示：神农炎帝的工匠赤制氏，奉命在古郴耒山造耒耜；神农炎帝的助手郴天，作扶耒之乐普及耒耜；耒山流出耒水，耒水把耒耜运往各地。耒山耒水上了《汉书》的记载。那耒山耒水具体在何处？

东汉《水经》指出："耒水出桂阳郴县南山"，即桂阳郡治郴县南面的山岭。北魏《水经注》勘明："耒水发源出汝城县东乌龙白骑山"，②即郴县东晋分置的汝城县东南乌龙山、白骑山，为大耒山；发源于此的河即为湘江一级支流、里程最长、运输量最大的耒水。明《一统志》《徐霞客游记》和清《嘉庆郴州总志》具体到"耒水出汝城县南五里耒山下"，这是小耒山，有耒泉、神农庙。大耒山有炎帝宫，后淹于水库，尚存炎帝宫铁钟。

耒属象形字"ᄼ"；至春秋战国作地名，由"水"的初文与"田"的初文合为"𗊞"，渐次简化为瀍、洣、邦、耒，正反映了农耕工具"耒"与种植水稻的"田"的共源性关系。

天降嘉禾教农耕。《汉书》记录西汉朝廷收藏《神农教田相土耕种》14

---

① （清）王万澍：《湖南阳秋附衡湘稽古》，岳麓书社，2012，第414页。
② （北魏）郦道元：《水经注》，岳麓书社，1995，第567页。

卷,那神农教耕又在哪里?仍然要看郴州地域。明末王船山好友王应章任嘉禾县训导(学官),撰《嘉禾县学记》,考释县名来龙去脉,"嘉禾,故禾仓也。炎帝之世,天降嘉种,神农拾之,以教耕作,于其地为禾仓,后以置县,徇其实曰嘉禾县。"这透露出嘉禾县是《周书》所记"神农之时天雨粟"之地,即旋风将野生稻禾卷上天、掉落地面长出来的自然现象,被神农氏发现,始创湿地开田、驯化野稻的农耕方式,教民耕耘水田,做敖仓保存禾种;此地故称"禾仓""禾仓堡",流传"天降嘉禾"的传说,置县时作为史实依据取名"嘉禾"县。

禾仓堡九老峰丙穴洞,俗称"皇帝楼",洞外湿地平旷。传说神农氏白天采集壮实的"嘉禾"作种,在湿地开田,由狗背一捆草在前引牛去吃草,拖动耒耜犁行;夜晚回"皇帝楼"歇息;洞中还有犬穴、鸡埘、猪栏、羊圈,证明那时开始了驯养家畜。五行中"丙"属火,炎帝以火德王,"丙穴"即纪念他的地名。"九老峰",是说9个部落长老,搭棚于9座山峰,按神农氏的分工带领各部落进行农耕诸事。

明崇祯十二年(1639)在禾仓堡立县,以"天降嘉禾"的民间传说命名,迄今系全国唯一叫"嘉禾"的县。《湖南史话》一书,认为"嘉禾县是神农最初教民耕种的地方"。《湖南通史·古代卷》认为,郴州、嘉禾、耒阳等地名与神农开创农耕密切相关。

在北湖区万华岩地下河溶洞口,耸立着一块大碑,上面记载,南宋皇帝要求地方官每年春季"躬行阡陌,敦劝农桑"。中华自古为农业大国,历代帝王将农事视作国家根本,建立"劝农"制度。周代开始亲耕籍田,汉朝设官劝农,明清帝王在中南海"亲御耒耜",皆为劝勉引导民众课农桑、勤耕耘、力田南亩、积蓄钱谷。万华岩劝农碑,描绘了郴州知州率桂阳监、郴县、平阳县17位官员、进士,与乡民在岩洞口共襄劝农盛况。这历经沧桑870余年、誉称中华农耕文化的第一碑,为何不立阡陌上、农田中,偏要选择当时离城30多里、交通不便的骑田岭北地下河洞口?

郴州流布许多农祖传说和民俗,自成体系:神农讨(找)稻种,骑田岭下开农田,竹鞭伏蟒保耕牛,禾谷满仓分天下,剩秧码放万华岩石田谢神农,民众登顶白石岭祭炎帝。神农氏带18臣工开新田,故有"新田岭"十八村;南方日头烈,神农劳累歇树下,故有"大树下"地名;神农氏弟弟种菜,故有"瓜棚下"地名；春分吃"神农草药猪脚汤"，驱寒耕田有力量；黄狗跟神农"盗（稻）"谷，故头碗新米饭敬狗尝……各县市都有相关故事流传，比照全国，积累了最全面最富逻辑性最接近史实的系列口头文学。

《非物质文化遗产概论》指出："表面上看起来口头文学靠口耳相传，没有固定文本，人为性、随意性似乎比较强，但这是问题的一个方面。换个角度来看，就会发现口头文学可能更多地保存了历史的原状，是活态的、生动的历史。由于口头文学是在民间流行，相对于官修史书而言，更少受官方意识的影响和干扰，更少为所谓的尊者、贤者讳饰，因而就能更多地记录、存留下来当时的真实状况。这就使得在某些时候口头文学比官修史书更有历史记忆价值、科学认识价值。……人类的口头语言及口传文学有两个显著特征，首先是讲究具体事实细节的可信，其次是强调高度发达的记忆能力。而且这两大特征是互为因果相辅相成的；只有强调讲清事实原委及具体细节，保证讲述的真实性，才能达到准确记忆的目的；反过来，有了准确的、发达的记忆功能，才能保证对历史事实的准确记忆和讲述传承。正是口头文学本身的特征，以及它所用以表达的口语的特征，共同保证了口头文学的高度历史真实性，决定了其具有极高的科学价值。"①

只有民族记忆的深厚底蕴，才能活态传承上述口头文化。所以北湖、嘉禾、安仁、汝城、资兴各县市区的"神农传说"，以及安仁赶分社、苏仙舞火仙牛、临武牛王诞、桂东禾苗节等，均被列入市、省、国家级非物质文化遗产名录。这是由物质文化作支撑的。各类史志显示，郴州除了各县先农坛，到20世纪50年代还保存有神农殿郴县4座、宜章5座、安仁1座，资兴、汝城炎帝庙，嘉禾谷神庙，桂东神农观，酃县炎帝陵。而春分祭祀神农、交换开耕物资的安仁赶分社习俗，如今已被联合国教科文组织列入人类非物质文化遗产名录。

再看万华岩劝农碑，"务农重谷、天下之本"的碑文，字字珠玑，与古籍所言"务农重本……炎氏之遗风"密切吻合。正是农耕习惯与口头文学交互产生的定力，将古人拉到万华岩，树立了这块全国保存时间最长

---

① 王文章：《非物质文化遗产概论》，文化艺术出版社，2006，第100页。

（1147年至今）、体量最大（高2.34米、宽1.66米）的劝农碑。2005年中央电视台海外频道制成《走遍中国——郴州》专辑，向全球播放了《汉书》、劝农碑、耒山耒水、嘉禾丙穴、炎帝陵、玉蟾岩考古、安仁神农祭祀、北湖区海拔1057米白石岭顶神农殿，石刻"神化同天地，农功迈古今"。

如此，国史、名著、志书的唯一指向，地名、口头文学、习俗空间的民族记忆，"耒、田、禾、稻、舂"等语言文字的辉煌独创，墓葬、祭祀的凸显地标，文物、考古的权威佐证，奠定了郴州完备的农耕文化起源资质的里程碑地位。

二 百草橘井兴医药

药食同源，医药诞生于农耕之初，传说也与神农相关。西汉淮南王刘安《淮南子》言："神农……尝百草之滋味，水泉之甘苦。"晋代史学家、文学家干宝《搜神记》说："神农以赭鞭鞭百草，尽知其平、毒、寒、温之性……"赭鞭即舌头，古人将条形物称鞭。

神农氏族居南岭，南岭为华夏大陆冰雪线最南端，亚热带季风湿润气候，形成多样化的生物基因库，提供了"百草园"的优良条件。"郴"州、"茶"陵、"香草"坪、"汤"市、"蓼"市、"莪"岭、"橘"井等地名，《神农本草经》里的桂阳药物，莽山独有的潜龙草，桂东独有的黄菌，临武、汝城的野茶，隐含着医药文化萌发因素。在尝百草以疗民疾的过程中，神农炎帝首先发现"茶"的药用功能：一是嫩叶可食饱腹；再是他攀岩钻林常划伤皮肤火辣疼痛，把嚼烂的茶叶渣涂于皮肤能愈伤，故将发现茶的地方叫"茶"。其崩葬地在"茶乡之尾"，故名茶陵。茶陵在东汉之前的漫长时光属桂阳郡，《汉书·王子侯表》记录西汉长沙定王之子刘䜣，封"茶陵节侯"，封地"《本表》曰：桂阳"，延续到"玄孙——桂阳"。后茶陵"移隶"长沙，是全国唯一以"茶"为名的县。

又传神农氏在安仁、酃县、资兴、汝城、宜章一带尝百草，采的药草包括茶叶，集中洗净，故留下地名"药湖"；雍正《湖广通志》记载安仁县，"药湖，在县东南四十里，世传：神农洗药于此。"清《安仁县志》记载早期传下来的药草交易"以春分为期,以香草坪为所",① 香草坪后成了安仁县城。

神农氏尝百草辛劳,常泡温泉,消除疲累伤痛,便发现长在泉边的茶叶掉入泉中,泡得水味香郁如汤,喝了祛毒发汗,肚腹像经过巡查一般轻快通畅,遂改名"查"。因是草木之叶,后写成"茶"。古郴一带温泉也以汤为名:郴县汤泉、资兴汤市、永兴桃花汤、汝城罗泉汤、宜章汤湖里、临武温汤池。

一次神农氏从资兴皮市山崖摔下昏迷,他的狗咬住其兽皮坎肩,拖到汤市茶树下的温泉。神农氏朦胧中闻到茶的清香,下意识捋了茶叶放进嘴里嚼,喝茶汤水。清醒后起身找狗,那条忠诚的狗已累得吐血而亡。神农氏十分悲痛,又觉得狗的脑瓜聪明,于是将狗埋于茶山并命名"狗脑山";茶山的茶叶到南宋也就成了"狗脑贡"茶。成为贡品的,还有安仁的冷泉豪山茶、郴县的五盖山米茶。

以上传说并非无稽之谈,从茶陵、炎陵到桂东、汝城、宜章莽山、临武,均发现野生茶,或茶叶含野生基因。例如1997年巴黎博览会,我国参展特产只有汝城县白毛尖茶和茅台酒同获金奖,靠的就是其野生基因品性。"狗脑贡"茶种,出自资兴汤市。神农氏喝茶汤的传说一出,后世中药水剂就叫"汤剂",中医方子的口诀就叫"汤头诀"。

神农氏炎帝在茶陵与安仁界上误尝断肠草,自知不起,遂交代臣子"葬吾汤边";装载灵柩的船在洣水上行汤市时,遇风浪翻沉,即安葬鹿原陂。从此郴民去炎陵朝圣,有在汤市"洗汤"再虔诚前往的习俗;古人也将沐浴称作"汤沐"。随着汉文化传播境外,日本、韩国也把温泉叫"汤"。可以说天下之"汤",出自郴州之汤。

清《郴州直隶州乡土志》中记载更感动人的传说,"白石岭……山顶旁有神农母墓。相传神农携母南巡,母死葬此"。② 传说神农氏的母亲就是古郴之人,教崽从小认草木;神农氏长成后为民尝百草,娘怕他吃错药,和他一起去找。在郴江源头白石岭顶发现一蔸从未见过的草,娘怕崽中毒,抢先一脚去尝,谁知那草剧毒……神农氏捶胸顿足,眼泪跌落小溪,天也知落雨悲哭,小溪成了滔滔黄水流下山。神农的助手郴夭看到后,赶忙上岭,帮痛苦

---

① 刘诚煦、张式成:《天下第十八福地郴州》,天马图书有限公司,2001,第213页。
② (清)《郴州直隶州乡土志》,光绪三十三年,郴州行署地方志办公室刊印,第94页。

的神农氏安葬娘亲。

初唐诗家沈佺期流放驩州（越南北部），赦还时过郴，听闻这传说，在《自昌乐郡溯流至白石岭下行入郴州》一诗，感叹"崖留盘古树，涧蓄神农药"。故白石岭除了神农殿，还有神农母亲祠、墓。这则神农和其母亲共尝百草的传说，少神化多人性，全国唯此独有。

郴夭，在《衡湘稽古》中考据为跟随神农氏炎帝开创农耕的大臣，其能"作扶耒之乐"，说明是神农氏族的祭司，早期祭司往往也是药师。郴县、资兴、炎陵县流传有郴夭传说。

1987年湖北考古出土"包山楚简"（前322～前316），第150号简牍上有个楚篆字；1995年河南考古出土"葛陵楚简"（前381年前后），其中4枚均出现一个楚篆字；都是上从"艹"、下从仓廩的"廩"字的初文。专家们考证，两字均是"郴"的通假字，统一写成"蓸"，读音"林"。战国文字学家何琳仪考出此字"原篆上从'艹'，下从'廩'之初文，应是'莍'的通假字"（《说文》'莍'，蒿属）。"即《汉书·地理志》桂阳郡'郴县'，在今湖南郴州。"① 就是说"莍"属"郴"的前文，"郴"实为莍蒿。

图2-1 安仁县神农药王塑像，穿草鞋持药锄，竹编药篓子置身前，俨如采药老农

郴州2003年至2004年发掘的晋简第2组第155枚，写有"土地生菜"和另11个从"艹"的字即11种草药，第4即"蓸"。《康熙字典》释"莍"字引《广韵》：䒱，蒿也。《说文解字》注"萝莪也，从草，罗声"，"莍，蒿属，从草，林声"。后注"郭璞曰'莪蒿，亦曰蘿蒿'；按：同莍。许不言'莪、莍一物也'"。原来，"莍（蓸）"是一种蒿类植物，又曾叫莪、蘿，都是蒿类；《本草纲目》对"莪"蒿释义"莪抱根丛生，俗谓之抱娘蒿"。《诗

---

① 何琳仪：《新蔡竹简选译》，《安徽大学学报》2004年第3期。

经·小雅》有《蓼莪》之歌："蓼蓼者莪，匪莪伊蒿……南山烈烈……"

资兴至今保存"蓼"市地名，汝城保有"莪"岭名，"蒿"即青蒿"萩"，"南山"即南岭。"萩"又是方国林。"萩"字形符"艹"在战国移为声符"林"的偏旁"邑"，就此成"𣏗"。"萩（郴）"蒿，主治清热祛毒、除蒸解虐。当代获诺贝尔医学奖的屠呦呦等药物学家利用蒿类植物提取青蒿素。郴州民谣有"人到郴州打摆子"一句，"打摆子"属郴州方言，即疟疾病。上古南岭瘴气毒蚊横虐，时发疟疾，"萩（郴）"能解虐祛毒，幸甚。

哪个找对了这一药物呢？无疑是神农氏族的药师郴夭。其名"夭"的原始义，按《辞海》解释，其一为"草木茂盛貌。《书·禹贡》：'厥草惟夭'"，也指"初生的草木。《国语·鲁语上》：'泽不伐夭'"。故"夭夭"连用，就"形容茂盛而艳丽。《诗·周南·桃夭》：'桃之夭夭，灼灼其华'"。夭又含"砍伐，摧折"之义，并引申为"短命，早死"之意，"《荀子·荣辱》'忧险者常夭折'"。① 这样，郴夭的"夭"透露出如此信息：他苦尝百草，采集萩蒿为民治病；俗话说，是药三分毒，久之必失调；郴夭终于同神农氏一样被毒倒，如茂盛草木般夭折了，故南岭先民尊称他"郴夭"。这个称呼也是"郴"的字根之一。

民间传说，简言之是"民间长期流传并保存下来的对过去人物事迹和事件的叙述和评价。其中的一部分经文人加工而形成书面的传说故事……"（《文体学辞典》）。总之，在中华医药的萌发初期，传说人物郴夭是神农氏的得力助手，他陪伴神农尝百草，率先发现医治伤寒、疟疾等病症的萩蒿等药材，与神农一起成为华夏最早的医家，共同开创了中华医药文明。

《尚书·禹贡》记载古郴地域，在大禹时代就上贡"包匦菁茅"的祭祀药材，《三都赋》注："《尚书·禹贡》曰：包匦菁茅，菁茅生桂阳"。《周书》记录这里的药材桂"自深（春陵水）"运出上贡；《山海经》说这里"多桂"；湘西里耶战国秦简14～177号记载："苍梧郴县有菌（桂）"。这一带的江河因运出桂而称桂水；西汉开国即在原楚苍梧郡设桂阳郡，《水经注》记："《地理志》曰'桂水所出'，因以名也。"三国《吴录·地理志》指："桂阳郡有桂岭（香花岭），放花遍白，林岭尽香。"南朝道教思想家、医药

---

① 《辞海》，上海辞书出版社，1980，第1232页。

家陶弘景《名医别录》、首部国家药典唐代《新修本草》都指出："桂生桂阳"。

从"茶"、"蒜蒿"到"菁茅"再到"桂"，神农氏、郴夭开创的医药文化根系伸延至西汉，桂阳郡草药郎中苏耽予以传承弘扬，以橘为药。西汉末经学家、文学家、光禄大夫刘向在《列仙传》中记述了苏耽："语母曰'明年天下疾疫，庭中井水橘树能疗。患疫者，与井水一升，橘叶一枚，饮之立愈'。后果然，求水叶者，远至千里，应手而愈。"① 发生在生产力低下、医疗水平不高、距今两千多年的这件医林之事，是中华医学史上预防医学的开端。

《列仙传》写苏耽"父早丧"，孝母至"乡里以仁孝闻"；而预测疫情、用井泉熬橘叶汤剂救民，就是大孝格天！西汉统治者确立"孝悌治国"之策，故有"文景之治"局面，苏耽孝母救民事件的出现，恰与之合拍。苏耽在世时间，据明代徐霞客在郴州苏仙岭所见碑记，生于"汉惠帝五年"（前190），"上升于文帝三年"（前177）。② 《列仙传》记仙家72人，湖湘地域仅苏耽。三国吴国左中郎张胜撰《桂阳先贤传》，苏耽居首位。东晋道教理论家、医学家葛洪去岭南罗浮山，过往郴州，做了一番调查，在道教名著《神仙传》写下大篇幅《苏仙公》。除不吃饭为母亲远遁买腌鱼、为母留盘，增加了因家贫给人牧牛养母，离家前为母洒扫庭除、修理房屋，母逝后在马岭山云中哀哭三年。传说岭顶松林受感化枝柯纷纷伸向西南，成郴城古八景之首"望母云松"。民间尊之"孝子神仙"，是仙自人间。

此后，苏耽橘泉救民之故事，东晋罗含《湘中记》、北魏郦道元《水经注》、六朝《洞仙传》、《隋书·经籍志》、唐代欧阳询《艺文类聚》、蒙学教材《初学记》、杜光庭道教《洞天福地记》、《全唐文》、宋代李昉《太平广记》、道藏《云笈七签》、李思聪《洞渊集》、郑樵《通志》、地理志《方舆胜览》、元代《历世真仙体道通鉴》、明代《一统志》、王世贞《列仙全传》、嘉靖《湖广图经志书》、《大清一统志》、《医术名流列传》等历代名著、道教典籍、医书类书、志书工具书，无一不载。杜甫、王维、王昌龄、刘禹锡、

---

① 金东辰、孙朝宗：《医林典故》，百花文艺出版社，2009，第42、43页。
② 徐霞客：《徐霞客游记》，中华书局，2009，第152页。

柳宗元、苏轼、秦观、黄庭坚、张舜民、李东阳、兰陵笑笑生、何孟春（郴籍）、汤显祖、张居正、王夫之、石韫玉、陈起诗（郴籍）等历代名家的吟诵诗文，李时珍、林则徐、杨守敬等的名联，南北传开。

唐玄宗时即诏令"发挥声华，严饰祠宇"，道教因之将苏耽出生、采药的马岭山奉作"天下第十八福地"；宋代四朝皇帝敕封苏耽，从"冲素真人"到"冲素普应静惠昭德真君"。宋真宗的御诗中，有"橘井甘泉透胆香"句，于是"橘井泉香"的典故辉耀中华医林。明代意大利著名传教士利玛窦来华，马上就知晓了这个名典，他在《西国记法》一书中，提示西方人记中国事物"记医以橘井，以杏林"。

图2-2 明代传入日本的《有像列仙全传》描绘郴州的"苏耽橘井"

日本有橘井堂医院、《橘杏春秋》杂志，以"橘井"为人名；柬埔寨有橘井省、橘井市；越南庯宪市温氏祖厝楹联的下联为"宪南风物，寿人橘井久传家"。橘井泉香的清芬传向了世界。

三　矿物冶铸播远名

唐宋八大家之首韩愈撰《送廖道士序》，称"郴之为州，在岭之上……其水土之所生，神气之所感，白金、水银、丹砂、石英、钟乳……不能独当也"，他看到郴州矿物晶体宏富多彩。1100多年后，郴州永兴县被命名为"中国银都"。永兴虽无有色金属、矿晶资源，却靠三百余年的回收冶炼高超技艺，俨然而成全国产银首县。

其实，早在《山海经》篇首，就有"招摇之山""多金玉"之说。东汉学者高诱注语："招摇山，在桂阳。"即多金玉的山在汉桂阳郡。可见其春秋时已招摇成名，传国玉玺的典故"卞和三献""卞和泣玉"，便发生于此。

古本《韩非子》记述"春秋林人卞和得璞于荆山"，"林"是桂阳郡前身春秋方国——林，南岭林国之民称"林人"。林国被荆楚吞并，林人卞和在家乡得到一块璞，献楚厉王、楚武王，都被认为是拿石头诳君，被斩去双足。楚文王登基，卞和抱璞痛哭，泪干血滴。王派人去问，卞和回答非为刖足，是为君不识忠贞之心而悲。文王醒悟，剖开璞石，晶莹乍现，制成玉璧，这就是和氏璧的由来。后"和氏璧"落到秦始皇手里，雕成传国玉玺，后成为"汉传国宝"。南宋地理总志《舆地纪胜》揭示传国玉玺的原生地，"在湖广郴州永兴县荆山观傍有玉洞，世传卞和取玉之地。"① 明《永乐大典》亦有记载。

汉代桂阳郡郡治郴县的矿物坑冶名气飞扬。《汉书》记全国103个郡国、20种物产职官，只桂阳郡唯一"有金官"②。古代"金为三品，或黄，或白，或赤"，黄即黄金，银、锡为白金，铜乃赤金。据此可知桂阳郡金官，是专管南岭地域有色金属矿物开采冶铸、直接向中央王朝负责的官员。《文献通考》记桂阳郡设铁官也在西汉，武帝"元狩四年（前119）置铁官凡四十，有桂阳郡"。

两汉经济大幅发展，加上与匈奴作战频繁，统一西南夷朝鲜，限制南粤，推广铁质农具、打制兵器、铸造银币铜钱等，对桂阳郡金属矿产的需求量巨大。郴城北郊"铜坑湖"地名，就说明地表的铜矿，挖完后形成的水坑像湖泊一般。有的银坑开凿过度，产生异闻"三翁银井"，载于南朝《述异记》："桂阳郡有银井，凿之转深。汉有村人焦先，于半道见三老人，遍身皓白，云：'逐我太苦，今往他所。'先知是怪，以刀斫之，三翁各以杖受刀。忽不见，视其断杖是银，其后井遂不生银也。"这传说生动形象，说明汉王朝对桂阳郡银矿的依赖程度。

银井具体位置，清《湖南全省掌故备要》指向永兴县"土富山，县东北。有银井，土人掘之，有三老翁授以杖，归，视之，银也，一名三翁井"。明代永兴籍大理少卿曹璉《土富银井》诗，咏"嵯峨土富凤钟灵，古井漫漫产白银。罢贡无劳供国赋，逢仙曾为济生民。天藏似倩云重锁，地禁如令虎自巡。独有三翁遗韵在，至今贪鄙悉归淳。"揭示传说另一文化含义，即生态观念可抑制贪欲。

---

① 张式成：《传国玉玺与林人卞和》，《湖南年鉴·文献与人物》2016年第3期。
② （汉）班固：《汉书》，中州古籍出版社，1996，第566页。

《后汉书》又记"便（今永兴）、耒阳有铁"，"他郡民庶常依因聚会，私为冶铸"，桂阳郡太守卫飒"乃上起铁官，罢斥私铸，岁所增入五百余万"。"视事十年，郡内清理。"①即东汉初桂阳郡续设铁官，严控十年，每年使国家增加财政收入500多万钱，为光武帝中兴汉室贡献甚巨，《后汉书》因之将卫飒作东汉第一循吏立传。

2003~2004年郴州出土大批西晋简牍，轰动一时，日本学者3次访郴阅读。从省考古研究所整理交还郴州博物馆陈列的百多枚来看，4枚与银冶直接关联：一个进山乡在汉代设有银屯署一所、银工坊两个，至西晋某些管理署报废而采银夫竟还保持1748人的庞大队伍，说明晋王朝对桂阳郡银坑十分倚重。

时光之轮滚动至唐代，《新唐书》记"郴州桂阳郡，土贡：赤钱。有桂阳监钱官。义章（今宜章），有银，有铜，有铅"。于是继两汉设金官、铁官后，郴州又设钱官。

在郴州设此职，唐王朝下了大决心。《旧唐书》载唐玄宗登基时，"先天之际（712~713），两京用钱尤滥。其郴、衡私铸小钱，才有轮廓，及铁锡五铢之属，亦堪行用。乃有买锡熔销，以钱模夹之，斯须则盈千百，便赍用之。"银钱流通量大，民间私铸，且形成以锡代银的造假，迫使朝廷于天宝年间（742~756）在郴州专设造银锭、铜钱的铸钱监。以坑冶"在桂洞之南"，"故曰桂阳监"。"监有正、副使，命郴州刺史判之"，说明兹事体大，须州长吏直接指定监正、副使；管理机构与工坊也设郴州城内。宰相、原郴州刺史李吉甫在《元和郡县志》记郴县"桂阳监，在城内。每年铸钱五万贯"。记平阳县即今桂阳县"所出银，至精好，俗谓之'呙子银'，别处莫及。亦出铜矿，供桂阳监鼓铸"。

《旧唐书·食货志》记载，元和三年（808）五月，盐铁使李巽上言："得湖南院申，郴州平阳，高亭两县界，有平阳冶及马迹、曲木等古铜坑，约二百八十余井，差官检覆，实有铜锡。"唐宪宗采纳奏言，指出"天下有银之山，必有铜矿。铜者，可资于鼓铸，银者，无益于生人。权其轻重，使条专一。其天下自五岭以北，见采银坑，并宜禁断。恐所在坑户，不免失业，

---

① （南朝）范晔：《后汉书》，中州古籍出版社，1996，第707~708页。

各委本州府长吏劝课，令其采铜，助官中铸作"。批准李巽《请于郴州铸钱奏》，郴州铸钱炉增置2座，共7座。并通过郴州改制，全国铸铜钱为主，主要流通"开元通宝"。

《钱谱》（北宋）记载唐会昌五年（845），"铸钱之所，各以本州郡名为背文，于是湖南钱用'潭'（潭州，即长沙）字，在穿左，桂阳监钱用'桂'字，在穿右。"表明开元通宝的桂阳制造标识，全国通行；且日本、高丽、越南吴朝，都仿制开元通宝形制。

《泉志》（南宋洪遵）记咸通十一年（870）桂阳监铸钱官王彤上贡新铸功德钱"咸通元宝"，《钱币考》（南宋罗泌）指出"此钱惟郴州铸之"。这是唐代最后一种钱，因行时不长，传世绝少，为唐泉第一珍，遂使郴州"汉唐银场"声名鹊起。

五代时改平阳县为桂阳监，"管烹银冶"。控制采矿冶炼的"坑户"又叫"烹丁"，编制17~65岁的烹丁户籍簿。后晋天福年间（936~943），采用从铅锌矿中提银技术，烹丁成了专以缴白银充实国库的纳税苦力，代代相续。

桂阳监大凑山，因"炉烟蓊然，上接云汉，烹丁纷错，商旅往来辐辏"而名，唐代已建祭祀山神的宝王祠。《桂阳图经》记"宝山庙在军治之西，古有盘氏兄弟三人以凿山冶银自业。既没，有灵，祷之矿溢，遂祀焉。后梁贞明四年（918）诰犹存"。又有三堂庙，其神为柴氏七郎太保和十三娘仙姑，"烧银同祀窑神，柴氏兄妹沿于柴窑哥窑"。因后周世宗皇帝叫柴荣，而土法冶炼靠柴烧木炭，传说祭柴氏，采银就灵，形成全国较早的矿神祭。

宋初郴县有新塘银坑，桂阳县（汝城）有延寿银坑，义章县（宜章）有浦溪锡坑，临武县有蓝岭银铅坑。桂阳监更是宋王朝3处银监之一，平阳县银坑达9处之多。宋初银监，是为了满足王朝经济、文化、军事、外交的巨大需求而设。于是桂阳监"八宝之地"的名气不胫而走，"八宝者，金、银、铜、铁、铅、锡、水晶、石炭也"①。

宋王朝在此"每岁征银四万三千余两"，桂阳监撑起了朝廷财政金融的一头。而烹丁苦不堪言，生态遭到破坏。开宝三年（970）宋太祖不得不亲自过问桂阳监坑冶事，削减岁贡白金，下诏："古者不贵难得之货，后代赋

---

① （清）王闿运：《桂阳直隶州志》，天马出版有限公司，2004，第349页。

及山泽，上加侵削，下益凋敝。每念兹事，深疚于怀，未能捐金于山，岂忍夺人之利。自今桂阳监岁输场课，宜减三分之一，以宽民力。"

1042～1048年间桂阳监判章侁到任，了解到"桂阳监平阳县自马氏（五代楚国）时税丁钱，岁输银八万三千两；民生子，至壮不敢束发"。又调查到前几任监使为政绩残酷欺压百姓的劣迹，同情坑冶户等矿工、炭夫身上血汗都被榨干，遂作名篇《烹丁歌》。《烹丁歌》字字血泪，如泣如诉，沿着湘粤古道传往汴京，惊动宋仁宗，终于诏免烹丁户为平民，并减免郴州、桂阳监等地部分丁身米税十万余石。

20世纪末印度尼西亚首都雅加达附近海域打捞出一艘10世纪东南亚籍华丽海船，发现一批中国南汉王朝的银锭钱币，97枚银锭中，18个刻有铭文"桂阳监"或"盐税银"、"盐务银"等字样。这表明，唐宋"桂阳监"的银铸标识走向世界，成为国际贸易流通货币。

图2-3 桂阳县城雕——唐代"桂"钱

据现代勘探，南岭地壳亿万年精华凝结，使郴州境域蕴藏200多种矿物，探明储量46种，矿产112种，资源量富集的产地500多处，有色金属矿石的金属含量达600多万吨。钨、铋储量排世界第一，锡、锌分列全国第三、第四；萤石占全国总储量的76%，微晶石墨世界少有，全球唯一的香花石被赞为国宝。1982年国家发行矿物邮票4枚，最贵面值2角票面的黑钨出于瑶岗仙钨矿。至于稀有元素族，中国第一颗原子弹所用钚即提炼自郴州 711 矿的铀，这为保卫国家安全、和平利用核能奉献巨大。

继苏仙区柿竹园矿誉称"世界有色金属博物馆"之后，进入 21 世纪，临武县石破天惊，连续发现通天玉、香花玉，晶莹剔透，光泽照人，展露出南岭郴州三千年的宝玉身姿。桂阳县宝山铜银矿列为国家矿山公园，北湖区获授"微晶石墨之乡"，永兴县获授"中国银都"，汝城县、宜章县矿业历久弥新，全市获称"中国矿物晶体之都"。2015 年湖南省人民政府、国土资源部决定：中国湖南（国际）矿物宝石博览会永久落户郴州。矿博会显示的文化影响力直追美国图森矿物展和德国慕尼黑矿物展，已然跃升亚洲之最世界第三大矿物宝石专业展会。

四　吾道南来理学宗

理学，亦称道学，是中国跻身世界哲学领域的一颗光辉钻石。

理学鼻祖为北宋周敦颐（1017～1073 年），郴州近邻永州道县人，因家宅旁有濂溪，世人称其"濂溪先生"。濂溪学术起步阶段却不顺利，15 岁时父亲辞世，只得与母亲进京依随舅舅郑向生活、学习，故格外刻苦用功。郑向出身进士，历知州、盐铁判官、知制诰（起草诰命等），升龙图阁学士。他体恤外甥，亲自教授经史，督促其攻读。濂溪自幼诚实，舅舅也希望他淳厚实诚，故为其取名：惇实。这对周濂溪后来治学、做人的影响很大。

1036 年郑向得到叙例封荫子辈的机会，他没奏报儿名，让给了外甥。因宋英宗做太子也在当年获赐名"宗实"，"惇实"有触犯皇太子名讳之嫌，舅舅让其改名"敦颐"。这事又一次激励了濂溪。然天有不测之风云，舅舅当年出知杭州逝于任上，翌年母亲也病故。刚成年的周敦颐遭逢人间大悲，但他守丧期间，青灯黄卷，每日苦读。

3 年孝满起服，憔悴的周敦颐已 24 岁，他要养家，故不能科考。好在舅舅的封荫仍然有效，但他没有进士资历，须降一级升转，吏部将他调为洪州分宁县主簿（县令佐官）。周敦颐就揣着自学的满腹经纶步入仕途。

1041～1071 年，周敦颐仕宦生涯 31 载，其中 27 年为州县地方官员，历江西、湖南、江西、四川、广东诸任。任职时间最长是在湖南郴州，足 8 年。

庆历六年（1046）冬"移郴州郴县令"，他第一次升迁为县级主官，在郴州州治郴县，3年后"改郴州桂阳令"①，即郴州属县（汝城）主官，故"两令郴"。《宋史·周敦颐列传》评价其"移郴之（到）桂阳令，治绩尤著"。

"三十而立"与"四十不惑"，都是人生重要的转折点，古代对为学为官者更看重这一点。而周敦颐首次出任县级主官，时年正好30岁。离开汝城时38岁，人生最宝贵的这一阶段，恰在郴州度过，意义不凡。过了"五十知天命"之年，神宗熙宁元年（1068）"时先生有知郴州之命"②，即他第一次被提拔为州级主官。且做知州也只在郴州一处，因此他在一地任职次数最多的是郴州，世人因此言周敦颐"仕郴独久，历官三任"。

理学史上一宗大事，便发生在其"两令郴"期间。庆历六年（1046），南安军代理通判程珦，十分钦佩时任南安军司理参军周敦颐的治学与为人，与其结为好友，令儿程颢、程颐拜周为老师，托付给他带在身边教授。当年冬，周敦颐走马上任郴县令。《明道传》说程颢"自十五六时，与弟颐闻周敦颐论学"，说明二程跟从先生在郴县求学。清《重建郴阳濂溪书院记》佐证"公于郴阳盖三至焉。其时，二程来从受业，盛哉矣"。即说先生三次履职郴州，二程都随师来此。南宋《周敦颐年谱》记"移郴州郴县令。至县，首修学校以教人，有《修学记》"。翌年，又"作书堂于郴之鱼鲜山"。那么头年二程在周县令修建的郴县县学听先生授课，第二年就在先生自建的鱼鲜山书堂接受先生传道。

中国哲学的宏大命题，就此诞生于1048年的郴州。《明道传》记录程颢自述："自十五六时，与弟颐闻周敦颐论学，遂厌科举之业，慨然有求道之志。其后先生作《太极图》，独手授之……"这段精彩忆述，传递两个重要信息：二程在郴县开始从师周敦颐，一年后在先生精辟学说的感化影响下，明确了追求理学的人生取向。接着周敦颐在有所继承的基础上发明了"太极图"，其中包括《太极图说》。因为如果仅是一张图，几根线条加色块，半个时辰便可学会。而哲理的翔实讲授、玄妙解析，方具备"独手授之"的价

---

① （宋）度正：《周敦颐年谱》，《梁绍辉·周敦颐评传》，南京大学出版社，1994，第436页。

② （宋）度正：《周敦颐年谱》，《梁绍辉·周敦颐评传》，南京大学出版社，1994，第440页。

值。《太极图说》提出一个简洁而系统的宇宙构成论，即"无极而太极"，"太极"一动一静萌生阴阳，阴阳孕生金木水火土，最后化生万物（包括人）。这个经典命题，也最后完成了道家千百年来对宇宙本体的探索。

如此，二程从郴县到汝城，数载受教于恩师，不仅由少年而弱冠而成年，被引领进理学的门庭，更由于周敦颐将发明的"太极图""独手授之"，而触探到《太极图说》"明天理之根源，究万物之终始"的堂奥，进入周子的思想境界，打下了"伊洛之学"的基础，成为理学主流学派。

周敦颐1054年离任汝城后，人们发现他在县几年，只置办了一个装文书档案的木柜，且没带走。继任的一茬茬县令受其清廉感化，竟一直留用到南宋嘉定十三年（1220）。知县周思诚到任后听人讲述周子轶事，"前县厅有木甀一，其高四尺，其阔视其高加尺焉，以贮官文书。其上锓'皇祐四年置，桂阳县令周'凡十字，而书押于其下，实先生时旧物"①。甀本是木匣子而已，而周敦颐没有专门的大柜，故做了这么一个匣式木箱，用于存放官署文件和稍有闲暇便阅读的书，箱下还压着书本，可见他于政事之用心又身无长物。

另一例就是，他在郴州连续做了8年县令，"时当道诸公皆以先生治郴桂有绩，交荐之"，即名声传到朝中，主政大员争相推举。他首次得到一个"大理寺丞"的京官头衔，于至和元年改任高一等的南昌知县。到任后不久，"一日，先生得暴疾，人殆，更昼夜始甦。友人潘兴嗣视其家，服御之物，止一敝箧，钱不满百。"②民谣讥讽官场腐败风"一年清知县，八百雪花银"。周敦颐在郴县、汝城做了8年知县，竟然连一百文钱的积蓄都没有，日常用具、衣物也只用一个破竹箱装着，何等廉洁！

周敦颐有诗明志："老子生来骨性寒，宦情不改旧儒酸。停杯厌饮得醪味，举筯常餐淡菜盘。事冗不知筋力倦，官清赢得梦魂安。故人欲问吾何况，为道春陵只一般。"这位春陵水流域走出的大儒，生性南岭人的硬骨清峻，只需平常饭菜、淡薄水酒，身处官场不改初心，为政清明廉洁，只为梦甜

---

① 刘华寿：《郴州历代诗文选注》，湖南出版社，1996，第104页。
② （宋）度正：《周敦颐年谱》，《梁绍辉·周敦颐评传》，南京大学出版社，1994，第436页。

魂安!

周子独爱一池清馨莲荷。莲,"廉"也;荷,"和"也。政务之余,他喜欢在郴州城内荷塘、城郊北湖与南湖赏荷,并在郴县、汝城亲辟莲池,栽种藕荷。清《湖广通志》记汝城"爱莲池,在县治东,宋周敦颐邑令时所凿"。千古哲理美文《爱莲说》如是挣脱淤泥,带着清香,自他笔端而出,亭亭净植,"元公植莲"传开。其倡导的贫贱不移、富贵不淫的风骨,智慧其中、刚直其外的品格,洁身自爱、不为环境屈服、抵御外物侵扰的精神力量,成为古今的做人准则。

在汝城,他教诫二程,勿受物欲左右,要寻找孔颜乐处。二程领悟了,诗吟:"云淡风轻近午天,傍花随柳过前川。时人不识予心乐,将谓偷闲学少年。"于是汝城出现"予乐乡""予乐村""予乐亭""予乐湾"。

这一切,出自周敦颐的"圣可学"的哲思深度,他认为不但圣贤的平常行为可学,圣贤的丰富"五车"可学,圣贤的智慧思想也可学。如此《通书》《易说》《拙赋》等,汇同《太极图说》《爱莲说》形成湖湘之学的源头"濂学"。

1073年周敦颐逝世,国史编修、大诗人黄庭坚赞其"人品甚高,胸怀洒落,如光风霁月"。学界名流专程赴郴或利用南下沿海经过郴州的机会,在郴追寻其思路,传承其学说,世代赓续。

两宋之际胡寅撰《桂阳监学记》,南宋张栻撰《郴州迁建学记》《桂阳军修学记》,陆九渊撰《宜章修学记》,朱熹在天下第十八泉题"清风""明月",乐章撰《安仁县重建儒学记》;明代郴籍兵部尚书邝埜撰《科贡题名碑》,大学士、宰辅李东阳为汝城撰《龟鹤轩记》,音乐家袁均哲撰郴州《景贤祠记》,宰相罗洪先撰汝城《濂溪书院记》,东林党领袖顾宪成撰桂阳州《愧轩记》,还有解缙、湛若水、陈献章等的诗文、郴籍理学家、代吏部尚书何孟春的《郴州濂溪祠记》、两广总督刘尧诲的《形影互垢文》,都追随先贤,发阐理学精义。而全国奉周子之祀的濂溪祠、讲周子之学的濂溪书院,如雨后春笋拱立。郴州即有州城、汝城濂溪祠,郴县、桂东、永兴油麻乡濂溪书院,永兴濂溪讲堂。

周敦颐学说被北宋以后的历代朝廷倚重为官方哲学,影响了儒家学说八百年走向。美、日、德等国都出版了《周子全书》《周元公集》《濂溪集》

等。学界尊认他"上接孔孟，下启程朱"。南宋嘉定十三年（1220）赐谥号"元"；淳祐元年（1241）下诏从祀文庙，加封"汝南伯"；元仁宗延祐六年（1319）加封"道国公"。谥封、褒荣、祭祀，达到神化地步。

《宋史·周敦颐传》指其"移郴之桂阳令，治绩尤著"。南宋国家地理总志《舆地纪胜》，《明一统志》、《嘉靖湖广图经志书》，清《湖广通志》均指周子"郴令移桂阳令，皆有治绩"。《大清一统志》记"周茂叔书堂在州东三十里鱼鲜山"。何孟春在《郴州濂溪祠记》中言"先生两令郴，则郴之感沾德化为独深"。《万历郴州志·循良传》评周敦颐："先生倡理学之宗……郴之得先生也，郴其荣矣哉！"清《嘉庆郴州总志·名宦志》赞"濂溪周子三治郴，以大儒学术发为政事过化存神之妙"。明代理学家湛若水竟言"光风霁月谁能量，我欲往居报郴阳"，表示要申请移住郴州接踵其学。

郴州蔚然而成周子"化神之地"，史学界公推之理学道源，何其有幸！宋代以降，郴州一带耕读成风，文风兴盛，人才辈出，与理学起源于郴州不无关系。

（本章撰稿：张式成）

第三章 多元包容的精神特性

第三章 多元包容的精神特性

每个人因其生活处境和生活经历的不同，会形成不同的精神气质、心理状态，所谓百人百性；而同一类人（相同地域、相同处境、相同经历等）会因相同的生活环境和生活经历而产生相类似的思想意识和情感体验，所谓一方水土养一方人。郴州，地处湖南的南大门，为三省通衢。北望湖湘中原，南接广东，东临江西，既长期受中原、湖湘文化的浸润洗礼，延续着中原、湖湘文化的血脉，又不断地与江西的客家文化、粤北的北越文化相互交流、碰撞、融合，因而形成了既鲜明独特又多元包容的精神特质。总揽其精神特质，可概括为五个方面：农耕传统孕育出的开拓创新精神、传统儒家思想滋润下的家国情怀、理学精神培育下的笃实作风、仙佛文化陶染下的民本思想以及艰苦环境中磨炼出的不屈性格。

一 开拓进取勤创业

郴州，是农耕文明的发源地。炎帝神农氏是农业社会的始祖，也是中华文明的始祖。郴州是神农氏深耕过的领地，神农氏的足迹遍及郴州的山山水水。

农业文明属自然经济，生产力水平低。勤劳吃苦、开拓创新，这是农耕社会的客观要求。勤劳，才有收获，才能保障生存；开拓，才有出路，才能谋求发展。正如《淮南子》所指出的，"神农之教曰：丈夫丁壮而不耕，天下有受其饥者，妇人当年而不织，天下有受其寒者，故身自耕妻亲蚕以为天下先。"农耕社会中的每个人都必须辛勤劳作，男人不耕作就将有人没饭吃，女人不织布就会有人没衣穿。神农氏为人民做出了榜样，他亲自耕田种地，妻子亲自养蚕织布。辛钘所著《文子》就曾说过："神农形悴，尧瘦癯，舜黧黑，禹胼胝。"就是说神农氏同其前后的农耕氏族首领一样，都是身先士卒、辛勤劳作的典范，他们都因亲自劳作而显得或神形憔悴，或身材干瘦，或皮肤黝黑甚至手脚畸形。不仅如此，神农氏还是不断开拓创新的楷模，为了部族的生存发展，他始作耒耜，教民耕种；草创医药，遍尝百草；治麻为布，制作衣裳；日中为市，首倡交易；削桐为琴，练丝为弦；弦木为弧，剡木为矢；作陶为器，冶制斤斧；台榭而居，安居乐业；等等，因而能使中华民族薪火相传，不断壮大。

郴州因受炎帝精神浸润，崇尚农业生产，追求耕读传家。农业文化的熏陶，培养了郴州人勤劳吃苦、开拓创新的精神。

这种精神养成了郴州人耕读传家的优秀传统。耕读传家，是中华民族的优良传统。郴州人秉承耕读并重的传统：一方面重视家族传承，耕种繁衍，拓开祖脉，扩建家园，以忠孝传家为本；一方面重视人才培养，鼓励读书上进，以进士及第、加官晋爵、封妻荫子为荣。

以资兴原渡头乡的峡圩村李氏家族为例。在原峡圩村口，曾立有一座"累世登科"的牌楼，是明代朝廷旌表该村望族李氏的。峡圩李氏为唐西平王李晟后裔，其始祖为伯玉，是宋代中叶（1130年前后）由江西白芒迁至该村定居的。到峡圩八百余年，子孙繁衍，人才辈出，成为当地的名门望族。宋、元、明三代一门出过11个进士。最杰出的如其第十九世孙李端（1411～1506年），他"赋性聪敏，问学渊密"，为景泰庚午（1451）乡荐举元，英宗天顺丁丑（1457）进士，授顺天府固安县知县。任上，他每到一个地方便体察民情，"首循民谟"，进而扶弱锄强，兴利除弊。治水患，惩恶霸，革弊政，结遗案，增驿站，建学校，"有为有守，深得民心，在任三年，政教兼举"，因而很快荣升滦州知州。后又因"持身廉谨，抚治多方"而复升涿州知州。再因"才猷卓异，政理殊常"而升杭州知府。当时杭州百姓富足，府库丰盈，官场侈靡之风盛行，李端大力倡导廉洁勤政，严禁奢靡之风，保持了晚节操守。最后，请求"援例归家"，含饴弄孙，颐养天年，享95岁高龄。其子李邦宪、孙李廷柬也都考取了举人，各有建树。优秀家风，世代传承。

郴州各个县市都流传着"一门几进士""一村几状元"的美谈，如永兴有"父子四人进士"、宜章有"一门三进士、隔巷两尚书"之说，汝城有"同村三御史"之谈，等等，充分证明郴州人对书香门第、勤耕苦读、开基创业精神的崇尚。

这种精神掀起了中国革命时期的湘南暴动。1927年，在大革命失败，各地工农革命陷入低潮之际，在湘南却成功地组织了一次规模巨大、影响深远的暴动——湘南起义。这无疑是中国共产党正确领导的结果，也是郴州人民创新求变精神的火山喷发。

1926年的郴州，自然灾害频仍，官绅剥削日重，加上军阀窜扰、匪患横行，人民生活在水深火热之中。一场轰轰烈烈的工农革命运动如干柴烈火，在湘南大地熊熊燃烧。当时最偏僻的汝城县爆发了一系列的工人运动、农民运动、学生运动。在中国共产党的领导下，各地农军汇集汝城共有四五千人，枪数千支，还有数万持梭镖大刀的农工群众，刀枪林立，群情激奋。被反动派视为"声势愈壮，操生杀，擅兴革，稍与抗，则指为反动派，道路以目，人人自危"的可怕地方，① 工农运动生机勃勃，被誉为"新湖南"和类似十月革命前的彼得堡，② 最终在共产党的领导下，成功起义，走上井冈山。为朱毛会师、为井冈山斗争积累了新鲜而丰富的经验。正如萧克在其《〈湘南起义史稿〉序》中所指出的：湘南起义"为'武装斗争与农民运动相结合'提供了范例；在建党、建军、建政、分配土地等各个方面取得了不少的成就，同时也为我党和毛泽东同志科学地总结出中国革命走农村包围城市、武装夺取政权的道路这一光辉理论，提供了宝贵的实践经验。历史已经证明，有了湘南起义，才有井冈山会师，才有巩固的井冈山根据地，甚至可以说，才有光辉的井冈山时代"。③

可见，湘南起义是郴州人在共产党领导下的一次创新求变的伟大实践。

这种精神酝酿了先行先试的改革开放过渡试验区。改革开放过渡试验区的创建，是郴州人开拓创新的又一杰作。

---

① 《汝城县志》五册卷之十九，1933。
② 中共湖南省委党史研究室：《中国共产党湖南历史》第一卷，湖南人民出版社，2008。
③ 湖南郴州市党史资料征集办公室编《湘南起义史稿》，湖南人民出版社，1986。

党的十一届三中全会后，中央对广东实行"特殊政策，灵活措施"，广东沿海率先进行市场取向的改革和全方位开放，对湖南产生巨大影响。毗邻广东的郴州，正处在沿海经济发达地区与内地经济次发达地区的接合部。在经济发展的过程中，既得益于沿海的开放，又首先承受着"南海潮"的冲击；既受内地政策和经济状况的制约，又受沿海地区较为开放的政策和经济发展状况的影响。在"湖南工资，广东物价"挤压的夹缝中生存的郴州人，迫切希望找到一条符合郴州区情的改革发展新路子。

从 1985 年 7 月开始，省、市两级党委和政府便开始调查研究，认真研讨方案，积极争取政策，直到 1988 年 4 月，省人民政府向国务院报送了《关于加速湖南开放开发的请示》，提出"将郴州、零陵地区和衡阳市作为由沿海向内地改革开放的过渡试验区，实行一些过渡政策和灵活措施"，"放宽政策，下放权力，积极扶持"，"允许他们根据实际情况决定工作方针，使湘南地区的改革开放在全省先行一步"，并迅速得到国务院的批准。随后，省政府迅速组织省直有关部门的负责同志，由时任省长的陈邦柱同志带领来郴现场办公，给了郴州 9 个方面 42 条政策，概括为"五大包干"（财政、粮食、烤烟、煤炭和外贸）、"四大扩权"（物价、税收、信贷、固定资产投资规模以及税务、粮食、外贸劳动人事权）。从此，郴州改革开放"过渡试验区"进入实施阶段，改革开放和经济发展跨进了一个新的历史时期。

当时郴州地委、行署抓住这一有利时机，全面启动"试验区"工作，确立了"坚持以市场为取向，以广东为导向，以价格改革为突破口，以自费改革为主，重点抓好价格体制、流通体制、投资体制和社会保障制度等改革，使郴州的多项改革在全省先行一步"的指导思想，制定了与省里的大政策相对应的改革开放 12 个文件，出台了上百条具体措施和规定细则。从此，郴州的改革开放迈开了新的步伐。①

这种精神开创了"无中生有"的中国银都。永兴的"中国银都"更是"无中生有"开展经济创新的"神话"。

永兴县有着悠久的金银冶炼历史。从最早的淘沙金开始，永兴的柏林

---

① 黎泽民：《改革开放永远在路上——写在郴州改革开放"过渡试验区"创建三十周年之际》，http://www.czs.gov.cn/fgw/fzggdt/jjtzgg/content_1289871.html。

人便逐步掌握了原始的冶炼技术，历经几百年的发展，永兴从一个金银零资源的县一跃成为闻名遐迩的"中国银都"。改革开放之前，永兴柏林的冶炼人还只能或明或暗地在国内外各大城市间漂移迁徙，干着废中取宝的营生。有的在香港、澳门、台湾渐成气候，生意日益兴隆，办起了公司或工厂。

1978年，党的十一届三中全会的召开，有如春风吹拂，柏林的三废回收冶炼业渐渐复苏。1979年秋，荷塘村的李江兴是第一个吃螃蟹的人。他用新棉毯换镀镜厂的烂棉毯从中回收白银，获得颇丰利润。他偷偷摸摸搞了5年，直到1984年才公开。

1984年，口泉的陈日升毅然把责任田转包给别人，放弃修钟表的手艺，专门从事冶炼。这一年，他六进新疆，专注于大中型冶炼厂的"废渣"回收。前几次进疆，空手而返，但后来几单生意利润丰厚，一年下来，盈利6万余元。同年底，村里冶炼人介绍，山西太原冶炼厂有一批烟囱灰，加工提炼难度大，回收率低，几家国有大型冶炼厂都不敢采购，可陈日升化验后，联合本村三人贷款15万元，把50吨烟囱灰买下，用火车皮拖回，盘房办厂。几次火法试验，均无结果。聘请海外华侨老艺人为师指导，也只提炼出少许黄金，亏本已成定局。三人决定撤厂分货。唯陈日升没有将货贱卖，他坚信有能力突破技术难关，通过近20次反复试验，终于获得烟囱灰回收的独特技术。

1984年，李江兴在香港的岳父传给他"走水"技术（从"定影水"和"胶片"中回收白银）。李江兴打破"传内不传外"的封建观念，将技术无偿传授给乡亲。由此，"亲教亲，朋教朋"，柏林"走水"大军形成。那段时间，他们走遍了全国的制镜厂、医院、照相馆和电影制片厂。"走水"技术启发这些从田地山间走出的农民意识到废旧电瓶、废边角料也有回收价值，于是，他们在全国各地收购废旧电瓶、废边角料。

柏林冶炼由1985年前的"星星之火"迅速向全县蔓延，形成"家家点火，户户冒烟"的燎原之势。从此，柏林冶炼变身为永兴冶炼。在这个基础上，县委县政府采取积极保护、依法治理的政策，使永兴冶炼克服初期无序发展、环境污染和违法走私的阴霾，逐步走上精心扶持、有效治理、健康发展的康庄大道。从2002年起，永兴县白银产量连续三年占全国白银总产量

图3-1 东江大坝

1/4以上。2004年，中国有色金属工业协会正式授予永兴县"中国银都"称号。①

这种精神创造了独辟蹊径的资兴开发性移民经验。在郴州，资兴的移民工程也是可圈可点的开拓创新大手笔。

1986年8月2日，随着东江大坝重达240吨的巨型铁闸落下，奔腾的东江被拦腰锁住，高峡出平湖。东江水库建成了，资兴最富庶的农业区却被淹没了，曾经的"粮仓、林海、油库"随着湖水的上漫，瞬间化为乌有。"万顷良田万声歌"已成往事，今后出路何在？库区11个乡67个村的6万多名村民如何安置？这是摆在资兴市委市政府面前的一道难题。

资兴市本着因地制宜、综合利用的思路，改补偿性移民为开发性移民：立足山水资源搞开发，精心制定了果茶、渔业、水电、旅游等专业开发规划。同时，以市场为导向，"唱山歌，走水路"，以科教兴业为重点，建立市场、科技、产业、经济四位一体的开发体系，率先在全国成功走出了一条开发性移民新路。一方面引导移民在荒坡上开荒种果，或在水库中投放各类鱼苗，引导移民从事捕捞；另一方面选送不同文化层次的移民到各级大中专职业院校学习果茶、水产、造船等技术，聘请专家学者到田间地头培训技术人才，

---

① 《永兴文史》第二十一集《银都之韵》。

走"科技兴库"之路。移民们不等不靠，他们舍小家、为国家，自力更生，艰苦创业，或背井离乡，自寻出路；或就地安置，重建家园。彰显了库区人民勇于开拓、无私奉献的移民精神。

30年弹指一挥间，资兴移民走过了搬迁、重建、发展、转型、崛起这一段段辉煌历程，在党和政府引领下，用自己的勤劳和智慧，改变了库区面貌，也创造了美好幸福的生活。东江湖成为湖南省唯一拥有国家生态旅游示范区、国家5A级旅游景区、国家风景名胜区、国家森林公园、国家湿地公园、国家水利风景区、中国森林氧吧等7块"国字号"招牌的旅游区，年接待国内外游客近千万人次，实现年旅游总收入60亿元。库区人民的生活水平不断提高，村村通了水泥公路，许多家庭住上了新房，买起了小车，提前跨入小康社会。

开拓才有发展，创新才有活力。开拓创新，是农耕文明留给我们的宝贵精神财富。郴州人民秉承这一精神，艰苦创业，大胆创新，走出了一条独具特色的地方发展之路。

二 情系家国怀孝忠

传统儒家思想视社会为一个相互联系、相互制约的整体，像大自然中的天地万物一样，有一个春夏秋冬、东西南北、尊卑次序等，因而每一个社会成员要按照天人合一的规律，各守本分，不能僭越。社会要有礼法，个人则须有修养。

在郴州各地都尊奉孔子，尊崇儒学。都修建了庠序，建了文庙以祭拜孔孟先贤。孔孟之道可谓深入人心，在郴州人的心灵深处注入了根深蒂固的传统文化基因。传统儒学的家国情怀与生俱来，渗透在郴州人的血脉之中。

忠肝义胆、国以忘家的博大胸怀。郴州人的家国情怀十分强烈，它既表现在直接参与国家治理的官员身上，更渗透在平民百姓的思想和行为之中。

古代的郴州多出监察官。监察官是代表君主监察各级官吏的官吏（耳目），职级虽不是很高，但政治地位十分重要。特别是在明朝，十三道监察御史的清傲甚至令皇帝都无可奈何。

统治者对监察官的政治素养有极高的要求，必须具备几个基本条件，而第一条便是"必国而忘家，忠而忘身"；二是正派刚烈，忠直敢言；三是学识突出，既通晓朝廷各方政务，又能博涉古今。除此之外，监察官还必须有一定的仕途经历，朝廷甚至对监察官的年龄、出身以及文章、词辩等方面的能力也有具体要求。

郴州历代监察官辈出，御史林立。御史便是典型的监察官，如汝城县就有左都御史、兄弟御史、父子御史、叔侄御史等，充分体现了郴州人"国而忘家、忠而忘身"的家国情怀。

明代中期的都察院左都御史朱英（1416～1484年），郴州汝城马桥镇外沙村人，明朝正统九年（1444）中举人，正统十年（1445）与族兄朱海同登进士，在京师被人们誉为"双凤"。朱英正直敢言，善处政务，备受朝廷倚重。他初任御史，参劾不避权贵。外戚都督汪全纵容家人侵夺民产，朱英与给事中林聪交章参劾，皇帝准奏并下诏夺回民产，归还原主。景泰三年（1452）八月，皇帝欲废太子，朱英与给事中李侃、林聪等直言相抗，皇帝不得不收手。朱英入掌都察院事，有刘御史自恃是内阁大臣的姻亲，出巡时有不法行为，朱英不为所惧，上奏罢了刘御史的官职。朱英勤政廉洁。他官居一方，却常不带妻子，仅携一老仆赴任。他任广东布政司参议时，回家省母，囊中仅有皇帝所赐十两白银，其母胡夫人见后，不怨反喜道："我儿为官如此清白，我将没有后顾之忧。"天顺二年（1458），朱英入京进万寿表从留都归来，新淦知县李舟、南海知县赵壮借事会面，他们带来很多银子作为礼物，朱英坚拒不收。在他晋升两广总督离任之日受他举荐而升官的诸将都暗地里给他送金银表示感谢，他全都婉拒。皇帝先后六次将盖金印的嘉奖文书及大量金银赐给他，他每次都只是收下嘉奖文书，而把金银存入国库，累计达白银万两。他曾经准备修建一所宅院，以与族人共居，然其俸禄所得不够修建之用。有人劝他从这次皇帝的赏赐及节约积累的大量钱财中抽出一点点，他说："公家的钱粮怎能拿来建私人住宅呢？"宅院终因银两不足而停止修建。廉洁至此，世所难觅。

在汝城卢阳镇益道村的范氏宗祠前，至今还保存着一座"绣衣坊"，这是明朝皇帝专门为旌表监察御史范辂而建的牌坊（见图3-2）。范辂，明正德二年（1507）中举人，正德六年（1511）考取进士，初任行人，历任御史、按察司副使、陕西布政司参政、江西赣州岭北道、江西提刑按察使、浙江提刑按察使、福建提刑按察使、福建左布政使。范辂是一个正直无私的官吏，入仕之初他便作诗明志："此心若有纤毫伪，口舌飘零不得还"。他初任行人时，奉命前往册封纯化王，纯化王向他赠送谢金，他拒收。纯化王不依，当晚再度呈送谢金，范辂正色说："难道我是暗中接受贿赂的人吗？"遂不辞而别。范辂任江西岭北道时，还捐出自己的俸禄来修建安仁县（今余江县）城墙。在与皇族朱宸濠篡位夺权的斗争中，他被诬入狱，险遭杀害，幸朝中众御史交章申救，才幸免于难。后朱宸濠起兵谋反，为王守仁率部剿平，范辂才得以平反，官复原职。礼部尚书范谦为范辂所作传记中赞道："公居官三十年，家无长物，仅存俸银九十两，布衣木笏，守父田九十工耳。公为人好学，厉行刚方，廉洁忠义俭约、恤寡怜贫，彰善嫉恶。"

图3-2　范氏家庙及汝城绣衣坊

范氏一门出过三个御史。另两位是热水镇的范渊和与范辂同村的范永銮。范渊，弘治九年（1496）考取进士，出任刑部陕西司主事，历任员外郎、郎中等。范渊宅心仁厚，治民有方，且他节用爱民，凡对民不利的陋规一律革除，对民有利的就大力推行。所治州县，一片升平，深得民众爱戴。范永銮，明正德九年（1514）进士，出任江西贵溪知县；正德十四年（1519）升浙江道御史。他作风正派，裁决果断，后历任福建按察司副使、福建学政、陕西兵备副使、河南按察使、四川右布政使，政绩也十分显著。

在宜章出过两位著名的尚书：一个是兵部尚书邝埜，一个是户部尚书邓庠。邝埜以忠君报国而著称，邓庠以治政有方而闻名。

兵部尚书邝埜（1385～1449年）出身书香门第，自幼勤奋好学，为人处世勤勉、廉洁、端正、谨慎，对父母十分孝顺。他的父亲邝子辅是句容教官，对邝埜教育十分严格。邝埜在陕做官时间长了思念父亲，就打算聘请父亲到陕县去做乡试考官，父亲知道后，十分生气，儿子做御史，让自己的父亲去当考官，岂不叫人闲话？他赶紧写信对儿子进行批评。还有一次，邝埜给父亲寄去一件粗布衣服，其父又写信责备儿子："你执掌刑法，应把精力用在洗雪冤案和办理积案上，这才不愧于自己的职责。你从哪里弄到这件衣服拿来玷污我？"于是把布衣包裹好又寄还给邝埜。

正统十四年（1449）七月，瓦剌（蒙古军）也先进犯明境，英宗皇帝不听劝阻，仓促率兵50万离京御驾亲征。几次紧要关头，时任兵部尚书的邝埜都进言谏阻，却遭到佞臣王振的阻拦乃至怒怼，称："腐儒安知兵事，再妄言者斩！"邝埜凛然对答道："我为社稷生灵言，何惧？"官兵最后被瓦剌军四面围攻，全军覆没，邝埜挺身护主，战死沙场，皇帝被俘。后不久也先与明廷议和，送还英宗，请修旧好。朝廷追认邝埜为太子太保，谥"忠肃"。现宜章县建有邝埜广场（见图3-3）。

图3-3 位于宜章尚书广场的邝埜塑像

户部尚书邓庠任浙江布政使司监察御史时，曾提出"勤圣学、正纪纲、实直言、明赏罚、亲大臣、远奸佞、察民隐、节财用"八件大事被皇帝采纳。成化十七年（1481），受命巡查陕西，所到之处访贫问苦，兴利除害，平反冤狱。成化二十二年，贵州守臣上报都匀苗民闹事，他奉命前往查办，经微服私访，查明真相是苗民争地仇杀，于是单赴苗家招来酋长，宣布朝廷德意，晓以利害。酋长率众归顺，事息民安。

在任河南按察司副使时，正值河南大旱，他开仓放赈，并组织民众修渠治田，试种水稻，使河洛一带民众世代受益。之后他先后升按察使、出任广东右布政使、任广西左布政使、都察院右副都御史。且退休后被重新起用任过都察院左副都御史，巡抚苏（今苏州）、松（今松江县）等府。凡邓庠任上，皆令行法施，贪吏不敢掠财，豪强不敢横行，人民安居乐业。

20世纪初以来，中华民族面临巨大变革。这一时期发生了孙中山领导的推翻封建王朝的辛亥革命，发生了全国人民同仇敌忾、救亡图存的八年抗日战争和国共两党生死搏斗的解放战争等等。在各个时期的风云变幻中，郴州儿女勇立潮头，他们以天下为己任，或在当地开展斗争，或到外地浴血奋战，为中华崛起和民族振兴，做出了不朽的贡献。据统计，在辛亥革命中，郴州籍参加和领导了辛亥革命的义士就达32人，其中在郴领导与参加本地起义的13人，在外地参加革命的19人，遍布郴州各县，充分表现了郴州人忠勇爱国的精神。

作为湘南起义的发生地，郴州涌现了一大批共产党员，他们积极参加中国共产党领导的新民主主义革命，为新中国的建立与发展做出了不可磨灭的贡献。他们中有邓中夏、黄克诚、萧克、曾中生、曾希圣、张际春等，都是郴州精神特质的杰出代表。

三 知行合一笃诚实

清经学家、文学家王闿运所撰岳麓书院文庙之楹联称："吾道南来，原是濂溪一脉；大江东去，无非湘水余波。"楹联高度概括了濂溪学在湘学中的地位以及湘学在国学中的地位。这里的濂溪，即指周敦颐及其所创立的理学。周敦颐的理学被后人称为濂溪学，是宋明理学之源，在中国哲学史上起了承前启后的作用。清代学者黄宗羲在他的《宋儒学案》中就说过："孔子而后，汉儒止有传经之学，性道微言之绝久矣。元公崛起，二程嗣之……若论阐发心性义理之精微，端数元公之破暗也"。

周敦颐的哲学思想集中在其著作《太极图说》和《通书》中。《太极图说》是周敦颐对于《太极图》自上而下的具体解释。它是一篇文字精练而思想深刻的哲学论文，也是周敦颐哲学思想的纲领性表述。《通书》则是对《太极图说》思想的进一步展开。

《太极图说》是宇宙学说，谈论的是天、地、人、物四者的渊源、关系及其相处之道。他继承了儒家孔孟的学说，并吸取了佛、道哲学的思想精华，体现了天人合一、知行合一的理念。周敦颐以道家的"无极"作为宇宙的本原，阐述了系统的宇宙化生论思想。在不到340字的短文中，他把各种范畴的关系说得很清楚了。第一个就是原始反终：动即静，静即动；静极而动，动极而静。一件事物的开端，又是这一件事物的终结，这就是原始反终，"互为其根"。知与行也是如此。"行"从其终来说，是知的体现，知然后行；从其始而言，是知的开始，行而后知。当然是一种新知——是在行的基础上提升了的知。反过来也一样。"知"，从其始而言，知是行的前提，知而后行；而从其终而言，知又是行的结果，是对行的总结与提升。这便是原始反终的道理，知行是合一的。第二个是诚笃，就是要诚实真挚。也就是马克思主义告诉我们的，世界是物质的，物质是变化的，物质的变化是有规律的，规律是必须遵循而不能违背的，违背了是会受到惩罚的。周敦颐是用阴阳五行说来谈论的，但道理也很明确：天地万物都是由阴阳两气交感、化生的，化生遵循一定规律来实现。人作为大自然的一分子，也必须遵循其规律。即要"与天地合其德，日月合其明，四时合其序，鬼神合其吉凶"。而且断言："君子修之吉，小人悖之凶。"要做君子，就必须诚笃地修而为之。知行合一，就是要实事求是，尊重科学；身体力行，诚实守信。

周敦颐在郴治政八年，一方面身体力行，践行其立人极的主张，并撰《爱莲说》，以文明志。另一方面，兴校讲学，宣传其理学思想，进而发展为湘学之源。他的理学思想，既根植于郴州本土文化，又反哺了郴州人文精神，对郴州人精神特质的影响是巨大而深远的。

郴州人践行知行合一理念，崇尚务实求真精神，表现为坚韧不拔求真理，脚踏实地做实事。这种精神特质，既表现在古代先贤的身体力行上，更表现在现代英杰的奋斗追求中。

邓中夏，郴州宜章人。他早年投身五四反帝反封建运动，是五四运动的积极组织者和领导者。在五四运动后回家乡度假时，村里有人问他将来想做什么大官，他坚定地回答："我要做大事，不做大官！"

他是这样说的，也是这样做的。他用短暂的一生，做着改变中国历史进程和工农大众命运的大事。1920年他和李大钊一起在北京大学建立马克思学说研究会，为共产党的建立作了思想、组织、干部上的准备。李大钊为主要负责人，邓中夏则是组织具体活动的实际负责人，负责学生、青年工作。接着，10月份，北京共产党小组在马克思主义学说研究会的基础上成立，后正式命名为共产党北京支部；11月，他创建了北京社会主义青年团；随后，邓中夏组织了几次重要的工人斗争，培养发展了第一批工人党员，使工人阶级政党名副其实地成长、壮大起来。

在组织工人运动的过程中，为取得工人们的信任，他脱下学生服，穿上工人装，从事工业劳动，学习工人语言，处处与工人打成一片。中国共产党成立以后，邓中夏把全部心血都倾注到工人运动中，接连参与领导了中国工人运动史上几次最重要的罢工斗争。

大革命失败后，中国革命处于生死存亡的危急关头，邓中夏临危受命担任中共中央秘书长，1927年6月30日任中共中央政治局常务委员会委员，参与中央各种机要活动。7月中下旬，他与李立三辗转九江、庐山、武汉，先后与叶挺、聂荣臻、瞿秋白、谭平山、恽代英等人多次开会研究，分析形势，认为我党原准备随张发奎回广东的计划已难以实现，提出了在南昌举行起义的建议，并具体研究了南昌起义的政治纲领。党中央政治局正是根据邓中夏、李立三的多次电报和建议，决定举行南昌起义，从而打响了向国民党反动派进攻的第一枪。邓中夏回到武汉后，又受党中央委托，立即筹备召开了八七紧急会议……①他就是这样一个为党的伟大事业扎扎实实做着每一项具体工作。

求真务实，说来容易，躬行实难。因为这不但需要智慧，有时更需要勇气。郴州人则多既有求真的智慧，又有务实的勇气。在资兴，出过无量寿佛周宗惠，农民起义领袖焦亮、焦宏兄弟，国民党将军程子楷、共产党将领曹里怀，还有当今的中国科学院院士袁亚湘等等。可作为郴州人知行合一、诚笃朴实的典型代表。

---

① 纪念宜章置县1395周年丛书——《宜章读本》，方志出版社，2013。

无量寿佛周宗惠（729~867年），法名全真，郴县程水乡（今资兴市香花乡）人。自幼聪颖，七岁读书，吐语成词，神悟过人，热衷于禅机义理。而他对禅机义理的阐释中，与后世周敦颐的理学有异曲同工之妙。他的主要思想体现为对"和""寿""静""行""实"的诠释，他认为"天与地而同根，共万物为一体"，强调人与自然和谐相处；他强调精神的重要作用，认为精神能促人进入人生的最高境界，"以肉身为寿，寿是有量的，而以无身为寿，则寿是无量的"；"仁者寿、寿者静，静故万物生焉"，他倡导真心无妄，恬静淡泊，体现的正是知行合一、诚笃朴实的精神特质。全真著作中也不乏"经世致用"的思想，而且是身体力行，因人而教。如他对士大夫宣扬"忠孝是佛"，对农工宣扬"勤俭是佛"，对商贾则宣扬"公平是佛"。

清末太平天国时有个叫洪大全（1823~1852年）的将领，他原名焦亮，是郴州兴宁县北乡蓼江市（今资兴市蓼江镇高冲焦家）人。从他的起义和起义前后对中国晚清社会现实、对洪秀全的评论以及以"洪大全"自封中可以见出郴州人的笃实。

焦亮与其胞兄焦宏（亦称焦洪），自幼聪敏，本也想通过科举考试而一展抱负。于是饱读经史，应童试，取秀才，曾因成绩优等而授为生。可到乡试时却屡试不第，因而对朝廷渐生不满，常借酒消愁，抨击时政，痛斥官府。当时的清朝政府确实处于没落阶段，官僚腐败，民怨沸腾，四方多事。焦亮通过深入分析，断定会有英雄乘时而起。于是熟读兵书，研究地理，多方了解天下形势，立志参与到推翻清朝统治的洪流之中。兄弟俩在当地组织天地会，自立山堂，发展会员，积聚力量，以图崛起。咸丰元年（1851），太平军进军永安州（今广西蒙山县），焦亮兄弟知道后立即前往投奔，见到太平军后焦亮向天王洪秀全上书，分析当时形势，畅谈用兵策略，并建议起义军立即向湖南进军，且自请率领天地会人员作为前驱，从而得到天王洪秀全的赏识重用。

但与洪秀全相处一段时间后，焦亮对太平军的一些做法产生了反感，并上书劝谏。一是认为太平天国用天父、天说之类的言论教育军民，不符合社会伦理道德，他说："天王不能以才武制群下，而专用妖言，张角、孙恩、徐鸣儒何足法哉！开辟以来，未闻以妖术成功者，宜急改之。"二是对太平天国反孔、改历的举措不同意，并把太平天国的做法与秦始皇的暴政进行类比:"臣观天王所为,大类秦政:秦政自谓功德高三皇五帝,而天王鄙羲农而非尧舜;秦政以十月为岁首,而天王灭闰月;秦政掘孔墓,而天王鞭挞遗像;秦政烧书,而天王以经史置污秽中。观天王所为,臣所不取也。"三是对洪秀全在天下大事未定便要建国称王的做法不满,指斥天王委政于东王,"今天王据手掌之地,察虚名而受灾祸,非良策也。天王又高拱宫中,立三十六宫为自乐、而委政于庸儿,罪甚于闯、献,事将如何?"这些意见当然不被洪秀全采纳,于是焦亮才决定要与其分道扬镳。① 他的自封洪大全,可能既有对洪秀全的仰慕之意,更有鄙夷、自负之情。

中国科学院院士袁亚湘出生于资兴蓼江镇上村湾,是一个在科学道路上执着追求、不懈攀登的人。他4岁时开始读书,15岁高中毕业务农,在农村,他当过生产队的出纳、会计、仓库保管员,1977年恢复高考时,在农忙之余仅突击复习一个月便考出优异成绩,头角初露。按他当时的成绩,尽可填任何名校,但为大学毕业后能在本地工作,在父母膝前尽孝,他选择了省内的湘潭大学。四年本科学习,各科成绩遥遥领先,先后当过班上的学习委员、团支部书记,连年被评为"三好"学生,在历届校系的数学比赛中均获一等奖,还获得湖南省高校理科数学竞赛一等奖,大学毕业论文获湖南省高校学生优秀论文奖,并被授予湖南省"新长征突击手标兵"、全国"三好学生"称号。大学毕业后,他如愿考上中国科学院计算中心的研究生,因入学考试成绩优秀而被选送到英国剑桥大学学习,成为世界著名优化专家鲍尔教授的高足。这时,他深感自己肩上的重担,"我不再是单个的一个人,而是代表了中国。自己学得好坏关乎着国家的荣辱"。因而"暗暗在心里下决心,不说争光至少不能给祖国丢脸"。在那里,他玩命地学习。英国实行的是五天工作日,到了星期六和星期日,大部分英国人与家人或朋友在一起,享受快乐时光。而他却不但没有工作日与休息日之分,甚至还要夜以继日地工作。因为晚上是使用计算机的最好时间,他"常常在系里工作到下半夜,有时干着来劲了就一直工作到清晨,黎明时才回到宿舍休息"。在剑桥的六年中,他参加了七次国际会议,发表了十多篇高水平论文,在他所攻关的非线性规划的方法和理论研究方面取得了一系列成果,得到了国际非线性优化学界的

---

① 喻广德、张式成主编《郴州之光——群星璀璨》,花城出版社,2007。

公认。1988年回国后，他成为当时中科院最年轻的正研究员，先后获中科院自然科学二等奖、国家级"有突出贡献的中青年专家"、"有突出贡献的回国人员"、第三届中国科学院青年科学家一等奖等，享受国家政府特殊津贴。1995年他创建中国科学院计算数学与工程计算研究所并成为首任所长；1996年9月，出任科学与工程计算国家重点实验室主任。走上管理工作岗位后，他依然坚持科研，也获得了不少荣誉，其中包括获首届"冯康科学计算奖"、中国科学院杰出青年、中国青年科学家、中国科学院优秀研究生导师、中国十大杰出青年、全国优秀科技工作者等。2011年成为中国科学院院士。一个这么优秀的科学家，却做人低调，生活俭朴。他说，"我来自乡间，带着浓重家乡口音和乡土气息，我爱说：我是农民出身。早年，我出差时有资格坐软卧，但常常坐的是硬卧；现在，我坐飞机有资格坐头等舱，但常常坐的是经济舱。"①

四　善待民生重友情

郴州民间盛传有九仙二佛三神之说。九仙有西汉的苏仙（苏耽），东汉的成仙（成武丁），唐代的王仙（王相、王锡），刘仙（刘氏三兄弟：刘瞻、刘助、刘偕），廖仙（廖正法），范仙（范伯慈）等；二佛指唐代的周全真、朱道广；三神指洞庭湖神柳毅、石虎山神黄师浩、北湖神惠泽龙曹代飞。他们都曾经是历史上的真人真事，是郴州道教、佛教界的高人能人，因德厚流光，为民造福而得到老百姓的顶礼膜拜和官府的封赏褒扬。

郴州人之所以崇仙礼佛，一是生活使然，二是意识形态的影响所致。从生活而言，郴州地处山区，时受猛兽侵袭，瘟疫祸害，匪患滋扰等，老百姓无助，期盼有神灵保佑，高人救赎。而当这样的高人出现时，无论佛道儒，自然顶礼膜拜。从意识形态而言，郴州的神仙众多，与道教的传播，佛教的进入和儒教的兴盛有关。道教可谓土生土长，老子是楚国人；有专家认为，庄子也是楚国人。后又有佛教的传入。到北宋时期，周敦颐先后在郴三任，更深入研究释道之学，用于改造儒学，在其创立的《太极图说》中更是借鉴

---

① 袁亚湘：《我是一个普通人》，载资兴市政协2013年编印《驰骋四海资兴人》。

释道宇宙论、认识论的理论成果，构造其伦理哲学的基本趋向。① 这一切，对郴州人的世风民俗，无疑产生了深远的影响。因此，郴州人所崇拜的九仙二佛也就包含了体现佛道儒精神的各教高人。苏仙岭苏仙观中有一横匾——"仙自人间"，很好地揭示了这些仙佛神与人的关系。他们有的本来是现实生活中曾经为民除害、救人厄难的英雄，有的则是人们对理想生活的一种追求，一种愿望。

以苏仙为例。苏耽本是西汉时期桂阳郡治所郴县（现湖南郴州市苏仙区）的一名少年草药郎中。他早年丧父成孤儿，事母至孝，亲和邻里，治病救人，受到人们的尊敬和爱戴。后人传为：潘姑娘在河里洗衣时因为一根红丝带所缠而未婚先孕，老娘逼女弃子，女藏子于山洞，鹤护鹿乳；孤儿苏耽放牛砍柴、种橘采药，孝养娘亲，最终得道升仙。临行前告诉其母亲说，来年，这里将暴发瘟疫，请母亲用庭院井泉熬橘树叶药汤，可救治郡民。第二年果然瘟疫肆虐，苏母按苏耽所嘱法子，日夜熬药，救人无数。故事传至唐宋，开元二十九年（741）唐玄宗诏令"发挥声华，严饰祠宇"。苏耽出生、采药的马岭山被道教列为"天下第十八福地"。山被百姓改称苏仙岭，井被称作"橘井"。宋代先后有四位皇帝敕封苏耽为"真人""真君"，宋真宗诗作有"橘井甘泉透胆香"句，国中遂形成"橘井泉香"的医林典故。这便是苏仙由人成仙的过程。其他仙佛也大都如此。

仙自人间！正如清末时所撰的旧《郴县县志》所言："……苏仙范仙之孝，刘仲仙（刘瞻）之忠，大仙季仙之友（大仙：刘借；季仙：刘助），成仙之慈，王仙之好善，柳侯之义，黄侯之勇，周佛朱佛之慈悲敏悟，皆与吾儒之道适相契合，即儒者殚心力而为之，且未易克臻斯境者。而又救火、施药、祈雨、救疫诸事，重庇乡间，生有益于前，殁有功于后，方将春秋祭享以酬报之。"前人早已看到，释道所做之事，恰与儒家仁义思想相契合，世所谓"三教合流"，这既合符统治者的要求，也符合老百姓的利益，因而为官府所提倡和人民大众所接受。这种文化风气，正培育了郴州人善待民生，重视友情，乐善好施，感恩奉献的精神特质。

在学习宣传贯彻党的十八大、十九大精神，践行社会主义核心价值观的

---

① 冯天瑜等：《中华文化史》，上海世纪出版集团，2005。

伟大实践中,郴州兴起了弘扬好人精神,树立好人标杆,培育好人文化,打造好人之城的热潮。几年来,已开展了多届"道德模范""中国好人"评选活动,涌现了一大批"中国好人"、全国道德模范、中国最美教师、中国最美家庭等新时代的"活神仙"。

全国道德模范、中国好人刘真茂,系郴州宜章县长策乡原武装部部长,狮子口大山义务护林员。他甘于寂寞与艰辛,坚守在义务护林第一线,自掏腰包建立护林哨所,与偷伐偷猎者斗智斗勇,尽一人之力、一生之力,三十年如一日,守护着湘、粤、赣三省交界的一块绿洲。

狮子口大山位于宜章县、资兴市、苏仙区三地交界处,这里拥有35万亩原始森林、7万亩草山以及种类和数量都十分可观的珍稀动植物资源。从1983年开始,刘真茂除做好本职工作外,主动要求担负全乡的护林防火工作,带领民兵护林队进驻这片大山,守护着这里的一草一木,并带领当地群众植树造林1.5万亩。

1993年,护林队因经费短缺而解散,刘真茂决定继续坚守。他的妻子没有工作,在村里办了一间小卖部,两个孩子在学校读书,妻子身体有病,没人帮忙是做不过来的。妻子说,护林队垮了,你还管那么多干什么?刘真茂说,"几十万亩山林,是一笔多大的财富,要是毁了,怎么向子孙后代交代?""这里的每一株红豆杉、每一头水鹿,都是国家的、人民的,它们都像我的崽女一样,我要好好珍惜它们,拼命保护它们。"

他关掉家里的小卖部,把多年积蓄的36000多元全部投入进去,自己背沙子、挑水泥、扛材料,在海拔1600米的山坳上重新建起了瞭望所。瞭望所离最近的村庄也要翻数重山,走四五个小时,没有电灯,没有电视,只能听收音机,看老报纸。刘真茂每天巡山要走30多公里山路,30多年来巡山总里程相当于绕地球10圈。为节省时间,他养成了一天只吃两顿饭的习惯,有时只带几个红薯上路。退休后,他更完全住到了山里。他用善心、诚心和恒心,感动、感染和感召当地几十个村庄的村民积极投入爱林护林行列中来,壮大了群防群护力量。面对盗猎者的威胁时,他说:"我把坟地都看好了,死了就埋在山上,永不下山!只要还有一口气我就要巡山、守山。这条命早就祭在山上了,怕什么呢!"他就是这样深情地、义无反顾地扎根在乡村、坚守在深山,尽心竭力维护国家和人民的利益,被群众亲切地称为"大山卫士""新时代的活雷锋",被推举为全国优秀共产党员、全国道德模范,2017年荣登"中国好人榜"。

全国优秀乡村医生欧光明,是资兴市兴宁镇的一名乡村"赤脚医生"。他行医45载,除了一直坚持免费为村里的困难群众治病之外,还为特别困难的患者垫付医药费,并借款、资助他们,是村民们眼中的"活菩萨"。欧光明所在的水栗村是远近闻名的贫困村,村上的年轻人大多外出务工谋生,且收入微薄。在医疗资源依然匮乏的农村,留守老人看病难、看病贵的问题仍是困扰农民的大问题,许多老人有病不治或未治愈便放弃了,欧光明看在眼里、急在心里。为了能让村里的老人们病有所医,多年来,他坚持义务为本村的留守老人共96人进行上门体检,并为他们建立了健康档案。他给自己定了一条规矩,凡是五保户、特困户,一律免费救治;凡是前来问诊的病人家中有困难,他都免收或者为其垫付医药费。45年来,他替村民所垫付的医药费和各种欠条、借据达2万多张,金额高达50余万元。2006年"7·15"特大洪灾席卷郴州,处于山区的水栗村也未能幸免,道路全部被淹,山间地头一片汪洋,许多房屋严重损毁。欧光明顶风冒雨,将村里几个倒房户的患病老人接到家中,免费治疗;一贫困户祖孙三代伤病,无钱医治,他不但帮助他们治好了伤病,还捐资支持他们创业,走出了贫困。因其良好的医术医德和乐于助人的高尚品质,2010年他被国家卫生部授予"全国优秀乡村医生"称号,2016年,先后入选"中国好人"和湖南好人,被评为郴州市劳动模范、优秀基层党支部书记、"十佳乡村医生",当选为第五次市党代会党代表。

热情奉献,争当新时代的好人,在郴州已蔚然成风。以宜章县为例。地处湘南粤北的宜章,是湘南起义的策源地,英雄辈出,有着孕育好人的肥沃土壤。为弘扬老区精神,宜章县委、县政府把好人精神融入社会主义核心价值观的教育之中,着力打造好人之城。2011年开始开展"感动宜章十大人物和影响宜章十件大事"评选活动,目前已成功举办了6届,先后推出了全国劳动模范李常水、全国道德模范刘真茂、"中国好人"袁贤光、全国最美教师谭兰霞、全国好警嫂曾易英、教育楷模李黎明等全国先进典型,以他们的模范行为,诠释了爱国、敬业、诚信、友善等精神特质,引领社会主义核心价值观深入人心。如今,在宜章,帮贫扶困、关爱残疾人、志愿者服务、"阳光家园"等已形成风气。各种公益组织相继成立，参加义工志愿者的市民达 3 万多人，全县注册志愿者近 9 万人，形成了全国瞩目的"宜章好人现象"。

五　刚毅不屈敢担当

　　古代郴州，地接五岭，偏寓湘南，近邻北越，远离中原。"峰对九疑闻鹤唳，地连五岭杂蛮风"（石景玄《游鹿山》）便是对郴州地理人文环境的真实写照。五岭地处广西、湖南、广东、江西四省区交界之处，是中国江南最大的横向构造带山脉，是长江和珠江二大流域的分水岭。为中原据南蛮征北越的天然屏障，古称"蛮夷之地"。山高岭峻，路遥水险，望处皆山，地僻人稀，令人生风声鹤唳之感。李白有"秦云连山海相接，桂水横云不可涉"之叹（《送族弟襄归桂阳》），刘禹锡有"桂阳岭，下下复高高。人稀鸟兽骇，地远草木豪"（《度桂岭歌》）之吟，戴复古更有"君为桂阳客，听说道途难。不过神愁岭，须经鬼哭山"（《送张子孟》）之惊，足证郴州地理环境之险恶。

　　蛮荒之地，民生多艰。万历《郴州志》在载明郴州的山水城物的同时，多处提到郴州的贫与困，"舟楫不通，商旅不行，无以藉易四方"；老百姓"家无盖藏，民皆怀居，以故贸易鲜通，不见异物"等。加上战乱的频仍，更给人民生活造成了不尽的灾难。北宋史学家、文学家，曾由京东转运使贬监衡州盐仓的刘攽（1023~1089 年）有诗《再见士卒戍桂阳》："驿书频插羽，汉士远征蛮。四月天将暑，三苗旧阻艰。悲笳背城邑，苦雾湿关山。后夜东南望，妖氛翼轸间。"写出了战事的紧急、将士的远征、天气的炎热、敌阵的顽强、环境的险恶和气氛的紧张。

　　然而，"一方水土养一方人"，正是这种艰苦的生存环境，磨砺了郴州人坚韧不拔的生存意志和顽强不屈的精神品格。

　　这种刚毅不屈的性格，体现在日常生活中，便是郴州人对理想的执着追求，对真理的顽强坚持，对道义的勇敢担当，以及关键时期敢于牺牲。

　　明代重臣何孟春（1471~1536 年），字子元，号燕泉，郴县永宁乡（今北湖区鲁塘）人，其曾祖父、儿子为举人，祖父、父亲、其本人均为进士，一门五代科甲，光耀湖湘。生于这样的家庭，何孟春自幼正直无私，聪敏好学。他 8 岁时到县学应童子试，19 岁参加乡试（省试）中第二名，第二年进士及第。他初授兵部主事，只是小官职，但敢作敢为，除弊选贤。监察官庞沣等因言获罪下狱时，他毅然上疏营救。出任陕西马政时，奏明治理弊端的五种对策，弹劾不称职的官员。1524 年，朝中发生"大礼仪之争"。原来，嘉靖皇帝是因堂兄正德皇帝猝死，无子嗣无遗言才登基的。为归入"正系"，他想追尊父亲为"皇考"迎进大庙正位，而将已在正位的正德皇帝之父称作"堂伯考"，于是下诏再议"大礼"。何孟春认为有违常礼，与大臣们一道上疏反对，而张璁、严嵩等宠臣不顾历朝奉行的礼法，极力为嘉靖辩护。何孟春个人三次上疏，而且与其他官员一道具疏，发十三难以辨析张、严的做法，嘉靖均充耳不闻。会朝时，何孟春率领大家力谏，与六部、九卿、翰林、御史等共 240 人，跪伏于皇宫左顺门前哭谏。嘉靖勃然大怒，出动锦衣卫，抓捕了反对他的 220 名官员，四品以上夺俸，五品以下受杖，180 多人受杖刑，18 人被活活打死，还有一些被贬谪。何孟春当然受到嘉靖怒责，称他"毁君害政""倡众逞忿""非大臣事君之道"。被夺俸一月，降为南京工部左侍郎。在这种情况下，何孟春唯有告病请辞还乡，翌年被革职为民，可谓宁可丢乌纱也不屈服的第一人。

当代开国大将黄克诚更是一个性格耿直刚毅的人，他对事业有着高度的责任感，坚持原则，坚持真理。1959 年"庐山会议"上，黄克诚"明知不可为而为之"，坚决支持彭德怀的正确意见，希望通过全党的努力，切实纠正"大跃进""人民公社化"运动中的"左"倾错误。结果，他被撤职审查，打入"彭德怀反党集团"，一顶右倾帽子整整戴了 18 年。而当说起这一次自己所受的委屈时，他却毫无怨言："作为一名共产党员，个人在党内受点委屈算不了什么了不起的事情，这比起我们为之献身的共产主义事业来说，实在微不足道"。"文革"结束后，坚决维护毛泽东的历史地位，体现了一个共产党人大公无私、实事求是的优良品格。

舍身救列车的英雄欧阳海（1940～1963 年），湖南桂阳人。1958 年加入中国人民解放军，三次荣立三等功。1963 年 11 月 18 日，部队野营拉练经过衡阳途中，在进入一个峡谷后，一辆载着 500 多名旅客的 282 次列车突然迎面急驶而来，列车的鸣笛声，使得驮着炮架的一匹军马骤然受惊，窜上了铁道，眼看一场车翻人亡的事故就要发生。就在火车与惊马即将相撞的危急时刻，欧阳海毫不犹豫地冲上去，用尽全力把惊马推离了铁轨，列车和旅客转危为安，他却被火车卷倒在铁轨边上的碎石上，身受重伤，经抢救无效，为保护国家财产和人民的生命安全献出了年轻的生命，时年23岁。1964年，中国共产党广州军区委员会追授欧阳海一等功和"爱民模范"荣誉称号。朱德、董必武、贺龙、徐向前、聂荣臻、叶剑英等党和国家领导人分别题词，高度赞扬他的英雄行为。2009年9月，欧阳海被评为"100位新中国成立以来感动中国人物"之一。

图3-4 欧阳海舍身推战马雕塑

说到刚毅不屈的性格，郴州还有两位女士可称典型。一是汝城的朱舜华，一是资兴的白薇，堪称巾帼不让须眉。

朱舜华是最早的一批中国共产党女党员，出生于汝城城郊乡津江村的一个地主家庭。16岁赴省立第三女子师范读书时，身旁带有两个伴读丫头，过着优渥的生活。接受了马克思主义理论以后，她痛感寄生剥削生活的可耻，立即将丫头遣送回家。她利用假期回汝城，宣传马克思主义，组织市民抵制日货，父亲对她的叛逆行为十分反感，屡次阻止她的革命活动，并以停止经济资助相要挟。朱舜华走到朱氏家祠大门前，公开宣布与家庭断绝关系。她说："我不稀罕荣华富贵，对自己选择的道路决不后悔！"从此脱离了封建家庭，改名张琼。1922年，张琼在长沙经杨开慧、刘少奇介绍加入中国共产党。毛泽东曾对张琼说："干革命不容易，要吃得千辛万苦。你受得住就干下去，受不住就回你家那个大花园去享福。"张琼坚定地说："要是受不住，我就不跑出来了。"日后，张琼为革命历尽了艰辛，从未动摇革命信念。

资兴的白薇也曾就读于省立第三女子师范学校。她少年时期就受到民主主义思想的熏陶，有着强烈的反封建意识。她有一段家庭包办婚姻。24岁那一年，她在长沙第一女子师范以优等成绩毕业并考取留学日本官费生。父亲在其夫家的催逼下，不准白薇去日本留学，在其动身的那天，花钱雇人把守学校四周。白薇在妹妹九思和同学的帮助下，从废旧厕所的孔道溜出校门，以一件夏布衣和六元大洋，只身逃去日本。在日本9年，贫病交加，也不向家庭屈服。她做过女工、用人，更多时间是做海边码头的苦力搬运工，叫"挑码头"。就这样通过勤工俭学，完成了学业并考取了官费研究生。而当听到中国国民革命军出师北伐的消息时，她以一片赤诚之心，放弃还有两年就可拿到博士学位的机会，从东京只身回国，投身于大革命的洪流之中。在"创造社"和鲁迅的影响下，走上革命文学创作道路，成为"左翼作家联盟"的早期成员，成为一名坚强的共产主义战士。

（本章撰稿：李映山）

第四章 卓有贡献的历代名人

第四章 卓有贡献的历代名人

郴州物华天宝，山川灵秀，群星璀璨。古往今来，这块美丽富饶的热土孕育出一批又一批仁人志士，诞生了许许多多优秀儿女。郴州历代卓有贡献的名人，因演绎出精彩辉煌的人生而彪炳史册。从他们的事迹中，充分体现了郴州人的精神特性。

一　名宦贤能传佳话

古代郴州籍许多官员都勤奋好学，忠义果敢，为民兴利除害，清正廉明。胡腾、刘瞻、曾鉴、刘尧诲、曾朝节就是典型代表。

胡腾，字子升，东汉时期桂阳郡人（今桂阳县人）。他生来就具有质朴耿直、忠义果敢的气节，做过几任州、府官吏，后官至尚书。

汉桓帝经常外出狩猎，且好摆排场。有一次桓帝巡猎河南南阳，又到帝陵祭祖，随员众多，车马上万。一上路便摊派资费，征用劳役，既造成国库空虚，又使地方耗尽粮草牲畜，老百姓叫苦不迭。胡腾当时为护驾从事，他一发现苗头，便直言进谏桓帝：全国的土地都在天子统辖之内，天子驾临之处就等于京都。所以天子外出，也同在京城一样，没什么区别，何必劳师动众！桓帝听了胡腾的谏言，便依其议而行。胡腾获得桓帝旨意，马上发布告示严正申明：若有公卿、贵戚、官僚大操大办，勒索扰民，即令州县举报。州县若有徇私隐瞒，罪与同科！于是巡猎全程纪律肃然。地方官吏及百姓佩服胡腾铁面无私、正直爱民，胡腾名气即迅速传开。

汉灵帝昏庸，让宦官曹节、黄门令王甫把持朝政，迫害忠良。大将军窦武为人忠正，出兵与宦官交锋相争。灵帝建宁元年（168）八月，窦武失利，兵败自杀。王甫下令将窦武的首级悬于洛阳都亭，示众三日。窦氏家庭均遭杀戮，其同谋者也被逮捕。

胡腾不怕株连，不惧宦官凶残，挺身而出为窦武殓尸埋葬；然后端坐家中，做了坐牢的准备，等待奸臣上门。权奸们见他不怕死，竟然罢手。

当胡腾发现窦武家中还幸存2岁孙儿窦辅时，毅然联手令史（尚书的文秘）张敞，冒死将窦辅抱走，逃出京城；远走家乡桂阳郡，隐藏在与宁远县交界的山中，对外诈言窦辅已死。胡腾改名换姓，以窦辅为子，历尽困苦，日教劳动习武，夜教灯下读书，养育窦辅成人，并为他娶妻。窦辅发奋学习，被荐举为桂阳孝廉，即孝悌廉正的备选士子。朝廷剪除了王甫一党后，大赦当年因窦武案件受牵连者，窦辅仍不敢透露身份。直到东汉末，汉献帝建安年间（196~219），荆州牧刘表启用桂阳郡孝廉窦辅为从事，才知道他是窦武的后裔，这时窦辅才恢复窦姓，祭祀祖父与父亲。党锢之争解除之后，胡腾被召还京，官至尚书。殁后葬于桂阳县城东新寨。

刘瞻（？~874年），字几之，唐朝桂阳人，出生于进士家庭。他刚毅正直，忠耿敢谏，从政清廉，官至宰相。

刘瞻学习勤奋，博览群书，才思敏捷，会写文章。宣宗大中年间（847~859），刘瞻历任太常博士、翰林学士、中书舍人，河东节度使。懿宗咸通初年（860），被调进京师任中书侍郎，懿宗咸通十一年（870），当了宰相。

同年八月，懿宗的女儿同昌公主，病后因长时间医治无效去世。懿宗认为这是庸医误诊致死，便把太医韩宗绍等逮捕下狱，还逮捕了他们的宗族300余人。刘瞻见朝中谏官都不敢出来说公道话，便挺身而出，上疏说："人之生死，自然之理。宗绍术穷不效，情有可矜。皇上切不可殉爱女而违道，囚平民而结怨，以达理知命之君，涉肆暴不明之谤。"懿宗大为震怒，随即罢免了刘瞻的宰相职务。加上朝中路岩、韦保卫等人的诬陷上告，说刘瞻与太医同谋毒死公主。因此，刘瞻一再遭受贬斥：首先被贬为荆州节度使，后来又贬为廉州刺史，最后贬到遥远的驩州（古郡名，今属越南北部）任司户参军事。

刘瞻为人清廉好施。他生活节俭，每月所得薪俸，节省开支将省下的钱都用于接济贫寒人士和有困难的亲戚故旧，家里没有积蓄，也没有大住宅。

各地赠送和进献给他的财物,他都拒之门外,因而很受国人的尊敬。

咸通十四年(873)唐僖宗继位,政局发生了变化,国人都认为刘瞻耿直爱民,他的被贬纯由逸言排挤,实在是冤枉,无不为之痛惜……后来,刘瞻又被召回京师恢复刑部尚书职务。不久,复职再度当了三个月宰相。乾符元年(874),因劳累过度,与世长辞。

曾鉴(1434~1507年),字克明,原籍桂阳县(今汝城县)人,曾与大学士李东阳同学于国子监。明天顺八年(1464)举进士,初授刑部主事。弘治十三年(1500),升工部尚书。曾鉴官居显位要职,清正廉明,体察民情,兴利除弊,秉公办事。

孝宗在位日久,随着地方经济发展,遂崇尚奢华。司务监打算改造龙毯、素毯100多件。曾鉴认为,制毯所需粗毛、细毛、棉纱诸料及工匠,要到各省征购招募,历时长,费用大,耗力多,建议"劳费百端,祈赐停止"。孝宗不听这个意见。内府针工局又报请招收幼匠1000余人。曾鉴认为招工弊源一开,其他监、局便会效尤招收,国家开支就会浩繁,便不顾个人安危,据理力谏。孝宗才钦准减半。弘治十六年(1503),因各省正在用兵,且水旱灾情严重,他上疏请求罢去上元节烟火和停止龙虎山清宫等营造修缮工程,皆被采纳。正德元年(1506),南京报恩寺塔遭雷震坏,守备中官傅容报请修复。曾鉴上疏不宜重兴土木和劳民伤财,陈见得到皇帝武宗的采纳。当时,织染局请求开展苏、杭各府织造工作,以便能按时上贡锦绮24000多匹。曾鉴一再谏阻,武宗批准减去原织造数的1/6。

曾鉴为官勤廉,从政节俭,在朝廷上朝,夙兴夜寐,没有一天缺席。他长期在工部任职,管理制造、修建、采购等事项,常与工、农、商人接触,温纯待人,处事裕如,不事矫饰,并深知百物来之不易,节省公共资金,体恤民力,德高望重,深受人们的尊重和爱戴。

刘尧诲(1521~1586年),字君纳,临武县人。明嘉靖三十二年(1553),中进士。刘尧诲形貌伟岸,勤奋好学,官至户部尚书、兵部尚书等职。

刘尧诲任南京刑科给事中时,东南沿海各地时有海寇、倭寇出没抢劫,守土官吏无力防止,却以防御倭患为由,巧取民财,提前三年向人民征收役租赋银,人民困苦不堪。刘尧诲上书朝廷,认为这是巧取民财,"不若黜浮费,罢兴作,省冗兵"。同时,还弹劾浙江统制胡宗宪"师久无功,御倭失策，功罪不明，赏罚惟货"。他所奏切实，人们为之惊叹不已！但触犯了部分权贵利益，遭受排挤。

刘尧诲任福建巡抚时，海寇劫掠滨海州县，十分猖獗。他出谋划策，会合番汉兵力，经过三年努力，打败巨寇林凤，擒获倭寇杂麻里，奏请朝廷在南澳岛设总兵镇守。从此，福建沿海的寇患得以平定。他调任江西巡抚后，目睹人民生活贫困，缺衣少食，奏请朝廷豁免老百姓历年来积欠赋税银29万余两。又杜绝浪费，节省开支，三年内省库盈余银3万多两。

刘尧诲任两广（广东、广西）总督时，大力实行廉政，申明军法，严惩贪污，禁止馈赠，裁汰冗员，改革军政弊端。不到三年，"两广"地区获得安定，积累余银38万两，以佐军费。他还制定盐税条例，疏通粤盐输往湖南的渠道，打击抬高盐价的奸商。这样盐运畅通，盐价平稳，食用粤盐的湘南一带居民深受其惠。

宰相张居正颁令全国撤毁各州县书院。刘尧诲目光远大，认为"此非盛世事"，没有执行，"两广"地区书院得以保存。

刘尧诲喜讲学著述，他的著作主要有：《左传评林》《经史发明》《治河三议》《岭南议》《历官奏议》《凝斋文集》《留园吟稿》等。

他关注家乡。晚年辞去官职带病回到故里后，曾组织人员撰修嘉靖《临武县志》，并写了临武八景诗，表达对家乡和名胜古迹的热爱之情。

曾朝节（1525～1605年），字直卿，临武县人。他出身寒门，苦学磨砺，知识渊博，做过皇太子的老师；清正廉明，官至礼部尚书。

明万历五年（1577），曾朝节考中探花，授翰林院编修，主持国史馆。为此，湖南各州县人士无不欣羡，临武人尤以为荣。曾朝节担心家族亲戚以此矜炫失礼，便向亲属写信，陈述自己求学仕途的曲折艰辛，劝慰亲属应当谦逊廉洁，字里行间，情深意切，亲属无不为之感动。6年后，升礼部尚书。当时，朝中献媚争权、互相倾轧之风颇盛。他目睹时弊，深为国忧。一方面，雍容大度，为官清正，洁身自好；另一方面，辨明是非，敢于直谏，多次上疏，陈述治国方略，意挽颓势，匡扶国本。

曾朝节多次主持京畿乡试，选拔名士数十人，都秉公办事，全无私交。皇帝神宗大为嘉许，认为他老成稳重，可以重用，把教育太子的任务交到他身上。曾朝节教太子以诗书礼仪、做人之道。太子对待曾朝节如同上宾，非常尊敬，常问其治学要旨，他回答："博约为功。博则六艺、九能、百行、万善是也；约之则归于正心，去谗远色，正心之助也"。神宗闻其忠勤善教，更加器重他。

曾朝节身居高官，严于律己，持身廉政，处事缜密，声誉颇高。晚年，家居衡阳，每次回临武探亲扫墓，因村前路径狭窄，车马受阻，随员欲垒石拓宽，他制止说："径旁边为邻家田径，益则田损，非邻家之利也。"曾朝节为人乐施义举，为家乡做了很多好事。他在家乡买田地赡养孤寡老人；在京城用自己的薪水购置地基建造湖南会馆"瑞春堂"，造益甚多。

曾朝节文思过人，著述很多，主要有《紫园草》《南园草》《易测》《经书正旨》《臆言》《南岳纪略》《古文评注》等。

其他还有北宋时期知州邵晔、黄照邻等；明朝时期兵部尚书邝埜，知府罗以礼、李端，太子少保朱英等；清朝时期邓承齐、罗从虎等人。

二　文人儒士留辞章

古往今来，郴州籍文人儒士都刻苦认真，才思敏捷，诗文情辞并茂，著述很多，从刘昭禹、何孟春、陈起诗、白薇等人来看，可见一斑。

刘昭禹，字休明，桂阳州（今桂阳县）人。他在五代十国中的楚国（896~951）做官，历任节度推官、县令、天策府学士、南岭道崖州刺史。楚王马希范在长沙建造策府，设置天策十八学士，昭禹是其中学士之一。据称刘昭禹勤奋好学，早夕吟索诗句，曾说："句向夜深得，心从天外归。"刘昭禹的诗句，多半是深思精求之后，在静夜中得到的。他擅五言诗，创作态度严谨，认为诗作必须字斟句酌，做到句句精练，字字珠玑，不能粗制滥造。自言作诗："五言如四十贤人，著一屠沽不得"，"索句如获五匦，精求必得其宝"。他为人虚心，荐贤举能。

刘昭禹的著作大约有三百篇流传下来，《全唐诗》中存其诗十四首。这些诗是《括苍山》《忆天台山》《冬日暮园清寺留题》《灵溪观》《怀华山隐者》《赠惠律大师》《经费冠卿旧隐》《闻蝉》《送休公归衡》《仙都山留题》《晚霁望岳麓》《石笋》《伤雨后牡丹》《送人红花栽》等。其中《送休公归衡》和《经费冠卿旧隐》二首，当时人们广为传诵和称赞。《经费冠卿旧隐》

中"节高终不起,死恋九华山""名传中国外,坟在乱松间"之诗句,至今仍脍炙人口。

何孟春(1474~1536年),字子元,明朝郴县(今北湖区)人。他善诗文,因出自李东阳门下,故成为"茶陵诗派"的重要人物。

何孟春自幼聪颖,爱好读书。八岁时跟父亲到郴州县学应童子试,有位长者以对联来考他,"夫子之墙数仞高,得其站而入者,盖或寡矣",孟春回答说:"文王之囿七十里,与其民而同之,不亦宜乎"。长者夸赞他"对得好"!后来他博览经史,学识宏深,曾师从著名诗人李东阳。某月中旬,明月当空,李东阳授完课后,看见何孟春在书房里查阅资料,便吟出一联:"手头无钱不为贫"。何孟春回答说:"架上有书便是富"。李东阳听了,点头赞叹说:"此子当表吾楚!"

何孟春工诗文,爱好写作,著述很多。他居家期间,从事著述,著有《余冬叙录》(收入《四库全书》)、燕泉旧稿、遗稿、诗集等书稿400卷600多万字。在《燕泉诗集》中,有叙写家乡名胜古迹的,如《濂溪祠记》《义帝祠记》《燕泉记》《圆泉记》《马岭》等,也有抒发个人心情志趣的,如《观戏说》《慎独斋铭》《自赞》等。何孟春在诗文中,以"铁石""松柏"自喻,说:"心如铁石,老而弥笃","松柏之姿,经霜犹茂"(《自赞》)。他从观戏中领悟"处世之道,顺逆之境交于前,不为置欣戚"(《观戏说》)。这些都体现了何孟春直亮处世的气节。

何孟春曾任兵部主事、吏部侍郎等职,为人刚正不阿,绝不曲意逢迎,多次上疏力谏为民除弊兴利之事,后被诬治罪,革职为民。嘉靖十五年(1536),卒于家。

陈起诗(1795~1842年),字敦甫,郴县(今苏仙区)人。陈起诗天资聪明,少年时在郴州有"神童"之美称;年龄稍大,则有志于经世之学。京师士大夫将其与魏源、汤鹏、左宗植并称为"湖南四杰"。道光九年(1829)中进士,授吏部考功司兼稽勋司主事和吏部则例馆纂修。

陈起诗目睹社会弊端百出,心怀忧国忧民之情,想求经世致用之学来解救危亡。他与魏源、何庆元、李克钿等悉心钻研经史及宋、元、明、清等名家之书,探其源流,务求实用。有一次,黄河暴决,淹田数十万亩;后洪泽湖泄水过多,致使运河水位下降,漕运受阻。朝中官员议论纷纷,莫衷一是。

陈起诗力主以兴修水利为当务之急，指出："德州至东昌河纡折，水旱皆足为患，惟于袁家庄取径直下，岁可省大农金钱数万，用以筹改汶泗河，则南北两运俱济。"这个方案具有较高的实施价值，得到许多官员的赞许。道光十一年（1831），湖南爆发赵金龙领导的瑶族人民起义，清朝廷震动。陈起诗闻讯，撰写《平瑶议》，建议朝廷"团练乡勇""以瑶治瑶"，为朝廷士大夫所重视。此文被魏源收入《皇朝经世文编》。道光十二年，针对国家财政困难之状况，陈起诗主张"整饬盐法以供用"，并写信给两江总督陶澍，为其策划在淮北推行"票盐法"，把原来由少数商人专利垄断，改由商人自由领票，先税后盐，运至规定地区自由销售。该法试行后，一举数利，成效显著。

陈起诗学识渊博，笔功深厚，著述很多。他的主要著作有《孔子年谱》《四书求是录》《补全唐诗选辑》《罗经图考》《四删诗》及古文百篇。

白薇（1893～1987年），女，原名黄彰、黄鹂，资兴市人，著名女作家。

民国7年（1918），为反对包办婚姻，白薇逃往日本勤工俭学，后来认识了田汉。在田汉的指导下，白薇走上了文学创作的道路，决意以文学解剖社会，服务社会。民国11年，她创作三幕剧《苏斐》，并自任主角，在日本公演。民国15年，该剧本在鲁迅主编的《语丝》上发表，为白薇打开了通往文坛的大门。接着，又写出另一部影响很大的诗剧《琳丽》。白薇被陈西滢称为"新文坛的一颗明星"。

1926年，白薇放弃攻读官费研究生的机会，回国投身于革命，在武汉国民革命政府总政治部国际编译局工作，兼武昌中山大学讲师。大革命失败后，辗转到上海。不久，参加革命文艺团体"创造社"，结识郭沫若、成仿吾等人。后来，她又得到鲁迅的教诲，走上了革命文学道路，成为"左联"和"左翼剧联"的成员。创作多幕剧《打出幽灵塔》，以自己切身经历为主题，揭露封建势力对妇女的压迫，表达了作者对女性解放的追求。自此，她被誉为"才女""我们的女作家""文坛上第一流人物"。1928年3月，创作独幕剧《革命神受难》，热情地歌颂中国共产党所领导的革命运动，痛斥国民党右派及帝国主义。1931年"九·一八"事变后，因病卧床的白薇愤然提笔，投入反侵略、反压迫的革命洪流，相继发表《假洋人》《北宁路某站》《致同志》《火信》等作品，并走向社会，帮助工人、学生排演抗日戏剧等革命工作。

1949年11月，中华人民共和国成立后，政务院安排她到北京工作。1950年春，毛泽东主席在中南海接见白薇。不久，年近花甲的白薇主动要求去北大荒体验生活。在北大荒，她冒着严寒、带病工作，和群众一起战斗在冰天雪地里。白薇住在集体小宿舍里，常把纸铺在膝盖上，背上敷一个热水袋，怀里抱一个热水袋，一边斗病魔，一边坚持写作歌颂北疆的新生活。她在那里生活了7年，这种沸腾的生活使她焕发青春，创作出大量优秀作品，如《我向着大地微笑》《女拖拉机手》《农场晚秋夜》等。

白薇在60年的创作生涯中，写出了许多优秀的诗、小说、散文，其代表作主要有诗剧《琳丽》，剧本《打出幽灵塔》，长篇小说《炸弹与征鸟》《春笋的歌》《悲剧生涯》等。

古代留下大量优秀作品的郴州籍著名诗人、学者还有邓洵美、欧阳炎、谢才等。

三　红色功臣存风范

郴州是中华人民共和国的红色热土，涌现出了邓中夏、曾中生、朱良才、黄克诚、李涛、萧克、邓华、邓力群（以出生年月排序）等一批英勇善战的革命先辈、开国将领。

邓中夏（1894～1933年），原名隆渤，宜章县人。他是伟大的无产阶级政治活动家、革命理论家、中国共产党早期卓越的领导人、杰出的工人运动领袖。1917年夏，他从湖南高等师范学校毕业，考入北京大学国文系。1919年，北京爆发震撼世界的五四运动，邓中夏是这次伟大运动的组织领导者之一。1920年10月，邓中夏与李大钊等发起成立北京共产主义小组，并负责主编《劳动者》周刊。年底，被派遣到长辛店开展工人运动。以提倡"平民教育"的名义，筹办劳动补习学校，用通俗的语言和生动的事例，向工人讲阶级斗争、无产阶级政党和无产阶级专政等问题，号召工人团结起来，向资本家、军阀做斗争。1921年8月，中国劳动组合书记部在上海成立，邓中夏是其主要负责人之一。1922年5月，他出席在广州召开的全国第一次劳动代表大会，被选为大会主席团成员和中国劳动组合书记部主任。

1925年5月,邓中夏出席在广州举行的全国第二次劳动代表大会,被选为执行委员、执委会秘书长兼宣传部长。不久轰轰烈烈的"五卅运动"爆发。6月中旬,他奉命到香港,与苏兆征、陈延年、罗登贤等人领导香港工人运动。

1928年6月,他到莫斯科参加中国共产党第六次全国代表大会,当选中央委员候补委员。在莫斯科期间,邓中夏和周恩来、苏兆征一起,讨论和研究中国革命问题。他撰写的《中国职工运动简史》,成为研究早期工人运动,乃至中国革命史的重要文献之一。此时,王明等人在莫斯科中山大学搞宗派主义,打击工人运动的骨干,攻击中共中央领导人。邓中夏与王明等人针锋相对作坚决斗争。

1930年7月,他奉命回国。先抵上海,任中华全国总工会党团成员兼宣传部长。9月,被派往湖北洪湖任中共湘鄂西特委书记和红二军团政治委员,同贺龙等一起领导湘鄂西地区的革命斗争,取得了不少胜利,使红二军团发展到两万多人,并建立以洪湖为中心纵横数百里的根据地。

1933年5月15日,邓中夏正在上海法租界召开会议时,因叛徒出卖,不幸被捕。蒋介石闻讯后,下令不惜一切代价,将其引渡过来。9月,被押解到南京宪兵司令部监狱,蒋介石策划一场妄图"感化"邓中夏的阴谋,先后派出两个国民党中央委员找他个别谈话,并许以高官厚禄引诱,都被邓中夏反驳得瞠目结舌,无言以对。蒋介石转而下令采取酷刑摧残手段,也丝毫没有动摇邓中夏为革命坚贞不屈的决心。在狱中,他大义凛然,视死如归,在监狱的墙壁上书写"伫看十年后,红花遍地开"10个大字。国民党反动派无奈,最终于9月21日黎明,在南京雨花台将邓中夏秘密杀害。

曾中生(1900~1935年),资兴市人。1924年秋,他考入黄埔军校第四期学习。1925年,加入中国共产党。1927年9月,奉党中央的指示,去莫斯科中山大学学习。1928年5月,参加中国共产党第六次全国代表大会;是年冬,奉命回国,任中共中央军事委员会委员。

1930年9月,曾中生任中共南京市委书记;11月,以中央特派员的身份,被委派到鄂豫皖革命根据地工作。其时,蒋介石调集10万军队,向根据地发动军事围剿,曾中生指挥红四军集中兵力,避实就虚,乘敌不备,各个击破,全歼国民党军第十四师,活捉师长岳维峻。1931年2月初,主持召开鄂豫皖特委和革命军事委员会会议，出任特委书记和军委主席。3 月中旬，蒋介石又纠集 11 个师的兵力，对根据地发动新的进攻。曾中生指挥部队以"避其主力，打其虚弱"的战略，粉碎敌人的第二次"围剿"，使红四军发展到 2 万多人，根据地人口扩大到 180 多万人。

正当曾中生率领红军与敌人战斗之际，王明派张国焘和陈昌浩等到鄂豫皖"改造"党和红军。曾中生被降为中共鄂豫皖中央分局委员和革命军事委员会副主席，并调任红四军政委。他与红四军军长徐向前一面指挥红军与前来围剿的敌军作战，一面把红四军的情况直接向中央军委报告，明确表示反对张国焘的错误方针。为此，张又宣布撤销曾中生的红四军政委职务，接受审查。

1932 年，蒋介石对鄂豫皖苏区发动新的"围剿"，重兵压境。张国焘由"左"倾轻敌变为右倾恐敌，带领红四军无计划、无目的向西转移。部队经湖北到河南再到陕西，沿途奋战，伤亡惨重。在这紧急关头，曾中生挺身而出，提出进军川北，建立川陕根据地。张国焘迫于形势的危急，采纳了曾中生的意见。由于曾中生在红军中的崇高威望，在建立川陕根据地期间，仍被选为中共川陕省委委员、西北革命军事委员会参谋长。他和徐向前团结红四方面军的指战员，继续与张国焘的错误进行斗争，抵制了张国焘的影响，使川陕根据地得以迅速发展，红四方面军扩大到 5 个军 8 万多人，根据地人口发展到 500 万人。在此期间，他系统总结红四方面军的作战经验和游击战争的战略战术，先后撰写《与川军作战的要点》《游击战争要诀》《与"剿赤"军作战要诀》等军事重要著作。

由于曾中生对张国焘推行机会主义路线作坚决斗争，张国焘借口肃反，以"右"派首领罪名非法将其逮捕，进行无情的打击迫害。1935 年 3 月，红四方面军西渡嘉陵江，开始长征。曾中生仍被张国焘管押，拖着饱受摧残的身躯，拄着拐杖带病随军行动。6 月，红四方面军与红一方面军在懋功会师，曾中生激动万分，鼓起勇气给党中央写信，反映情况，提出申诉。张国焘扣押此信，并于 1935 年 8 月，以"通敌逃跑"的罪名秘密将曾中生杀害。

1945 年，中国共产党第七次全国代表大会为曾中生平反昭雪，肯定曾中生为中国人民的解放事业寻求真理、英勇奋战的光辉人生。1989 年 11 月，中共中央军委确定曾中生为当代中国 33 位军事家之一。

黄克诚（1902～1986年），永兴县人。1955年9月被授予中国人民解放军大将军衔，荣获一级八一勋章、一级独立自由勋章、一级解放勋章，1989年，被中共中央军委确定为当代中国33位军事家之一。黄克诚一生以坚持真理，敢于直言著称，从不察言观色，也从不患得患失。少年时他特别喜欢《归去来兮》和《正气歌》，决心要做忠诚正直的人。1925年10月，加入中国共产党，不久被派到广州国民党中央政治讲习班学习。毕业后，被选送到北伐军总政治部训练班，随部队转战湘、鄂、赣、皖等地。

　　1931年3月、7月，蒋介石先后调集20万、30万兵力，对中央根据地发动第二、第三次"围剿"。此时，黄克诚任红三军团第八军第三师政治委员，和师长彭鳌一道，坚持毛泽东的正确作战方针，多次取得歼敌的重大胜利。红军粉碎国民党的第三次"围剿"后，中央革命根据地开展肃反、打"AB团"运动。肃反委员会给黄克诚开列了第三师"AB团"分子名单。黄克诚意识到这种乱捕滥杀的肃反方针有问题，遂将列上名单的人送到山中躲藏起来，打仗时再叫他们下山参加战斗。肃反委员会发现这一情况后将黄克诚抓了起来，欲将他打成"AB团"分子，后由于彭德怀的保护才避免杀身之祸，但被撤销师政治委员职务。年底，开始纠正肃反扩大化的错误，黄克诚才被重新起用，调任红三军团第八军第一师政治委员。

　　1934年10月，中央红军开始长征。黄克诚任红三军团四师政治委员，与师长洪超、张宗逊率部担任先锋，先后突破敌人四道封锁线，在抢渡湘江、攻占娄山关和遵义城的战斗中屡建功勋。

　　抗日战争时期，他先后任八路军总政治部组织部长，八路军一一五师三四四旅政治委员，八路军第二纵队、第四纵队政治委员，冀鲁豫军区司令员、军政委员会书记，八路军第五纵队司令员兼政委，新四军第三师师长，苏北军区司令员兼政委，苏北区党委书记等职。参加著名的平型关战斗，参加并指挥晋东南的反"九路围攻"等战役，开辟和创建冀鲁豫、豫皖苏和苏北根据地。

　　抗日战争胜利后，黄克诚建议中央创建东北根据地。1945年9月23日，奉中央电令率新四军三师主力3.5万人，日夜兼程于11月25日到达辽宁锦州江家屯地区，完成进军东北的战略任务。1948年4月，黄克诚任中共冀察热辽分局书记、冀察热辽军区政治委员兼东北野战军第二兵团政治委员，领导冀、察、热、辽军民，医治战争创伤，支援东北战场南线作战，为东北野战军攻克锦州，为辽沈战役的胜利和东北的全境解放做出重大贡献。

辽沈战役结束后，黄克诚任天津市军事管制委员会主任、中共天津市委书记，中国人民解放军第四野战军副司令员兼十二兵团政委。中华人民共和国成立后，天津在黄克诚等人的领导下，接收工作顺利进行，社会秩序很快安定，工业、商业迅速恢复正常生产经营。毛泽东主席对天津接管的经验，给予高度评价。

1949年8月，湖南和平解放，黄克诚任中共湖南省委书记，省军政委员会副主任，省军区司令员、政治委员。1949年10月至1952年9月，在湖南主政期间，他精心领导支前、剿匪、土地改革、"三反"、"五反"和发展经济以及文教卫生事业等工作，使当时的湖南出现生机勃勃、欣欣向荣的局面。

1958年，黄克诚任中国人民解放军总参谋长。1959年7~8月，中共中央在庐山举行政治局扩大会议和八届八中全会。他在7月19日的小组会议上发言，支持彭德怀的意见，批评"大跃进"、人民公社化运动中出现的"左"倾错误，并说有缺点不可怕，怕的是有缺点不敢讲，因而受到错误批判，被撤销中国人民解放军总参谋长等职务。"文化大革命"期间，再次遭到迫害。逆境中，他始终以马克思主义者的胸怀，对党和共产主义事业保持坚定的信念。

中共十一届三中全会纠正1959年庐山会议的错误决定，为黄克诚彻底平反，恢复名誉，并选黄克诚为中共中央委员和中央纪律检查委员会常务书记。1980年12月，在中纪委召开的座谈会上，黄克诚在年老体弱、双目失明的情况下发表讲话，以马克思主义的科学态度，大公无私、光明磊落的胸襟，实事求是地对毛泽东主席的历史功过和毛泽东思想的历史地位做出正确评价。

郴州籍的开国上将有：朱良才、李涛、萧克、邓华。

朱良才（1900~1989年），汝城县人，1927年10月加入中国共产党。1928年参加湘南暴动，在耒阳遇见朱德，加入红军。中华人民共和国成立后，历任华北军区政治部主任、副政委，华北军政大学政委，北京军区第一任政治委员，第二至第五届全国人民代表大会常务委员会委员，中共中央监察委员会委员等职。1955年，被授予中国人民解放军上将军衔，荣获一级八一勋章、一级独立自由勋章、一级解放勋章。1988年被授予中国人民解放军一级红星功勋荣誉章。他撰写的《朱德的扁担》，成为家喻户晓的故事，几十年来，一直被人们传颂着，教育和鼓舞了一代又一代人。

李涛（1905~1970年），汝城县人。1955年被授予中国人民解放军上将军衔，荣获一级八一勋章、一级独立自由勋章和一级解放勋章。

萧克（1907~2008年），嘉禾县人。1955年被授予中国人民解放军上将军衔，荣获一级八一勋章、一级独立自由勋章、一级解放勋章。1988年被授予中国人民解放军一级红星功勋荣誉章。1927年3月参加革命，同年5月加入中国共产党，先后参加了国民革命军北伐、南昌起义、湘南起义、井冈山斗争、长征、抗日战争、解放战争。他文武兼修，身经百战，一生传奇而辉煌。萧克既是一名战将，也是一位军事教育家。战争年代，他担任过红军大学校长、华北军政大学军队副校长。1972年后，他先后担任军政大学校长和军事学院院长兼第一政治委员。萧克对文学创作一直非常有兴趣，他创作的长篇小说《浴血罗霄》荣获1984~1988年度茅盾文学奖荣誉奖。

邓华（1910~1980年），北湖区人，1955年，被授予中国人民解放军上将军衔，荣获一级八一勋章、一级独立自由勋章、一级解放勋章。1927年3月，他加入中国共产党。1928年1月，邓华参加湘南起义后，随部队上井冈山。抗美援朝时期，邓华奔赴抗美援朝前线，历任中国人民志愿军第一副司令员兼第一副政治委员、代司令员兼政治委员、司令员兼政治委员。朝鲜最高人民会议于1953年10月27日授予他共和国最高勋章——一级国旗勋章。

郴州籍的开国中将有唐天际、曹里怀、萧新槐、欧阳毅。郴州籍著名革命先辈有李木庵、张际春、曾希圣、李克如、曾志、邓力群等。

四　科教俊杰万人尊

科技、教育、艺术和医药卫生战线上，郴州籍的俊杰更是不胜枚举，喻国人、欧阳厚均、周轻鼎、李穆生、胡云翼尤为突出。

喻国人，号春山，郴州人。明崇祯十五年（1642），以优廪生参加乡试，中举人。他的主要贡献体现在创办学院、讲学著述上；对儒家经典潜心研读，成为一代儒宗。

明朝亡国后，作为一个有气节的知识分子，绝意仕途，隐居香山30年。以发扬儒学为己任，博览群书，穷极理要，以求仁明伦为旨，以复古图书为志。他曾在郴州设同仁书院讲学，因为他有独到见解，敢于大胆创新，标新立异，求学者甚众，远近学者无不尊奉。

清康熙十三年（1674），吴三桂起兵称王，郴州沦陷。喻国人避乱北上，后留居北京，以授徒自给，前来受业者，满族汉族人士济济一堂，获益良多。因博学、善讲学，被称为"湖南宿儒""儒宗"，一时蜚声京城。大学士魏真庵称赞其道德学问超越常人。翰林院侍读学士崔玉阶对别人说："春山先生复古图书之功，功在万世，为当世第一人。"吴三桂动乱平定后，他又返回郴州，仍以授徒为生。

喻国人学识广博，治学严谨，经学尤精，解疑纠谬，疏通证明，多有新解。一生著述颇丰，经、史、子、集共35种，刊行的十分之八。所著《吾道一贯真传》和《直指孔颜乐处》，大旨以求仁为归，以明伦为要。他如图书、象纬、地舆、乐律以及月令、河渠、井田、兵制等书，都自立一说，独有见解。编入《四库全书总目》存目提要的著作有《周易辨正》《河洛定议赞》《全易十有八变卦定议》《周易对卦数变合参》《河洛真传》《周易生生真传》。喻国人死后，湖南学政潘宗洛亲自赴郴州搜集其遗稿，编辑成《喻春山文集》；同时还写了一篇《喻春山文集序》，序中说："读春山之书，爽然忘暑"。

欧阳厚均（1766~1846年），号坦斋，安仁县人。嘉庆四年（1799），由内阁中书登进士，历任户部主事、员外郎、郎中、浙江道监察御中等职。曾多次上疏陈述兴革事宜，《请查禁匪徒传教》《严名分以息刁风》《条陈八旗教习事宜》等疏，为朝廷所采纳。自嘉庆二十三年（1818）起至道光二十四年（1844），他任岳麓书院山长，掌教达27年之久，是清代岳麓书院最著名的山长之一，是近代湖湘文化崛起的开启者，更是中国近代史上著名的教育家。

欧阳厚均见善必倡。省亲家居之时，曾不吝重资修建文庙、文塔，并担任嘉庆《安仁县志》总纂。掌教岳麓书院期间，先后捐束脩千余金，全面整修书院，另募捐设置朱张渡渡船；刊立"忠孝廉节、整齐严肃"石碑，并作《励志诗九首》，以敦品厉行劝谕诸生。

欧阳厚均开素质教育之先河，破除以往框框式的教育模式，主张学生各依天质情性自由发展，培养了大批人才。门下弟子3000余人，而且大多数为楚南之秀，有的成为中国近代史上重要人物，如江忠源、曾国藩、唐训方等。同时，他还聚集图书，编辑刊刻书院的历史文献，传承优秀传统文化。

欧阳厚均知识渊博，著述甚多。青年时代著有《同怀课艺》8卷，《棣友堂试帖》4卷；在京城做官时著有《望云书屋试帖》4卷；回家乡后纂修《安仁县志》16卷；主讲岳麓书院时，编辑《岳麓诗钞》35卷，《文钞》18卷，《词赋钞》4卷，《课艺》16卷，《岳麓山长传》4卷，以及《有方游草》《粤东游记》《朱谂堂诗草》《居游闻见录》等；晚年著有《易鉴》60卷。其一生全部著作辑为《坦斋全集》，为湖湘学子留下了宝贵的精神财富。

周轻鼎（1896~1984年），安仁县人，世界著名动物雕塑家，中国动物雕塑的奠

图4-1 欧阳厚均塑像

基者，中国现代雕塑家和美术家、教育家。他出身贫寒，自幼敏而好学，爱好雕塑艺术。民国9年（1920），考入上海美术专科学校，先后在日本、法国留学，师从罗丹的学生让·布舍先生，后又到里昂学习动物雕塑，并在法国学习、生活、工作达15年。他时刻牢记"学成之日，必定回国"的誓言，抗战后回国，在蔡元培先生创办的国立高等艺术专科学校任雕塑系主任兼教授，后为代理校长。他加入中国民主同盟，投入"反饥饿、反迫害、反内战"的行列，保护进步学生，设法营救被捕的中共党员，团结进步教职工。还创作了一些揭露国民党反动统治和社会腐败的作品，如浮雕《八口之家》和圆雕草图《流民图》等，表现劳动人民的悲惨遭遇，将之公开展出，为迎接解放做出了贡献。中华人民共和国成立后任浙江美术学院雕塑系主任（后改任民间美术系主任），致力于动物雕塑的研究、创作和教学，取得了引人瞩目的成就。

中华人民共和国成立后，周轻鼎通过在动物园的长期生活和日夜探索，创作出3000多个动物雕塑，有轻捷的小鹿、矫健的骏马、憨厚的熊猫、争食

的鸡群、飞击的雄鹰等，件件栩栩如生，充满力与美，堪称艺术精品。

他不仅在美术学院培养了大批学生，还到全国各地免费传授技艺，培养了大批雕塑人才。1976年后，80岁高龄的周轻鼎像伏枥的老马为动物雕塑大声疾呼，为培养接班人奔波。他到北京为中国科学院塑造古代恐龙的形象，到广州石湾陶瓷厂讲授动物雕塑的技法，到南京艺术学院为工艺雕刻班讲学，到"石雕之乡"浙江温州、青田举办动物雕刻学习班，为萧山陶瓷厂恢复"越瓷"生产当顾问，为许多城市制作园林动物雕塑，深受群众赞赏。他热爱家乡，在1981年85岁高龄时，仍受邀帮助当时的郴州瓷厂创作生产以他的动物雕塑为特色的陶瓷工艺品，拓展海外市场。现在郴州北湖公园还留下了他带领一批青年创作的惟妙惟肖、栩栩如生的大象、小象及熊猫群两组动物塑像。

创作上周轻鼎承继法国写实雕塑传统，师法自然，通过动物的眼、嘴、耳、尾捕捉动物表情，表现动物或凶猛，或善良，或和顺，或可爱的性格，再现动物的生动神态。注重表现动物生命力，力求形神兼具。讲究在雕塑创作中洗练语言，以少胜多，生动自然而有趣，在似乎漫不经意中表现情感和诗意。代表作品有《群鹿》《母子羊》《骆驼》等。60余年的艺术生涯中，创作数以万计的作品，其手下的动物作品已走遍全世界。在法国、意大利、荷兰、丹麦、日本等国的艺术陈列馆或工艺美术陈列室，都有他的杰作。在国内上海西郊公园，有他创作的一组笨拙憨厚、情趣盎然的大熊猫雕塑；在杭州动物园，他留下了一组几可乱真的仙鹤；在衡阳市回雁峰前，他雕塑了一组展翅腾飞的大雁。直至垂暮之年，还深入杭州大观山义务制作园林雕塑，终因劳累过度，卧床不起，于1984年11月22日逝世于杭州。

李穆生（1898~1973年），郴县（今苏仙区）人，著名医学家。他民国10年（1921）考入湘雅医学院预科班，后来因成绩优秀，直升该校本科学习。毕业后，到武汉同仁医院从医。民国21年，任南京中央医院内科主任、主治医师。民国24年，他赴美国耶鲁大学主攻医学专业，次年，获医学博士学位。

抗日战争爆发后，李穆生任国民革命军陆军第一医院院长、重庆陆军医院院长，负责救护、治疗前线负伤将士。民国28年，湘雅医学院迁渝，李穆生想方设法为学校解决房屋，支撑危局，坚持办学育人；并为抗日根据地输送不少紧缺药品。抗日战争胜利后，他奉命接管日军在上海的陆军医院，筹建国民政府陆军总医院，任院长。中华人民共和国成立前夕，在中共上海地方组织的支持和帮助下，接任上海市卫生局局长，组织上海市医务人员进行护厂护院斗争。

中华人民共和国成立后，李穆生任上海市卫生局副局长、中华医学会上海分会副会长等职，分管上海市的卫生防疫和血吸虫病防治工作。他工作尽力尽责，兢兢业业，在组织开展爱国卫生运动，控制和消灭天花、霍乱，降低急性传染病发病率等方面，为上海卫生事业的建设和发展做出显著成绩。1950年，李穆生以国家公共卫生考察团团长及上海医疗救护总队队长的身份，赴抗美援朝前线，夜以继日，救死扶伤，研究美军施行细菌战的实际情况，声讨美帝国主义的罪行，撰写预防细菌战的调查报告，获得广泛赞誉。在朝鲜工作两年回国后，他和黄家驷等医学家一起，受到毛泽东主席的亲切接见。

胡云翼（1906~1965年），桂东县人，著名词学家。民国16年（1927），毕业于武昌师范大学中文系，先后在湖南长沙岳云中学、广东暨南大学等校任教。之后，在上海中华书局、上海商务印书馆任编辑。抗日战争时期，在江浙一带参加抗日救亡工作。中华人民共和国成立后，在上海南洋模范中学、上海师范学院任教。他不但为中国词史研究建立了系统和体例，奠定了词史研究的规模，而且为词学的宏观研究开创了途径。学术界对胡云翼的学术成就推崇备至。

胡云翼学生时代就开始文学创作活动。民国14年，他在武昌师范大学读书时，与同学一起组织艺林社，创办《艺林旬刊》，得到郁达夫的指导。早期创作出版的作品有小说《西泠桥畔》《爱与愁》《中秋月》，散文《麓山红叶》《爱晚亭的风光》，评论《艺林社文学论》。同期还出版《中国文学概论》《唐代的战争文学》等著作。

胡云翼一生致力于古典文学的整理和研究。从20世纪20年代末起，就对唐宋词发展的历史、作家作品和风格流派进行系统的研讨，出版《宋词研究》《词学》《词选A·B·C》《词学小丛书》《李清照及其漱玉词》《中国词史略》等著作。民国20年，编写出版《中国文学史》，在国内外影响很大，被国内很多学校用作教材，日本也有译本。还出版《中国文学史大纲

（上）》《唐诗研究》《同学》《我们的文艺》等文集。中华人民共和国成立后，其编著有《唐宋词一百首》《宋词选》，并参加《中国历代文学作品选》的编选注释工作。

　　教育方面的俊杰人士，还有我国统计学创始人李蕃、全能学校创办人欧阳明、鞠躬尽瘁的李启礼等。此外还有铁路交通专家首凤标，地质学家李毓尧、朱森，菌类专家陈梅明，医界名流朱廷利，眼医妙手张愈惠，中医名宿宋孝志，数学家、中科院院士袁亚湘、周向宇，武术教官龙厚生，等等。

　　　　　　　　　　　　　　　　　　　　　（本章撰稿：张让前）

第五章 独具韵味的风土人情

第五章 独具韵味的风土人情

郴州是多民族聚居地，生活着汉、瑶、畲、苗、土、侗、回、维吾尔、壮、白、蒙古等32个民族，可谓风情万种，异彩纷呈。各民族的民风民俗长期以来既一脉相承，又独立发展，它们互相渗透吸纳，彼此涤荡影响，深层而全方位地透视和折射出郴州各个历史时期的社会风貌，各区域和各民族的社会风情以及社会各阶层的价值观念和行为方式。郴州文化便是寓于人民群众日常生活之中的地方特点、民族印记。

郴州地处湖湘文化与岭南文化交会辐射的区间，湖湘文化与岭南文化对郴州文化发育成长的影响源远流长。它们风云际会，交相辉映，深度融入郴州本地文化的血脉，以多元而富生机的力量，养育万物。郴州是独特的，栉风沐雨，摇曳多姿，既有湖湘文化的霸蛮大气，也有岭南文化的灵秀开放，头角崭然，别具特色。郴州人民千姿百态的生活，既是郴州文化的具体形态，也是郴州文化的承载实体，因而是郴州文化研究的重要组成部分。

一 饮食文化有特色

郴州山境盛产山珍野味。饮食的原料来源于丰富的物产，数以千计的郴菜品种就是建立在郴州丰富的物产基础上的。"四黄子鸡""宜章芋荷鸭""红曲鱼肉""臭豆豉絮辣子""汝城麻鸭""临武香鸭""栖凤渡鱼粉""桂阳米饺""虾子酱煮豆筋""湘嘉鱼""禾花鲤""桂东青山火腿肉"等一大批郴菜珍品，都是以郴州名优特产作原料烹制而成的。

耒水、北江流域和境内千家坪的新石器遗址中出土了大量的精美陶食器和酒器,说明郴州先民早在六七千年前就开始注意烹调之术了。进入商周,这里又有了造型奇特的宴席餐具:印陶纹、人面鼎、四羊尊、象尊、猪尊,其肴馔已见水平。我们从屈原的诗歌中可以看到春秋战国时期,郴人祀天地、享祖先、唱傩戏、庆婚嫁、办丧事、迎宾客的隆重场面。到了西晋,郴菜的烹调技术就达到相当水平了。区内出土的西晋简牍里,发现迄今最早的一批竹简菜谱,其中记录了77种名贵品种和蔬、药、木、羽、丰、介、畜、鳞等八大类烹调食料,今天郴菜的一些传统烹调食料,如蒸、煨、煎、烧、腊等,多由此继承而来。

唐宋以降,得天地之灵气的郴州成为文化名城,苏仙岭、北湖、东山、乌石矶、鱼绛山、河街、南塔岭,常是名人雅士、权臣大贾宴游之所。诗圣杜甫、诗仙李白以及一代散文宗师韩愈、柳宗元,还有元结、王维、李绅、沈佺期、王昌龄、刘禹锡、王安石、秦观,他们或遭贬谪,或来郴游览访友,或客寓郴州,在郴州留下了他们的足迹。这一方面促进了郴州文化的繁荣和发展,另一方面丰富和活跃了郴州饮食文化,使得郴菜的烹饪技术有了长足的进步。韩愈在北湖写下了《叉鱼招张功曹》的诗文。北宋诗人张舜民神宗元丰年间谪郴州监酒税曾作《郴州怀古》,写意"郴州颇凉冷,樽俎定常开",抒写郴人喜饮酒,好待客。阮阅在鱼绛山写下:"山中闻有酒官泉,复得窳樽在水边;荆楚人皆喜群饮,见时应觉口流涎。"郴州酒食馋人的情景跃然纸上。

明清时代,随着郴州的政治、经济、文化、交通的发展,市场繁荣,郴州的烹饪技术也进入黄金时代。这时的郴菜在官府衙门内颇为盛行,一些达官显贵雇用高级烹调师精制郴菜供其食用。以后豪商巨贾相仿效,美食之风大为流行,这客观上更加促进了郴菜质量的提高和饮食业的发展,郴菜的独特风格也在这时初步形成。

到了清代中叶,郴州城内陆续出现了轩帮、堂帮两种以湘域菜系属派的菜馆。轩帮以经营菜担为主,出挑民家,承制酒宴;堂帮则以经营堂菜为主,装饰门庭,开市招客。随着交通方便,客商增多,堂帮生意日益兴旺,发展很快,逐步形成了郴州的八大菜馆,称为"八柱",即"福满堂""雅趣园""嘉宾乐""烧香居""福星楼""正义楼""醉仙楼""来鹤楼"。清末,酒席馆越来越多,饮食业的同行们为了交流并研究烹饪技术,在东街修建了祖师庙——火神庙，供奉着南方火德真君（灶王），同行经常聚会于此，交流经验，切磋技术。这时，已经初步形成了郴菜的烹调技术理论，同时研制了一批颇有特色的名菜。人们对菜根香的"红烧肘子"，四有店的"奶汤生蹄筋""花菇无黄蛋"都是赞赏有加的。北街福星楼的芋荷炒鸭、雪花菜，得到过谭延闿、程潜的赞赏。当时民间还广泛流传着"香辣子鸡汤泡肚，令人常忆烧香居"的名句，足见烧香居酒家的麻辣子鸡和汤肚对顾客的吸引力之大。烹饪技术的迅速发展，出现了烹饪流派纷呈的局面。著名的流派有戴明扬派、盛善斋派、萧山松派和"组庵菜"派等。戴派博采众长，稳健充实，集郴菜之大成。盛派改革餐具，率先采用长筷、大盘。萧派不拘泥师古，着意创新。组庵菜派则因湖南督军谭延闿组庵而得名。组庵菜的传统名菜之一"组庵鱼翅"饮誉湘粤赣，成为贵客宴会上必备的佳肴。

自 20 世纪 70 年代始，特别是到了改革开放以后，郴州饮食文化发展突飞猛进，进入新的大提质、创精品时代。

郴州饮食文化有两大菜系。由于区域物产、社会沿袭以及自然条件的不同，郴州饮食逐步形成了以耒水流域和东南山区两大地方风味为主的郴州菜系。耒水流域以郴县（今苏仙、北湖）、资兴、永兴为中心，是郴菜的主要代表，区域包括嘉禾、桂阳、安仁。特点是用料广泛，制作精细，实惠大方；荤素搭配，品味上注重酸辣、香鲜、软嫩，咸淡相宜；制法上则以煨、炖、腊、蒸、烧见称。代表性菜品有桂阳血鸭、永兴烧鸡公、资兴红曲肉等。东南山区以宜章、临武为中心，包括汝城、桂东。宜章、临武、汝城皆接壤粤北，自古受南越风土影响大于岭北。境内瑶族聚居，加上辖域政体的变更，饮食上也是大受其融合，既取粤菜之长，又纳瑶胞菁华，还撷粤北客家菜之精髓，自成郴州菜肴中的奇特一族。东部山区的桂东县，擅长烹制山珍野味和各种腌制品，口味偏重于咸、酸、辣，具有浓厚的山乡气息。软嫩鲜香、味道鲜美的"红烧黄菌"，红白黄交映，用山区珍品黄菌、冬笋、红辣椒精制而成，其味胜过一般荤膳，令人百食不厌。

区域内还有一个喜好，就是用米粉煮制各类菜肴，荤的有米粉鳅鱼、米粉五花肉、米粉鸭、米粉鹅、米粉田螺、米粉鱼肠、米粉火焙鱼肉等。蔬菜类也有多样，如南瓜花、黄花菜、小笋、小南瓜都喜用米粉烧煮。安仁一带盛行将新鲜辣椒煨熟，放入陶钵中，添加食盐等调味品，用抖杵抖烂制成

"抖辣椒"。这道菜香得朴素,辣得热情。

郴州人还喜煮捞米饭,米在水中煮至七成熟,捞出盛放到木甑中蒸熟,捞后的米汤称稀饭或粥。郴州人对粥品的青睐有着独特的饮食风格。且不说粥品由稻米、杂粮衍生出20余种营养粥,单就下粥菜,素荤两用,就令世人赞叹。素有酸圆辣椒(红、青)、酸萝卜(红、白)、酸萝卜皮、酸大头菜、酸荞头、酸黄姜、酸白椒、酸黄瓜、酸白菜杆、酸禾柄豆、酸刀柄豆、酸空心菜、酸鱼腥草、酸红薯片、酸笋片、酸榨菜、酸豆角、酸剁辣椒、酸蒜子、盐花生米、盐腐竹、腊八豆、盐生姜、霉豆腐乳等26种;荤有皮蛋、盐蛋、盐煎豆腐、酸辣鸡爪、酸辣鸭爪、酸辣干鱼、酸辣猪三宝(舌、心、肾片)、坛子五花肉、坛子鱼、坛子鸭、坛子鹅、坛子肉膏等近20种。

郴州民间还有一些传统食俗,如小儿满百日开荤吃"十全汤",正月十五日吃"偷青席",中秋吃鸭子,伏天吃脚鱼,冬天进补,三月三地菜煮鸡蛋,逢伏日吃姜或用子姜、路边荆炒仔鸡、炒素肉,冬天吃萝卜等,都是具有颐养健身、防疫祛病作用的饮食习俗。嘉禾、桂阳等地农村流行"喝滚茶"的习俗。它是农村妇女们的重要聚会形式,每当男人下地劳作,主妇做完稍事休息的时候,便开始忙活。用壶烧水泡茶,摆上霉豆腐、酸萝卜、酸豆角、花生米、炒黄豆等小吃,富裕一点的人家摆些饼干、水果糖,招呼四邻姑嫂姐妹"喝滚茶",被请的人也带一点小吃,大家你一碗我一碟凑在一起,边喝边聊,好不惬意。

郴州境内瑶族的饮食习惯也很有特色。瑶族的饮食古来"种禾、黍、粟、豆、山芋,杂以为粮,截竹筒而饮,暇则猎山兽以续食"。在明清时期,也学会了种茶、制茶,境内瑶山的"莽山银翠"还获过大奖。瑶族男女均喜饮酒,酒为杂粮自酿,名"瓜当"酒。男子喜抽旱烟,抽烟时均用烟杆,以竹荟根制成。瑶人喜食酢肉,待客要以此为佳肴。对蕨根、葛根、苦苣菜、青花、苦笋等野菜最善于摆弄,做成各样饮品或糍粑。还会做一种树叶豆腐,这种树叶俗称"早禾子叶",灌木,春季长叶,秋冬季节落叶。将新鲜树叶采来洗净后在一容器中揉搓成糊状,用稻草灰和水冲兑,搅拌均匀后过滤,大约一个小时,树叶汁即凝固成嫩滑膏体,像果冻似的,呈现透明的翡翠色,这就是树叶豆腐了。瑶山是忌讳吃狗的,一来盘祖是狗化身;二来狗为狩猎先锋;三是传说稻谷种是狗尾粘来,对狗敬畏,不吃狗。瑶山普遍吃猪肉。

过年过节的习惯吃法,切成一至几两重的大块肉,煨烂或做成粉蒸肉,还盘王愿用圆猪祭祀,祭祀完后分食。最喜欢吃冬至腊肉,这是瑶家最好的收藏荤品食物的办法。在冬天(冬至节这一天)采来猪腿、猪腰方肉切成大块用盐腌半个月后,悬挂于柴火上方任烟熏数月,使其肉面呈黄黑色,肉里呈粉红色,切片后异香扑鼻,配适量鲜菇、木耳、冬笋、腌辣椒等肴料烩炒,自成一道待客佳品。

二 婚丧习俗展风情

旧时婚俗文化。郴州汉人婚俗,旧俗以父母包办为主。有说媒、相亲、换庚、定庚、过门、拜堂、闹房、回门等成套仪式。将儿女生辰八字写于红纸内,由媒人转交对方称"换庚"或"发红庚",如合庚顺利,则互送信物,称"定庚"。男方送衣布,女方多为布鞋、袜底、鞋垫各一双。俗云:"男人手巧看插秧,女子手巧看鞋样。"

择吉迎亲谓之"过门",互索彩礼、嫁妆,男方迎亲备花轿,随行一对活鹅,谓庚鹅;女方出门时携阳伞,谓遮阳;女子作悲哭状,谓之哭嫁,以示不舍娘家之情。花轿到男家,新郎兄弟或"老庚"(指和新郎同年生的且和新郎有八拜之交的人)应将新娘背进大门(有的由新郎妹妹扶入门)。拜堂合卺,行礼为仪,进入洞房还要经过闹房的习俗,有的要连闹三天,闹房形式不一而足。

瑶族婚俗。一般在节日、喜庆日或生产劳动中,男女自由对歌定情或依"媒妁之言"组成家庭。早期实行族内婚制,不与外族通婚,族内同姓不婚,后与外族接触日多,又改为"可招百姓郎",但"瑶女不嫁百姓"。至晚清和民国时期,瑶族男女可与外族通婚,但"男嫁女当"的习俗始终保持。桂阳、宜章瑶人结婚仪式"鼓乐迎送,喧阗于道",送嫁队伍浩浩荡荡,新娘父母亲自送行。送亲队伍除了热热闹闹上路,没有任何嫁妆,寓意着两个年轻人结合后白手起家,创造美好生活。走在最前面的是新娘的长辈及几个姑娘,中间的才是头披珍珠绣帕、身着绚丽婚装的新娘,在她的旁边有一个年轻的伴娘为她打伞。伴娘同样穿得花枝招展,只是少了那块珍珠绣帕。距新郎家二三里地时,有新郎家的锣鼓唢呐手,侍娘和一名10岁左右男孩组成的7人迎亲队相迎。距新郎家半里或一里地时,又有一队接伞妇女将送亲人的伞、袋子接去。新娘进门时,师公主持驱邪仪式:将谷斗、米筛、油灯放置门口,新娘在侍娘的搀扶下,跨过谷斗、油灯和米筛,意即去煞、扫邪。之后新娘先进入厨房拜灶公、灶母和公婆,再进厅屋,这时师公边撒米,边喃词,领着新娘到大厅神龛拜祖先,举行"添丁"仪式。然后,侍娘领着新娘进入洞房安坐,在侍娘的帮助下洗脸、洗脚。此后新娘就一直与娘家送亲人在洞房里休息用餐。新婚床上堆满了送亲人的行李。按瑶山规矩,整整一晚上新娘、新郎与宾客同饮同乐不睡觉。因此新婚床则成为送亲人中老人和孩子们的安寝之处。外屋酒筵不论桌数,而用长方条桌在厅屋上方及左右沿墙置酒席,厅右下角置一小席,供乐队奏乐坐饮。送亲者为上宾,其次为主要亲友。客人一批批来,吃了一轮又一轮,每出一道菜,乐队吹奏一种曲牌,诸如《满堂红》《喜鹊闹枝》等。婚宴厨师必是新娘新郎的舅父、姑父或叔父。辣椒、青葱之类不能上席,以示新娘纯洁。筵席鼓乐不断,喜气洋洋。新娘在伴娘和侍娘的陪伴下,在洞房内专备一席饮食。资兴瑶族婚宴,还在上宾席中设一侍客,每上一道菜即呼:"上客,请!"其他各席客人随即呼:"请!"待首席下箸后方能动筷。

畲族婚俗。畲族婚姻实行一夫一妻制,同姓不婚,一般不与汉族通婚。女儿出嫁,与瑶族有区别,讲究随嫁生活礼物,如被子、箱子、衣物等,通常还送农具、斗笠、蓑衣等。婚礼简约,新郎上岳家接迎,岳家款待饭,但就席时,席上不陈一物,必等新郎一一指名而歌之,其物由司厨者应声而送,吃完之后,新郎又须唱一首歌,把席上的东西一样样"唱回去"。席毕,与新娘行交拜礼,然后祭祖,拜舅姑,偕新娘步行而归。中华人民共和国成立前,畲族盛行包办婚姻,婚姻极不自由,从订婚到结婚,男方须交给女方许多聘礼,有些经济困难的贫苦农民,往往终身不能成婚,包办婚姻造成了许多悲剧。青年男女往往通过对山歌寻找情人,这是对买卖婚姻的一种反抗。畲族家庭妇女在家庭中的地位比汉族妇女要高,与男子一样享有财产继承权。

郴州丧葬文化。旧时,父亲病危,游子必归,儿孙守护于病榻旁。断气前,须灌服少许汤食,俗名"带口粮"。断气后,由非亲属将遗体移至地上,用白布或黄纸遮盖死者脸容。然后嫡系孝子进入报丧时段。郴人讳言死、丧,隐称白喜事。入殓前,要为死者沐尸。规矩各地不一。桂东沐尸,在死者额上、脑勺、脚心处拭擦三下。安仁却是拭擦心口和手脚掌心。资兴则胸前抹三下,背部抹四下。然后是为死者装衣。普通习俗是上身逢单,3～7层衣,富有或屈死的女性,多穿9～13层衣。男皆青色长衫,女多襟衣,以红绸为外衣。若死者上辈健在,里层须用白色布料,表示戴孝。裤袜大多一层。头帽不用帽檐。鞋子做法尤讲究,用黑布剪十五块小圆片,鞋面糊七块,鞋底糊八块,另加一朵布莲花,取意"上七下八,脚踩莲花登仙界"。唯汝城的寿衣层数,兴男单女双。棺材一般为黑色,庄重悲沉。汝城、资兴、桂阳县有些地方将棺材漆成红色,认为人死后升入天堂,是件喜事。妆毕,请人抬尸入棺,虚加掩板,供人瞻仰。富有人家,棺内以贵重物品陪葬,死者口中、手里塞上金银钱币。一般以油、盐、米装坛中(俗称"口粮坛")陪葬。棺内四周,置放儿女旧衣,以示永不相离。

入殓后,厅堂搭设灵堂,停柩厅左,脚向大门。柩前设香案,孝子守灵柩前,早晚供奉祭祀。富裕人家,要请吹鼓手,在丧事期间吹奏。有钱人还请两班吹鼓手对吹,请道士作道场,请和尚作法事。扎制大量纸人、纸马、纸屋、纸花圈、银圆元宝、钱串,印制冥钞。停柩时间长短,随选墓地、择葬日而定。停柩期间,阖家禁欢宴、娱乐,不婚嫁,以示哀思。出殡前两天,请礼生举行"家祭"、"祭大舆"或"点主"(请当地最有声望的士绅执笔,用孝子手上的血或朱砂在"主"字缺点的"神主牌"上的"王"字上加点,成为"主"字),亲友邻里,携带奠仪,前往吊唁。出殡时,停柩村口,棺上或盖红毯或罩棺木罩。鸣放鞭炮、土炮,吹奏哀乐举行奠祭仪式。起柩后,送葬队伍最前面由一人散发,女儿哭泣送出村口即回,孝子披麻戴孝,腰系草绳,执杖(父丧扛蒲竹,母丧用桐木)护柩上坟。过桥或路险处,孝子面棺跪拜。运棺路线宜串村过坳,迷信说法是,一经绕道,亡魂迷路,不能顺路而返。力士横步而行,进一步退半步,故意摇晃摆动,表示对死者悼念、不舍之情。唯桂东抬棺速度求快,呼号吆喝,急急前行。棺椁落土前,由礼生主持祭穴,鸣放鞭炮,杀雄鸡扔于墓穴中。永兴、资兴、桂阳等地,还兴在穴中烧一把麻秆,意助子孙像芝麻开花一样,万代兴隆。堪舆先生以钱在棺盖上定位撒米谷,然后分金。即将钱分成若干段,连同米谷分发给孝子,并问:"要富要贵?"孝子们回答:"富贵双全。""分金"后,升棺落葬,撒石灰于棺木四周,填土封穴。孝子及亲属去孝服,穿上新衣,沿原路回家。次日,于厅中神堂,祭奠灵牌。葬后第三天,孝子孝孙、女婿等上坟培土,于墓前摆酒祭奠,名为祭三朝。丧事至此结束。

中华人民共和国成立后,提倡破旧立新,改革丧葬旧俗。机关单位职工去世,亲友向死者敬献花圈,寄托哀思。一般于第三天前举行追悼会,多由单位领导人致悼词,慰问死者家属。20世纪六七十年代,城乡普遍采用追悼会形式治丧。80年代以后,区内部分县市先后建立殡仪馆、火葬场。机关单位职工死后实行火葬,骨灰装于骨灰盒,或由家属保存,或遵遗嘱撒于大地,或葬于公共墓地。

瑶族经历了露天葬、水葬、火葬、土葬之俗。桂阳瑶山老人在落气之前,被移置厅屋,一断气其家人在屋外对天鸣铳三响,乡人闻声都去吊唁,帮助料理丧事。孝子在死者口里塞一枚银币,谓之"含口钱",然后请本族师公"打开路",作道场一天一夜或三天三夜。宜章莽山瑶人在报丧期间用盐信,用一块竹笋叶壳包一小撮盐、一小团木炭,几颗黄豆,一个2~20元的小红包,一小撮茶叶,外包用黑线绕两圈扎好差人送到师公家。师公接到盐信后,即知道,一块笋叶脱落了,一团火焰熄灭了,一个老人过世了。师公接盐信包后将其安放在神龛上,然后出行做事。在送葬之日,于灵堂前置一坛子,孝子孝女及亲属均供奉一小碗饭于坛中。出殡前师公高举火把到屋内挥舞,口中喃词,意在将恶鬼邪神赶出门去。出殡时孝子捧着盛满米饭的坛子,随灵柩上山,将饭坛与灵柩同葬墓中;灵柩上用彩纸扎一个巨大的白鹤,让老人"骑着"白鹤远行。下葬后第三个九天,子孙和亲戚各自从家中带一篾篓,内装纸钱,请师公念咒燃化于路口或坟上。瑶族无固定家族坟山,坟墓有两种形制:一种为圆锥形,一种为长三角形。坟上都插着一丈多长的竹枝,竹梢留有几片枝叶,下部吊有线钱(单数),叫作"刺北斗",是祖先盘瓠狩猎坠山崖死于树上的纪念。

畲族在历史上曾盛行火葬,到中华人民共和国成立前,普遍用土棺葬。畲族在进行丧葬活动时,有着多种丧葬仪俗,如炊孝饭、舞祭、祭礼、舞祭舞、舞祭灵台、舞祭道具等。炊孝饭即当家老人寿终,孝子孝女孝孙玄孙列队到厨房做饭,叫"炊孝饭",也叫"长命饭""富贵饭"。然后去祭献,并唱孝歌。舞祭即死了老人之后,要做"功德",主要用跳舞形式来祭奠,畲族叫"行孝"。而祭礼、舞祭舞等都是"舞祭"的仪式之一,舞祭灵台、舞祭道具是"舞祭"仪式中灵台设置和使用的道具。

三　农耕传统渗节庆

郴州传统节日众多，表现形式多样，除一些全国性的节日外，各民族、各地区还沿袭着许多特色鲜明的节日活动，构成了一幅幅色彩斑斓的民俗风情画卷，形成了自己的农耕习俗与农耕文化。

年节：农历腊月二十四日至腊月三十为年节。

二十四日相传为灶神上天之日，旧俗在二十三日夜备果品祭灶，求他上天奏事时多言好事。各家在二十四日团聚过"小年"。二十八日各家打扫庭院，郴州一些地方在这一天打糍粑。准备除夕年饭菜蔬，并加紧置办年货，杀过年猪，腌腊肉，磨豆腐，做点心等。

腊月三十（小月为二十九）是除夕。游子远归，阖家欢聚吃团圆饭，谓之年饭。年饭均以丰盛为要，鸡、鸭、鱼、肉、蛋、蔬，满桌杯盘。郴州人兴吃酸萝卜炒猪肝肠，象征为人有肝肠；旧时年饭席上必摆一道木鱼，取"年年有余"之意；要食而有剩，表示有吃有余；有的人家还备有一碗四季葱伴豆腐，表示"四季清吉"。旧俗除夕为年关，陈年债需清还。贫者欠债躲过半夜子时，即算隔了一年，到了新年大吉，债主不好意思再提债务之事。除夕之日，家家户户贴春联（又叫桃符）、贴福字（一般是倒贴，寓"福到来"之意）、门神、财神等。除夕之夜，民间有守岁之俗，阖家围炉而坐，辞旧迎新。子夜一过即是新年，当新年的钟声敲响时，家家户户燃放鞭炮，在一种喜庆的气氛中迎接新年的到来。除夕夜许多地方惯烧柴蔸火，有的一直烧到正月十五，取"财头"谐音，希望新年大吉大利。有的地方还流行睡前用一根稻草或拿一根小棍轻刮小孩嘴，刮了嘴，即便说了禁忌话，也无大碍；有的还写上"童妇之言，百无禁忌"贴墙上；吃夜饭前在大门外放一劈柴，临睡前将柴拿入屋内，称"纳财"；睡前放鞭炮关门，叫"关财门"。

春节：正月初一，郴州各地俗称"过年"。今阳历另有新年，而正月初一在立春前后，故改称春节。1949 年 12 月 23 日，中华人民共和国中央人民政府规定每年春节放假三天。而民间过年一般要过到（正月）十五日，即元宵节。

新年初一鸡鸣即起,庭前燃放爆竹,谓之"开财门""开门红"。老幼穿戴一新,晚辈给家中长辈拜年,相互祝福。早餐,吃除夕特备剩饭,意为"年年有余";有的早餐饭菜全新。汝城县俗为表虔诚祈福,是日家家吃素戒荤;餐后,向近亲伯叔长辈拜年,长辈赠以糯糍(称元宝)、红包。邻里相见,互道"恭喜发财,事事如意"。初二日,女婿带儿女向岳父母拜年。有"初一崽,初二郎(女婿),初三初四走满堂"之说。街坊邻里,兴请吃"正月饭"。城乡舞龙灯、耍狮子、唱小调,喜庆新春。节日禁忌繁多:初一禁扫地、往外倒水,不倒垃圾,以示"肥水不外流";忌讲不吉利的话;为避鼠啮,禁用剪刀;忌进园摘菜,忌到别人家借火。正月初四为旧时敬土地神之日,以示对土地的恭敬。最丰富的要算各地的传统年关食物。郴州兴吃油炸套环、糖花、板糕、粹以及印花糍粑,喝胡椒盐姜水、糖开水、糊子酒、醇酒。汝城兴大禾米糍。安仁好吃走油团子肉和鱼,象征"团团圆圆"。桂阳、嘉禾春节喜欢喝倒缸酒、拖缸酒。节庆活动异彩纷呈:安仁在年关正月里有做米塑的习俗;宜章盛演夜故事;永兴闹倒灯(放龙归海);汝城、桂东闹香火龙,普遍耍狮子、舞龙灯、扮罗汉、踩高跷等。

一年一度的春节,境内的瑶族人也非常重视。通常在十二月中旬即开始准备过年,或出山置购年货,或做年糕、粑粑,或杀年猪、宰鸡鸭鹅等。除夕晚上有先给狗吃一团年粑粑的习俗。初一清晨开门,村老带头鸣铳,燃放鞭炮。而后各家来到河边"买新水"以求吉利。畲族人更有趣,年三十畲族人家的火塘煨着大而干燥的柴头,一直焖到年初一,谓"隔年火种"。夜里12点,钟一响,便点香烛,鸣鞭炮。到东方发白的时候,畲族男子就跑出门,拿着竹响板(毛竹剖两片、一端相连)绕着屋前屋后,弄得啪啪响,以除病消灾。

元宵节:农历正月十五日,郴州城乡热闹非凡。是日,城乡人们以糯米粉为原料,糖、芝麻、花生为馅,制作元宵,或以糯糍代之,阖家团聚吃元宵。晚上,喜看花灯。永兴乡村,元宵节有"送龙"之俗。入夜,草龙身上,遍插香火,沿"送龙"必经之途,用蚌壳点上油灯,浮置于水面,称照龙。家家户户燃起香火,放鞭炮,水缸上点灯辞龙。送龙队伍浩浩荡荡,敲锣打鼓。燃放烟火(用松脂碾碎)至河桥中间点燃草龙,投入河中,送龙者齐呼:"龙归大海,风调雨顺。"随即息锣停鼓,悄然回村。郴县、桂阳、汝城等县乡村,元宵节有"偷青"之俗。是夜,青年男女,三三两两偷摘别人园中蔬菜,边摘边念:"天青青,月明明,玉兔引路去偷青,偷了青菜人聪明,偷了生菜招财灵。"偷青以怀抱斤两为准,青年女子偷摘的菜第二天拿去圩上卖作针线钱,青年男子偷摘的青菜第二天各凑油盐佐料打平伙。园主即使发现,据说是越骂越"有利"。

除此之外,还有以下一些岁时节令。

汝城香火龙。每年元宵节前后的夜晚,汝城县的大小村庄都会有舞香火龙的习俗。相传公元683年,汝城洪水泛滥,民不聊生。老百姓采纳当地一位风水先生"以火龙降水患"的建议,用稻草扎成12条草龙,面向洪水烧化,终将洪水制服。从此,汝城人民便形成了在每年元宵节期间举行舞龙盛会的习俗,并代代相传,至今已有1300多年的历史。2008年汝城香火龙还被列入第二批国家级非物质文化遗产名录。

图5-1 汝城香火龙表演

宜章夜故事。1941年《宜章县志》载:"城关装演故事,清光绪初年最盛。自元旦至上元,每夜动辄有数十台,近年最盛。""夜故事"在每年春节初一至元宵节期间的晚上表演,元宵节达到高潮。宜章夜故事将传说、神话、戏剧人物定格于抬桌上，运用化妆、服饰、道具、布景和音乐等手法，形成两人或四人抬起巡游的抬故事，或用马、轿、车、棚装扮的走故事，边走边表演。由于"故事"在夜间表演，"夜故事"由此得名。随着时代发展，当代新人新事也融入夜故事，声、光、电等现代科技手段也被采用。这样，宜章夜故事就更加丰富多彩。2011年，宜章夜故事被列入第三批国家非物质文化遗产名录。

图5-2 宜章夜故事现场

二月鸟忌。旧时，区内农家称农历二月初一为"大忌日"，也叫鸟节。是日，男子不动锄犁，妇女禁用针线，忌入菜园。家家做糯米坨坨，用红线缀于竹枝上，插在园角田边。边插边念："鸟公鸟婆，请吃糯坨坨；坨坨粘着你的嘴，红线吊住你的脚；不要吃我园中菜，不准啄我田里禾。"此俗在一些山区，今犹例行。

春分。又叫社日。旧时，春分日农夫休息。老农习惯于此日占验吉凶，有"春分有雨病人稀"之说。安仁县人称春分日为社节，"赶分社"习俗至今不衰。是日，农民纷纷赶赴县城，购买农具、种子、准备春耕。更重要的一道风景是到药王庙拜祭（神农），到药市交易山药。"赶分社"连续三五日，通宵达旦，人数多达七八万人。20世纪80年代以来规模更大，县商业部门，积极组织商品交流，支援春耕生产，深受群众欢迎。

三月三。郴州有以地菜煮鸡蛋吃的风俗，说是"三月三，地菜当灵丹，吃了地菜煮鸡蛋，脚板踩得卵石烂"。地菜即荠菜，有清肝明目、调理脾胃的功能。俗说可以祛邪。宜章莽山，瑶族有在这一天举行三月三开耕会的习惯。

清明。旧时，区内乡村，族、房有清明会，会有会田。清明节前 10 天（有些地方前 5 天）左右开始扫墓，祭奠繁忙。对新葬者，头三年必在清明前 7 天扫墓。以村（多同姓）、房为单位，用"清明田"租，大吃"清明酒"。购置牲礼，先在祠堂内奠祭祖宗，再聚集族中 15 岁以上男丁到墓前祭扫。祭典结束，将猪肉切块煮熟，按人分发，谓之分清明肉（也有分糯米糍粑的），一般只男丁有份。之后各户分别到已故长辈坟地扫墓。中华人民共和国成立后，清明会、清明田、聚族祭祖等俗已废，一家一户祭扫祖坟之习相沿至今。

谷雨茶节。谷雨继清明后半月，也为二十四节气之一。因谷雨前采的茶（雨前茶）最为清香，故民间于谷雨品茶，相沿成习，谷雨即为茶节。郴州喜欢油炒茶叶熬汤，冲泡油炸的阳米茶，又是一种独特的茶道。有的地方农家以谷雨为牛的生日，给牛放假一天。

起春节。每年的农历三月十一日为瑶族的起春节，为先祖在南京七宝洞会稽山刀耕火种、开辟山岭举行纪念活动，如今意在催春求禾苗。

还盘王愿。十月十三日至十六日为区内瑶族还盘王愿祭祀盛会。族人齐集盘王庙，举族还愿。庙内瑶王殿神龛上置盘瓠夫妇等 13 尊木雕彩绘像，壁挂数幅"满坛众圣"等纸绘彩色神像，张贴"法事成规，七日七宵六法士；歌堂体制，四男四女一歌堂"的对联。仪程繁杂，内容丰富，主要祭祀盘王先祖，追溯历史。有吟唱、道白、舞蹈，掺杂道教和巫术色彩，娱神娱人。

上十节。是区内畲族祭祀图腾的节日。正月初八这天，同祖同姓的男女老少分别聚集于各村寨的本姓祠堂，瞻仰祖图。由本姓辈分高、年龄大的老人领唱祭祀歌，讲述畲族起源和祖先盘瓠的传说。祭图结束，人们到祭主家吃"太公饭"。畲族人不分男女，从 50 岁开始，凡年龄逢十的老人称"上十"。逢上十节，亲友要送肉和面给"上十"老人，以示祝贺。"上十"人家，在节日这天请长辈和同辈来吃一餐，称"上十饭"或"上十酒"。

四八节。农历四月初八，区内部分农家喜用糯米拌菜叶煮成乌色饭，名"乌饭"，说是吃了可治软脚病。东南山区乡村则煮糯饭，吃红蛋，说吃了红蛋眼睛亮。此俗至今未变。

端午节。农历五月初五家家包粽子，做桐叶糍粑，门上喜插菖蒲、艾叶；烧苍术，洒雄黄水，饮雄黄酒；小孩额涂雄黄，胸系香包；用艾叶、灯草灸额、背；用艾叶、钩藤煮水洗澡等，意在避瘟除病。郴县、永兴、资兴、安仁等县沿河村庄，有赛龙舟之习。群众还喜这天上山采药，俗称此日百草皆为药。有些农家，用红纸写咒语贴墙上："五月五日午，天师骑艾虎，我今把笔画，虫蚁归地府"。俗信可治蛇、蚁，农夫观天象，验丰耗，说是"端阳有雨是丰年"。

尝新节。六月六，家家翻晒衣被，观看天象，占卜丰耗。谚云："六月六日阴，稻草贵如金。"大部分地方，这天为"尝新节"。农家到田里选割一些已熟的谷穗晒干碾成米，搭老米煮饭，做糍粑，寓意"新搭老，吃不了"。备办酒菜，杀鸡宰鹅，请回已嫁的大姐老妹，有的是请岳父母一同聚餐。

中元节。农历七月十五日，俗称"七月半"，也叫"鬼节"。过去民间都为先人包扎纸衣、纸钱、纸箱和纸屋，写上亡者姓名，在村旁或河边焚化，叫"烧衣纸"。殷实富户，请和尚、道人焚纸诵经，悼念先人。有的地方还唱"格子戏"（皮影）。因是"鬼节"，白天忌远行，晚上忌出门。

乞巧节。七月七日，妇女焚香向织女星祷告乞巧，然后进行比赛，在衣服上用彩线穿七孔针，看谁穿得又快又好。这一活动寄予了人们对妇女心灵手巧的期许。

中秋节。八月十五日，俗称团圆节。远行者多赶回家中过节。是日，城乡兴吃子姜炒子鸭（或酸芋荷炒子鸭）。晚上吃月饼，赏明月，讲故事，叙家常。郴县、资兴等县部分乡村，中秋之夜，婚后未育妇女，喜到瓜地摸瓜，称"摸秋"，有摸得瓜果者，必生贵子的说法。亲朋邻里常于此夜给未育妇女"送瓜"（意即送子）。民谣有"八月桂花香，家家接姑娘"，父母将已嫁之女接回过节。中秋期间，妇女有簪桂花或在房中插桂花的习惯。桂阳还有舞金瓜龙的习俗，瑶山有"架花桥"的习俗。中华人民共和国成立后，中秋习俗多数传承，特别是20世纪80年代以来，中秋食品更丰富，赏月活动更多彩。

重阳节。旧时,农历九月九日,城市有登高之习。乡村则多于此日举行修路会,整治道路、渡口、凉亭;村中主事者遣人鸣锣告示,防止山火;征集义仓谷;修改乡规民约。中华人民共和国成立后,定为"老人节"。是日,机关举行各种敬老活动,开展丰富多彩的老年文娱体育活动。

冬至节。旧时,冬至节,城里人兴吃羊肉,有"冬至羊肉赛人参"之说。城乡多酿酒、干(熏)肉、捣糍粑。俗谓冬至酿酒,色美味醇,质久不变;冬至干肉(或熏肉),肉味特香,经久不腐(霉)。农民习惯于冬至观天气,卜丰耗。谚云:"冬至暗一日,农夫不费力"。宜章等县有冬至扫墓之习。

腊八节。郴州人于腊月初八、十八、二十八三个腊日除尘。有的地方喜食毛血旺(猪血)。腊八又是佛祖释迦牟尼成佛之日。旧时寺庙造粥供佛,称腊八粥。有的地方喜欢这一天制作腊八豆,也称"霉豆"。

过小年。农历十二月二十四日,俗称过小年,也叫祭灶日。农家惯于该日置果品,焚香纸,点油灯,放鞭炮,虔诚祭祀,祈求灶王"上天显善来,下地降吉祥"。在外谋生者,多于此日赶回家中团聚,共进晚餐。小年过后,男男女女忙做新衣,搞卫生,捣糍粑,磨豆腐,炸油货,办年货,杀年猪。至亲好友,互送辞年礼。武师设狮坛,扎龙灯,敲锣打鼓,赶排节目。

四 方言俗语竞风流

郴州地区,为湘、赣、粤三省交界之地。区内方言复杂,以西南官话为主,有赣语、客家话和其他各种土话。全区大略可分为三大汉语方言区:一是西南官话区,包括郴州市、郴县及双语区的城关一带,以郴州市方言(简称郴州话)为代表;二是赣语区,包括安仁、永兴、资兴、桂东、汝城5个县市,以资兴话为代表;三是双语区,包括桂阳、嘉禾、临武、宜章4县,以桂阳话为代表。

郴州地区汉语方言均无卷舌音,又都有声母且能自成音节。郴州话具有西南官话的基本特点。口语中保留较多的古语词,许多颇具地方色彩的词汇及独特的语法结构都生动地表现出郴州话与普通话的差异,以及郴州的民情风貌。

现在,每当各自的土话妨碍思想的交流时,郴州人民便尽力用普通话来表达自己的思想,这对郴州地区的交际语言——西南官话有较大的影响,因而郴州话有逐渐向普通话靠拢的趋势。这些变化,在城镇、大机关、大企业和青少年中表现得尤为突出。

郴州话在语音上与普通话有较大差异,不仅声母个数要少,而且有的声母是你无我有、你有我无;韵母则存在韵尾弱化、复元音转化为单元音以及韵母转呼现象;调类虽与普通话一致,但调值相去甚远,且入声字归类也不大相同。

声母。郴州话有20个声母,包括零声母在内,比普通话多声母〔ŋ〕和〔ȵ〕,却无卷舌音。

在郴州话中,古全浊擦音都读送气清音,古全浊塞音和塞擦音也都已清化,一般是平声送气,仄声不送气。

韵母。郴州话有34个韵母。与普通话相比,郴州话的转韵现象较突出。

声调。郴州话的声调是平分阴阳,浊上归去,入声消失归为阳平。四个调类,调值分别为阴平44、阳平21、上声53、去声33。

声韵配合关系。在郴州话的声韵配合关系中,零声母字四呼齐全。舌根音和舌尖前音都只能与开、合二呼相拼。舌面音只能与齐、撮二呼相拼。

郴州话的词汇与普通话相比较,有两个突出的特点。

一是保留较多古语词,并仍有较强的构词能力。

"拐"〔k'vɛ〕上声,意为折,如:"拐断他的秤。""把咯铁丝拐弯。""去拐两根树枝来。"

"揞"〔on〕阳平,意为藏,如:"你把东西揞到哪里了?"

"菾"〔p〕阴平,意为走得快,如:"菾走。"

"搂"〔b〕阳平,意为两手相切摩,如:"搂丸子""搂衣服"。

"抻敨"〔t'aton〕阴平、上声,意为舒展、整齐、漂亮、清楚,如:"穿得抻敨。""事做抻敨啦。""模样长得抻敨。"

二是词义扩大。如"连",除"连接"之意外,还有"缝"的意思,如:"帮五保户们连套新衣服。""细",普通话里"粗"与"细"相对,"大"与"小"相对,但"细"与"小"含义有别,而郴州话"细"兼"小"的意思。如把小孩子叫作"细人［len］得"。"吃"［t］,含有"吃、吸、喝、吮"等义。如"吃饭、吃烟、吃酒、吃奶",并把赴婚嫁寿庆宴也叫作"吃酒"。

"舞",除保留普通话的意义外,还有"做""戏耍"之意。如:"你在屋里舞什么呢?洗衣、拖地板得。""鬼崽崽到咯里舞进舞出吵死人嘀,出去舞。"

"搞",除保留普通话的意义外,还有"玩""拿""煮""打""整"等义。如:"你到哪里去搞?(你上哪儿去玩)""你屋里搞(煮)了粥有?""请搞(拿)支笔来。""搞(打或整)他一下。"

"沤",除保留其本义外,还指"沤脚",即把脚放在被窝里,使暖和。

"麦子"一词,除保留其本义外,还引申为"脸蛋",尤指女性容颜秀丽。如:"她麦子生得好,心地也蛮好。"

此外,在词义的区别上,还有词义缩小,如:"面",郴州话仅指"脸"和"面条",没有"粉末""柔软"等义。还有词义转换,如"起了一栋屋",即为普通话的"建了一幢房"。"内房"即普通话的"里屋"。

常用方言词汇举例:

郴州方言	普通话
发风	刮风
打耀火	闪电
天干	天旱
结令构	结冰
麻风细雨	微风小雨
乌丝光得	天刚亮
猪头	公猪
团鱼	鳖
檐老鼠	蝙蝠
哭雕	猫头鹰
鳞夹	穿山甲
饭蜢	苍蝇
麻拐	青蛙

天螺丝	蜗牛
柑子	橘子
洋芋（四月芋）	马铃薯
雪豆	豌豆
朸	荆棘
藻	浮萍
爹爹	爷爷
娭毑	奶奶
爷爷	父亲
姬毑	母亲
唔妈	母亲
舅得	舅舅
姑得	姑姑
嫂得	嫂嫂
夫娘	妻子
妇人家	已婚妇女
细人得	小孩子
郎中	医生
妹得家	女孩
乃得家	男孩
乃拨	男孩
崽	儿子
郎	女婿
讨夫娘	娶亲
姐得	姐姐
满满	叔叔
家娘	丈夫之母
家爷	丈夫之父
凿拐子	扒手
扒拐子	扒手

半路婆	再婚妇
口水夹	涎布
片	尿布
烧酒	白酒
走家	疳积病
打白念	谈天
行时	走运/时髦/货物销售快
蒙摸子	捉迷藏
躲蚌	捉迷藏
在行	小孩懂事/内行
反水	叛变
点水	告密
邋遢	肮脏
发痧	中暑
痨病	肺病
归寿	老人死
倒毛	退步（指小孩）
讲礼	讲究礼节/客气
撩起	搭理
作神	特别认真
火炉头	厨房
广钵	钵子
斗篷	斗笠
倒板	天花板
抵针	顶针
铰剪	剪刀
作田	种田
鼓起	凸起
壮	肥胖
銮	圆的

料	棺材
旧年	去年
夜晚闲	夜晚
跌气	咽气
做酒	办喜事
困觉	睡觉
巴肚	怀孕
发灾	畜发瘟
打眼眯	打盹儿
打细话	窃窃私语
块块	圆圈
屙肚子	腹泻
肚子丑	腹泻
人不好	生病了
不爱摇	生病了
打摆子	疟疾
汗衣	衬衫
扯麻纱	闹别扭/遇到麻烦
发狠	努力
绊跤	跌跤
默神	思量
默起	以为/想起
好生得	小心点
扯皮	闹纠纷
扯唇舌	背后搬弄是非
点家得	一点儿
晓得	知道
打望	观望、瞭望
歇力	休息
打飞脚	跑

绊拆	裂开
假古	质量差
打跤	打架
背时	倒霉
打夹	做伴
陡然间	突然
捡场	收拾，死亡
挂坟	扫墓
挂纸	扫墓
暴暴嘀	刚开始
歇伙铺	住旅社
拐场	糟糕
扯炉	打鼾
顷刻嘀	刚才
跌	丢失
念	讲/唠叨
争嘀家得	差一点儿
碰倒	靠着/碰见
捞共	经常/仅
丫开嘴巴	张嘴
强口白舌	说谎
乱扯	恼火或烦躁
转块块	绕圈子
木头	棺材
寿料	棺材
造孽	可怜，也指做坏事

关于词法。

副词特点。程度副词"蛮""好"，组词能力较强，相当于普通话的"很""特别""非常""多么""多"。如："蛮好、蛮甜、蛮有力、蛮多的书。""好深的井啊！""咯个人好坏！""咯本书好好看！""还有好远的路？"

否定副词"冇"，修饰动词，相当于普通话的"没""没有"。如："她冇来。""他冇走。""还冇睡！""咯块布还冇染好。"

副词"够"，表示时间持续很长。如："车够等，还是走路算嘀。""咯春雨够落，你买把伞得。"

副词"一下"，既可作表范围的副词，相当于"都""全"。如："一下来嘀（全都来了）。""一下吃光嘀（都吃光了）。"又可作表时间的副词，相当于"一会儿"。如："一下哭一下笑。""一下站一下坐。"

副词"捞共"，既可作表范围的副词，又可作表时间频率的副词，相当于"总共""经常""时时"。如："捞共五十个人（总共才五十个人）。""他一个月捞共百把块钱（他一个月总共才一百来块钱）。""他捞共得病（他经常得病）。""他捞共想吃好的（他时时想吃好的）。"

助词特点。助词"嘀"相当于"了"，多与助词"呱"组合成词，表示动作结束。如："来嘀（来了）。""吃呱嘀（吃完了）。"

"呱"和"嘀"还可拆开使用。如："出呱来嘀（出来了）。""东西把强盗偷呱去确（东西被贼偷去了）。"

助词"顿"相当于普通话的"着[tse]"。如："走顿走顿不走嘀。""看顿看顿不看嘀。"

助词"得"，放在动词后相当于"会""能"。如："他既讲得又写得（他既能讲又会写）。"

作语气助词相当于"嘛""呀""呢"。如："你来得。就是那个人得。""咯本书是我的得。"

用在称谓名词后表示亲昵。如：舅得（舅舅）、姑得（姑姑）、妹得（妹妹）、姐得（姐姐）。但没有称"叔得""哥得"的。

"得"作介词用相当于"给""把""被"。如："得本书得我（拿本书给我）。""书得他跌呱嘀（书被他丢失了）。""碗得他打呱嘀（碗被他打碎了）。"

"得"还可作形容词，在动词后起修饰作用。如："咯戏看得（这戏好看）。""咯菜吃得（这菜好吃）。"

助词"倒"放在动词后面作助词用，表示存在的方式，相当于普通话的

"着"。如："桌上放倒五本书。""瓶里插倒三枝花。"

表示达到目的或有结果，相当于"着［tsau］"。如："下水道堵倒捞！""他找倒捞那幅画！"

加在某些动词后，使变成介词，相当于"着［tse］"。如："跟倒做。""坐倒吃。""拿倒玩！"

重叠。"要要"重叠作状语。如：他要要来（他经常来）。他要要来，要要去（他一会儿来了，一会儿又走了）。

"下［xa］""会"重叠加词尾"得"作状语。如：他下下得想走（他时时想走）。毛毛（即小孩）会会得哭（毛毛时时哭）。

ABC式的形容词组。副词倒置作补语，加词缀"嘀"构成"ABC"式的形容词组。

如：红绯嘀　黑墨嘀　笑眯嘀　滚抛嘀

　　轻捞嘀　闹呀嘀　酸纠嘀　冷稀嘀

　　臭粉嘀　香喷嘀　光同嘀

四字格"A里AB"，多表贬义，"AB"一般为描绘人的品性的形容词，第一个"A"起强化语气的作用。

如：神里神气　油里油气　怪里怪气

　　妖里妖气　懵里懵懂　古里古怪

动物的性别标志。在郴州话中，动物的性别标志，其位置与普通话的不同。普通话是前加，如"公牛""母牛"，郴州话是后附，如"牛牯""牛婆"（在全区范围内都是如此）。雌性用"婆"，无论禽、兽，而雄性的性别标志则有所不同，兽类一般用"牯"，禽类一般用"公"。

　　　　　　　　　　　　　　　　本章撰稿：邓溪燕

第六章　辉煌灿烂的文化艺术

艺术是生活的反映，也是文化的传播形式。从艺术中我们可以看到人类的过去，看到社会进步的脚印，看到文化的积淀与绵延。在这片神奇的土地上，历代郴州人民在创造伟大的物质文明时，也在创造灿烂的文化艺术。他们用歌谣抒发欢乐与悲怨，用舞蹈挥洒激情与崇拜，用文学表达感恩与思考，用色彩描绘理想与现状。创造郴州文化的既有生于斯、长于斯的郴州各族人民，也有历代来郴或居家生活，或为官理政，或经郴寓郴，或贬谪流徙的外地人士，甚至有从未涉足郴州但其艺术创造却有鲜明的郴州地域特点的文人。因此郴州文化既带有先天的湘楚基因，又受中原文化与岭南文化的影响，在漫长的历史长河中逐步形成了具有鲜明地域特点的文化。

一　神话美名传四海

郴州各族人民在长期的生活实践中创造了丰富的神话传说和民间歌谣。这些神话及歌谣反映了早期郴州人民的生活状况及精神特质。

在嘉禾九老峰下有丙穴洞，传说是神农驯兽之处。后世的家畜家禽就是始于神农的驯化。在原郴县的范围内流传着神农从天上把谷种"盗"下人间的传说：神农骑着神牛向天神讨要谷种，但仓吏故意为难他，让他三天内耕完一块常人用手挖肩拉无法耕完的地。神农在神牛的帮助下完成耕地承诺，仓吏无奈而狡黠地将煮过的谷子交给神农。回到人间播种后神农才知仓吏骗了他。第二年神农带着大黄狗再次来讨要谷种。仓吏借故不让神农靠近谷仓。神农用计让黄狗打湿全身冲进晒谷坪打了个滚，全身沾满谷种往下界跑。大黄狗翘着尾巴奋力游过天河后,身上的谷种都被冲掉了,只留下尾巴上沾的谷种。所以后来稻穗成熟后就像大黄狗的尾巴。至今人们还有一个习俗,每年谷子成熟的尝新节上第一碗新米饭总是献给狗吃,以感谢狗的恩德。神农还把牛耕田的技术带回了人间。在资兴、安仁等地,神农尝百草而发明医药的故事传说有很多。为纪念和祭祀神农,在郴州各地均建有神农殿("文革"中大多遭破坏)。与神农相关的地名、村名、山名、水名也有很多。这些都说明中华农耕文化的肇端与郴州密切相关。

舜帝南巡苍梧也是流传很广的故事。据说舜帝到苍梧一个小乡国"何",就住在一个姓何的首领家,向他请教医药知识,采药治蛇伤。今郴州一带还有"何公山""何家山"等地名。舜帝了解民情来到武水旁边一座山上,坐在山顶的一块石上休息。南风吹来让他心旷神怡,于是他用五弦琴弹奏《南风歌》:"南风之薰兮,可以解吾民之愠兮。南风之时兮,可以阜吾民之财兮。"今临武把舜帝登临的山称为舜峰山,弹奏音乐的石头叫韶石。舜帝为民做了很多好事,最后积劳成疾,"崩于苍梧之野,葬于江南九嶷"。

"九仙二佛三神"是郴州家喻户晓的传说故事,被载入各种典籍、史志。徐霞客慨叹"郴州为九仙二佛之地",可见其文化影响深远。这些传说故事充分体现了宗教文化对世俗生活的深刻影响,也是最有郴州地方特色的宗教生活的写照。这些仙、佛、神的言行事迹给郴州人民留下了宝贵的精神财富,如苏仙的至孝之心和"橘井泉香"的大爱精神;王仙悬壶济世的"医者仁心";刘瞻的公正清廉、犯颜直谏;寿佛"说得一尺,不如行得一寸"的实践精神;三神的诚信担当、勇于排难济困,等等。他们都为郴州文化注入了灵魂,是郴州精神的生动体现。

还有牛郎织女传说。南宋《齐谐记》记载牛郎织女相会与郴州骡仙成武丁有关。秦观作《鹊桥仙·纤云弄巧》源于他被贬郴州时听说过并深深地理解这个故事。晋代葛洪的《神仙传》,北魏郦道元的《水经注》,对郴州的神话故事都有完整的记述。这些传说情节性强,形象生动,既有极强的思想意蕴,又具有独特的艺术魅力,也是后世文学艺术创作重要的资源宝库。

二 诗文千年朝朝盛

郴州本土文学最早见于文字的是西汉苏耽《东城楼歌》:"乡原一别,重来事非。甲子不记，陵谷迁移。白骨蔽野，青山旧时。翘足高屋，下见群儿。我是苏耽，弹我何为？翻身云外，却返旧居。"①据传为苏耽成仙多年后化鹤而归，栖于东城楼望故宅及橘井、母坟和众乡邻，郡中顽童不识，以石击之，乃有感而作此诗。全诗有《诗经》格调，雅俗相生，妙趣无穷。

郴州第一个载于中国文学典籍的本土诗人是刘昭禹。刘昭禹生活于公元909年前后。著有《刘昭禹集》一卷，收诗三百首，《全唐诗》录十四首。其《括苍山》："尽日行方半，诸山直下看。白云随步起，危径极天盘。瀑顶桥形小，溪边店影寒。往来空太息，玄鬓改非难。"全诗生动地描写了括苍山高耸入云及登山所见的美景，表达了对大自然崇高美的敬畏之情。

另一有影响的郴籍诗人是雷应春。雷应春，字春伯，郴州人。嘉定十年（1217）进士，曾任江西漕粮运输官、赣县知县，后擢监察御史。因触犯权贵被贬为广西全州知军，遂辞官不就，归隐郴州，在北湖边筑亭闲居，读书种菜。九年后被起用为临江知军，后升为江南东路宪台。《万历郴州志》称其"性纯固笃实，为政廉平"。著有诗文集《洞庭玉》《虹日边》《盟鸥清江》等集。《全宋词》收录其词两首《好事近》《沁园春》。《好事近》云："梅片作团飞，雨外柳丝金湿。客子短篷无据，倚长风挂席。回头流水小桥东，烟扫画楼出。楼上有人凝伫，似旧家曾识。"描写长期漂泊在外的游子，在梅片纷飞、细雨绵绵的日子里乘船而归。穿过小桥，绕过流水，霎时雨过天晴。画楼远现，抬头一望，楼上伫立着一位佳人，曾似旧家相识的她。结尾两句尤为精彩，被誉为名句出名篇。

何孟春是以文著称的重要的郴籍作家，是中国文学史上著名的"茶陵诗派"的主要成员。他撰有经史子集 400 卷，600 多万字，是湖南图书馆收藏古代湘籍著作最多者之一。

何孟春的诗以唱和、赠别居多，陈田《明诗纪事》评"学殖既深，亦自远于俗调"。他的边塞诗自成一格，在内容上主要反映建功立业的理想，也抒发了边愁乡思之情，在诗中还关注西部边疆的农事生活，关注戍卒和百姓疾苦，极力为民呼号。如《郊斋夜坐（四）》将一心为国家安危、天下苍生的情怀萦回于诗篇的字里行间："诗当有感句先成，坐里炉灰拨二更。南檄

---

① （清）沈德潜：《古诗源》卷四。

正勤招讨使，西州重筑受降城。终缨颇自怜初志，阮屐还谁念此生。撩我缸花真浪喜，疮痍所在未全平。"他的边塞诗深化了边塞诗歌的表现面，对茶陵诗派而言，有开拓题材之功。何孟春使山西、出补河南、巡抚云南……"我今历遍秦胡域，尘土满头低压眉"，可见其对边塞生活深有感触。他的边塞诗对明代前后七子，乃至整个明代诗坛都起了推动的作用。① 刘稳评何孟春说："我明诗教之盛，自弘治间学士大夫始翕然丕变，而一时作者如西涯、空同、大复诸公，争鸣奋唱，力追大雅。而先生适当其时，与之师友，互相攻错，即字句皆经斧凿、引绳墨，必协古风人之义而后止。"

　　何孟春辞官回郴后，居郴州燕泉旁。他潜心研究、著书立说的同时，纵情山水，遍游家乡名胜，写下了许多讴歌郴州的诗文，如《燕泉记》《圆泉记》《郴州濂溪祠记》《马岭》《鱼绛山》《义帝祠记》等。这些诗文咏物言志，借古喻今，体现了他尚平淡、去雕饰的文风。例如《卜筑何公山（二）》："白云飞尽午风清，羸马重过眼倍明。拟构两椽龟未卜，才开一径鹤先行。此山乞我真天力，何物看人不世清。泉上正余仙石在，药炉留待事长生。"诗中描写了闲适的田园生活以及他追寻仙道长生不老之术的愿望。在经历官场起伏之后，"此山乞我真天力，何物看人不世清"道出了他洞明世理的人生感悟。何孟春的众多诗文不仅具有较高的文学价值，还为我们研究郴州历史、地理等，留下许多重要的史料。

　　袁子让是何孟春之后另一有影响的郴籍文人。

　　袁子让（约1560~1628年），明郴州（今湖南省郴县）人。万历二十九年（1601）进士，授嘉定知州，转知眉州，官至兵部郎中。精于音韵学，著《五先堂字学元元》十卷，被编入《四库全书》。《字学元元》是近代音韵学史上一部重要著作，对研究近代汉语语音具有重要意义。其中的"俗音"还反映了16世纪的郴州方言语音系统。《香海棠集》是另一部有影响的著作，主要收录他的诗文，从中可窥其文学创作成就和文学思想。

　　他提出了"文章内源心术，外抒行谊"的主张，认为文学作品是心灵的产物，导源于人的心灵智慧，发而为诗，成之为文。他的诗通过对自然山水之美的客观描写以抒发内心的自然之趣，追求山水之趣与心灵之趣相统一。

---

① 参见王娜《论何孟春的边塞诗》，《时代文学》（下半月刊）2012年第2期。

袁子让写有《橘井》和《来鹤楼》等诗，苏仙传说的道教氛围使他感受到生命的珍重，故在诗中发出"遏往莫教明月去，此中长放桂华秋"的生命诚可贵的感叹，这种创作倾向是对性灵文学思想潮流的回应。咏物赋是他为时人所称道的文体之一。他的《燕泉赋》极具艺术性，以泉与燕的心有灵犀之通："燕知泉之消息，泉以燕为神情""浮沉有定候""出处不愆时"，不露痕迹地带出了一个"达则兼济天下，穷则独善其身"自号"燕泉先生"的何孟春。由咏物而传人，随物赋形，因形托意；借物寓志，有感而发，见出作者谋篇布局的匠心。《嘉庆郴州总志》卷三十评袁："授嘉定知州，课士爱民，振兴文教，词章题咏传为古迹，州南有香海棠亭碑，刻子让《香海棠赋》……""吟咏情性"，自然山水之佳趣与恤民之情怀相映成趣，浑然天成。其诗文寄寓丰富而深刻的人生哲理、审美情感。难怪同治《嘉定府志》卷三十二载："袁子让……万历中知旧州，凡九年，多惠政，此去，州士女数万人泣送百里外，以其清白，多持芋蔬以饯。""民攀辕泣留"，依依不舍。

古代郴州本土文人中较有文名的还有刘赞、邓洵美、姚宋佐、朱铬、欧阳子槐、朱英、邓庠、范渊、刘尧诲、曾朝节、欧阳厚均、陈起诗等。包括何孟春等在内的这些郴州文人都有郴州人的共同特点：为官清廉正直，为人耿直不阿，故其为文也性情直抒，借景抒怀，借古抒怀，思想性与艺术性都有上佳表现。

郴州历朝历代都是经济和军事重地，自古以来就设有管理机构，因此在郴履职的官员颇多，且不乏才华横溢的文人。他们亲历郴州之事、亲见郴州之景、交游郴州之人，长期生活在这片土地上，当然感同身受、心有所触，用语言把思想情感加以表达，留下了大量的文学作品，成为郴州文化不可分割的组成部分。

履职郴州并较有文名的文人主要有权德舆（唐德宗时任郴州刺史）、李吉甫（唐德宗时任郴州刺史）、杨於陵、周敦颐、阮阅等。他们在郴期间创作了许多诗文抒发自己的情志，表达对郴州这方水土和人民的热爱之情。其中尤以阮阅着力最多，成就最丰。

阮阅（公元1126年前后在世），字闳休，自号散翁，亦称松菊道人，舒城（今属安徽）人。宋徽宗宣和中任郴州知州。阮阅著作丰富，史籍记载的有《松菊集》五卷、《郴江百咏》、《诗话总龟》九十八卷、《巢令君阮户部词》一卷（见《百宋楼藏书志》）。阮阅作为优秀的诗人，在宋代众多诗词名家中占有一席之地。他是以诗吟咏郴州最多的诗人。《郴江百咏》是他在郴州履职时所作的七绝诗集。这部诗集因语言精妙优美、写景状物形象生动而为人称道，阮阅也因此被尊称为"阮绝句"，可见其诗歌创作成就已为时人公认。他在《郴江百咏·序》中写道："郴，古桂阳郡陈迹。故事尽载图史，亦间见于名人才士歌咏。如杜子美《寄聂令入郴州》、韩退之《郴江柳子厚登北楼》、沈佺期《望仙山》、戴叔伦《过郴州》之类是也。山川寺庙之胜，城郭台谢之壮，未经品题者尚多，亦可惜尔。余官于郴三年，常欲补其阙，愧无大笔雅思可为。然固暇日时强作一二小诗，遂积至于百篇，虽不敢比迹前辈，使未尝到湖湘者观之，亦可知郴在荆楚自是一佳郡也。"对郴州称赞有加。其诗或歌咏郴州山水名胜，或记郴州风俗民情，或借物（景）寄情表达他对时政或历史、人物的臧否。如《刘相国书堂》："疏林翠竹水沧沧，问是刘公归隐堂。但得青编有完传，故居寂寞又何伤。"对贤相刘瞻的景仰之情溢于言表。再如《寒泉》："春欲为霜夏欲冰，一山寒气逼人清。应知炎冷难同处，甘与汤泉各自生。"读之耐人寻味，颇感深意无限。于此可见其诗词语淡情深，不事雕琢，无华丽藻饰却又韵味浓厚。正如他在郴期间所著的《诗话总龟》（宋三大诗话之一）中表明的诗歌主张那样，认为写诗应贵真忌假，贵新忌俗；要精心谋篇布局，做到意在言外；注重用象征性或隐喻性的意象来寄托情思，从而增添诗境的朦胧意味，句绝而意不绝，使诗歌韵味悠长，富于回味。我们从《郴江百咏》中可感受到他热爱郴州、情系郴州的真挚胸怀。

正是有许多像周敦颐、阮阅这样的治郴官员，在勤政之余不吝笔墨咏郴颂民、抒怀言志，为郴州人民留下了宝贵的文化遗产。

古代郴州是中原通往岭南的交通要道，地理位置独特。许多内地文人或政治家去岭南越地任职或流放，都要经郴寓郴，还有的是被贬郴州，也有的是游历于郴地，或暂居于郴。他们或为郴州美丽的山水而惊叹，或为郴州纯朴的民风所感染，或因自身的命运多舛而怨艾，或因朋友的离别欢聚而唱和……感时伤世，触景生情，创作了许多不朽的篇章，为郴州文化增添了一道道亮丽的风景。

唐宋是中国文学的鼎盛期，也是中原文化与郴州本土文化融合的繁荣期。这一时期来郴的有许多文化名流、文坛大师，如唐代骆宾王、宋之问、沈佺期、张九龄、王昌龄、刘长卿、杜甫、韩愈、戴叔伦、张署、刘禹锡、柳宗元、李绅、罗隐等。另外还有许多文坛巨匠虽未到郴州，但在与朋友的交往酬唱中都写到与郴州有关的人和事，如唐代李白、孟浩然、李颀、王维、高适、皎然、元结、韦应物、李商隐、陆龟蒙等。据不完全统计，仅唐代经郴寓郴或诗中内容涉及郴州的著名文人有超过八十位之多。宋代以后来郴的名家则更加频繁。

王昌龄有诗云："王君飞舄仍未去，苏耽宅中意遥缄。"李白诗中有："客有桂阳至，能吟山鹧鸪。"杜甫也有："郴州颇凉冷，橘井尚凄清。"刘禹锡："城头鹤立处，驿树凤栖来。"陆龟蒙："让王门外开帆叶，义帝城中望戟支。"元结有《橘井》诗，柳宗元写有《植灵寿木》《杨尚书寄郴笔》，等等。可见唐代文人对郴州的传说故事、民间歌谣、历史掌故、风物特产都非常熟悉，所以他们能信手拈来，入于诗文。也足见郴州在当时的知名度非常高。柳宗元还为郴州机智勇敢的少年写了《童区寄传》，彰扬少年区寄的智慧与勇敢行为。这篇名作传之久远，为郴州彰名，被选入中学课本，更是影响广泛。刘长卿被贬潘州（今广东茂名）南巴尉，途经郴州正值大雪，写下著名的《逢雪宿芙蓉山主人》："日暮苍山远，天寒白屋贫。柴门闻犬吠，风雪夜归人。"芙蓉山即今郴州桂阳宝山。同时还写有《入桂渚次砂牛石穴》《桂阳西州晚泊古桥村住人》等诗。刘禹锡被贬连州经郴州，写有《度桂岭歌》："桂阳岭，下下复高高。人稀鸟兽骇，地远草木豪。寄言千金子，知余歌者劳。"因病寓居郴州一年，作《陋室铭》广为人知，诗中的"山""水"分别指苏仙岭和北湖。此时好友杨於陵被贬作郴州刺史，于是他们常有唱和：《和郴州杨侍郎玩郡斋紫薇花十四韵》《和杨侍郎初至郴州纪事书情题郡斋八韵》《和南海马大夫闻杨侍郎出守郴州因有寄上之作》等。文人们在郴州期间的酬唱之作很多，前述的诸多名家大都有精彩篇章。

杜甫与郴州有极深的渊源。杜甫的诗歌中涉及郴州的有多首，如《奉送二十三舅录事崔伟之摄郴州》《同元使君春陵行》等。从这些诗可知，杜甫有些亲朋好友或到郴州任职，或被贬往岭南，或游历湘南、岭南。他也很熟悉郴州的山水人文，在诗中有多处提及："橘井旧地宅，仙山引舟航。""敢忘二疏归,痛迫苏耽井。"他与舅舅崔伟之感情很深,"贤良归盛族,吾舅尽知名。徐庶高交友,刘牢出外甥"。东晋将军刘牢之镇守京口时,遇重要事情总与外甥何无忌相商。杜甫把自己与舅舅比作东晋时的何无忌与刘牢之。当好友严武突然去世后,杜甫在成都失去依靠,于是他一心投奔在郴州任职的舅舅崔伟之。大历三年(768)正月,杜甫携家带口从长江而下,经江陵、公安至岳阳,满怀着希望及对郴州的向往,溯湘江而行,驶向湘南。770年夏秋之际,船至衡阳,杜甫作《将至郴先入衡州,欲依崔舅于郴》,以"仙山引舟航"的乐观情怀,表明了对即将开始的郴州生活的无比期盼,甚至认为郴州是"鹏跃观翱翔"的"乐土"。然而天有不测风云,船行至耒阳至永兴的森口,突降暴雨,一连几天,洪水猛涨,无法前行。杜甫一家困于舟中,粮米皆无。绝境中,耒阳县令"知我碍湍涛,半旬获浩溔",送来粮米酒肉,才勉强渡过难关。为此他作诗一首《聂耒阳以仆阻水书致酒肉疗饥荒江诗得代怀……》向县令致谢。诗中"方行郴岸静,未话长沙扰"表明他急切地渴望避开战乱、早日到达郴州的心情。但是,长期的舟楫劳顿、时饥时饱的困苦生活使杜甫身染重疾而不自知,以致暴病于舟中。他对郴州的梦想也就成了永远的梦!

韩愈与郴州有不解之缘。他一生跌宕起伏,六过郴州,与郴州人交往密切,留下了许多咏郴景、颂郴人、述郴事的诗文。

唐德宗贞元十九年(803),在监察御史任上的韩愈与张署一起进谏,请求减免关中徭役赋税,为幸臣所逸,韩被贬为连州阳山令,张被贬为郴州临武令。两人一同赴任来到郴州,这也是韩愈第三次经过郴州。其间韩愈作《题张十一旅舍三咏》等诗。永贞元年(805),唐顺宗即位,大赦天下,韩、张同时被赦,但又遭湖南观察使阻抑,以致在郴候命数月之久。这是韩愈第四次过郴。其间韩、张与时任郴州刺史李伯康过从密切,李伯康邀韩、张到郴州的风物名胜四处游历。在游北湖叉鱼时写了《叉鱼招张功曹》。夏天代李伯康求雨,写了《郴州祈雨》。数月待命,转眼到中秋,少不了又是朋友相聚,席间张署作诗助兴,韩愈备感"君歌声酸辞且苦,不能听终泪如雨"。于是作《八月十五夜赠张功曹》,慨叹:"一年明月今宵多,人生由命非由他,有酒不饮奈明何?"作者在诗中借酒浇愁,暂时忘却心头的烦恼,情绪由悲伤转向旷达。结语似淡实浓,言近旨远,在欲说还休的背后,别有一番耐人寻味的深意。全诗从贬谪的悲伤到大赦的喜悦，又从喜悦到怨愤，最后在无可奈何中故作旷达，抑扬开阖，波澜起伏，一唱三叹，既雄浑恣肆又宛转流畅，是一首极为难得的极品诗。不久，诏书到，他们起程北上，同赴江陵任职。上船前，韩又作《郴口又赠张十一功曹二首》，乘船途中还作有《湘中酬张十一功曹》等诗。途中到南岳，遇郴人廖道士。廖道士本名法正，郴州人，苏仙岭景星观道士，常居衡山景星观，后列为郴州九仙之第四。据《衡岳志》载，"韩昌黎游衡麓与之接读，深器重焉，别时为序以逆之"。韩愈十分敬重廖法正的人品学识，临别作序相赠，这是一篇赞美郴州的精美散文。《送廖道士序》称赞郴州的山水物产是"中州清淑之气……蜿蜒扶舆磅礴而郁积"，地灵必人杰，郴州的人物"必有魁奇忠信才德之民生其间"，此前他曾作《送孟琯序》称赞孟"年甚少，礼甚度"，由此足见韩愈对郴州的钟爱之情。

宋人笔下的郴州更是多姿多彩。寇准作《经郴州永兴驿》抒发被贬的失落情；欧阳修经郴有《吊杜陵》；王安石送友履职郴州。程颢学道于周敦颐，流连汝城美景，在予乐湾作《春日偶成》："云淡风轻近午天，傍花随柳过前川。时人不识余心乐，将谓偷闲学少年。"此诗后来被选为《千家诗》篇首。章估作《烹丁歌》为矿工沉重的税负鸣不平，真情感动宋仁宗，命免税，百姓无不称赞。杨万里《送子弟赴郴州使君罗达甫寺正之招》称赞"郴山奇变水清泻"，等等。

宋代在郴州留下文学作品最多的是文学家张舜民。张舜民于宋神宗元丰六年（1083）谪为郴州监酒税，赴任途中作《郴行录》记载沿途见闻，为中国日记体游记成熟的标志。居郴两年多，他对郴州的感情很深，"得移郴岭清凉地，幸免邕江瘴疠侵"，"日暮更投村岸宿，依然魂梦在郴州"。因贬居郴，他自然是情绪低落，而监酒税又是一闲职，于是他纵情郴州山水，到处游历，为郴州的名胜所陶醉，吟诗作赋，写下了《游鱼绛山记》《郴江百韵》《郴州集古》《北湖集句》等大量的诗文。长诗《郴江百韵》共百行千字，可谓雄奇瑰丽，气势磅礴。他的诗一方面记载了风土名胜，具有较高的历史、民俗、人文地理学价值，另一方面借物抒情，表达了他对世事、时局及人生的感悟。尤其可贵的是，此时张舜民的官职虽不大，但却心系民间疾苦，勤于政事，崇廉反贪。他在《乡人言》中直斥不顾百姓生死的官吏："当官贵居事","念此不能为,何用居官尔!"这些振聋发聩的语言在千年后的今天仍然具有积极的现实意义。

为郴州文学带来辉煌的还有宋词大家秦观。作为"苏门四学士"之一的秦观本来是带着满腔的热忱和希望要为朝廷干一番事业,但在新旧两党的政治斗争中被一贬再贬。绍圣三年(1096)八月削秩徙郴州编管(谪偏远州郡,编入该地户籍管束),第二年再贬雷州编管。一再被贬对秦观的打击异常沉重,让他感到前途渺茫,生活没有希望,因此情绪异常低落。他创作了许多诗词,倾诉内心的痛苦。这一时期也成为他文学创作的丰收期,代表作大都是这个时候写的,其中最著名的就是《踏莎行·郴州旅舍》:"雾失楼台,月迷津渡。桃源望断无寻处。可堪孤馆闭春寒,杜鹃声里斜阳暮。驿寄梅花,鱼传尺素。砌成此恨无重数。郴江幸自绕郴山,为谁流下潇湘去。"词中抒发的看似是个人的不幸与悲怨,反映的却是中国古代文人的共同境遇:他们追求理想而不可得;不满现实却又无可奈何,只有在痛苦中转向内心世界寻求自我安慰。

苏轼深爱此词,闻秦观病逝后落泪,特抄录词于扇面,并作一跋语:"少游已矣!虽万人何赎?"书法家米芾读之有感,将秦词与苏跋一同书写。郴人得之,刻碑于郴州旅舍旁。南宋咸淳元年(1265),郴州知军邹恭"首访旧刻,把玩不止",命匠人转刻于苏仙岭半山崖壁之上。这就是"三绝碑""淮海词,东坡跋,元章书"的由来。它给郴州的山水注入了浓郁的文化血脉,成为郴州熠熠生辉的文化符号。

1960年3月,毛泽东在接见时任郴州地委书记时提到"三绝碑",并现场背诵《踏莎行》。1965年3月时任国务院副总理陶铸到郴州检查工作时,登苏仙岭"览秦少游词,感其遭遇之不幸,因益知生于社会主义时之有幸,乃反其意而作一阕"《踏莎行》:"翠滴田畴,绿漫溪渡,桃源今在寻常处。英雄便是活神仙,高歌唱出花千树。桥跃飞虹,渠飘练素。山川新意无重数。郴江北向莫辞劳,风光载得京华去!"这是一首富于时代特色、意气昂扬的好词。文化也在传承中积淀着深厚的底蕴,毛泽东、陶铸同样给郴州人民留下了一笔厚重的文化遗产!

明代旅行家、地理学家、文学家徐霞客也来到了郴州,在《徐霞客游记》里为郴州的山水写下了浓墨重彩的一笔。崇祯十年(1637)四月初三日,徐霞客从永州蓝山进入郴州临武,开始了他的郴州之行。先后经过今临武、宜章、北湖、苏仙、资兴、永兴等六县市区,前后11天,留下了8200余字的游记,真切记录了明末湘南山川地理、城郭村镇、风土人情、社会现状等多方面的情况,为后人研究明末郴州的社会、经济、文化留存了真实可信的文本资料。如《游龙洞记》描写的水中潜龙栩栩如生,《游苏仙岭记》让读者仿佛身临其境。

清代著名戏剧家杨恩寿(1835~1891年)四次到郴州,在郴生活时间较长,其《坦园日记》中之《郴游日记》一、二卷有大量咏郴颂郴的诗文,反映了清代郴州的社会生活状况。

文脉赓续放异彩。从民国到中华人民共和国成立后,郴州文坛群星荟萃,佳作迭出。既有从事各种文体创作的作家诗人,也有开展文学研究硕果累累的学者;既有在各种专业评奖中获得好评的作品,也有摘取茅盾文学奖桂冠的经典。且创作队伍日益壮大,作品质量愈加趋优,厚积薄发的文脉之泉处于井喷关口,对外的影响也越来越大。

法学家、诗人、书法家李木庵(1884~1959年),郴州桂阳县人。中华人民共和国成立后曾任中央人民政府司法部党组书记、副部长等职,是第一部《中华人民共和国宪法》和《法院工作组织法》三人起草小组的组长。延安时期担任陕甘宁边区政府高等法院代理院长,与朱德、徐特立等并称"延安十老"。主编《怀安诗刊》,写有《西北吟》《解放吟》《窑台诗话》等诗稿。著有《延安雅集》《延安新竹词》等诗篇。其诗作多收入《十老诗选》和《怀安诗社诗选》。

邓中夏是五四新文化运动的领导者、革命家,同时他也是文学家,诗文俱佳。他在革命运动中写了大量的诗文宣传革命真理,表达革命信念,是革命文学和理论的奠基者,其影响广泛而深远。主要文学著作有《孤鸾曲》《红色诗歌集》《邓中夏诗选摘》等。

胡云翼早年创作了小说、散文、戏剧作品《西泠桥畔》《爱与愁》《中秋月》《新婚的梦》等,后致力于古典文学研究,著有《宋诗研究》《唐诗研究》《新著中国文学史》《中国词史大纲》《唐宋诗词一百首》《宋词选》等大量著作,并被翻译到日本等国。其学术成就近年来益受学术界推崇。他的《宋词选》是流通最广、影响最大的宋词选本。

资兴女作家白薇与丁玲齐名。毛泽东亲切地称她为"我们湖南的女作家"。

被称为"国际诗人"的朱子奇（1920～2008年），郴州汝城县人。1937年到延安。曾任《抗大生活》责任编辑，中央军委直属政治部文艺室成员、剧团团长，参与创建山脉文学社、延安诗社等。参加全国首届文代会。任中国作家协会党组副书记、中外文学交流委员会主任、中国诗歌学会副会长等职。1937年开始发表作品。1949年参与筹办并参加中国作家协会。著有诗集《春鸟集》《春草集》《友谊集》《星球的希望》等，散文集《十二月的莫斯科》《和平胜利的信号》等，以及多部译著、译诗。由于他从中华人民共和国成立以来一直从事中外交流等国际活动，创作的诗歌也主要反映保卫世界和平以及亚非拉各国团结反帝运动的时代主题，加之诗文著译的卓越成就和深远影响，他被誉为"和平诗人""国际诗人"。"文革"后复出，1986年为国际和平年创作的系列长诗《和平交响诗》，"以丰富的联想，如火的激情，精深的哲理，唱出了中国人民对和平的热望，称颂了世界人民维护和平的意愿，有中国气派，又有强烈的时代感，在国内外反应强烈"[1]。他还创作了许多抒情诗，如广为传诵的《碧蓝碧蓝的宝石一样的海南岛呵》《漫步在天安门广场上》等。评论家、诗人纪鹏说："他辛勤笔耕，创作了大量反映我国革命斗争和国际风云变幻的诗歌以及一系列优美散文。他的作品，乐观、明快、充满激情，具有强烈的时代感和独特的艺术感染力，在我国读者中，产生了积极的广泛影响，并享有国际声誉。"[2] 他因此荣获国务院颁发的文学艺术突出贡献特殊奖、俄中友协颁发的"加强友谊50周年"奖章和证书等荣誉。

与朱子奇同乡又是同年的胡代炜（1920～2001年），诗人，文艺评论家。1938年参加革命工作，延安时期开始从事文艺创作，1940年，与萧三、公木、胡乔木、贺敬之、郭小川、艾青、朱子奇等成立"延安诗社"，组织出版《新诗歌》。曾兼任大型文学期刊《芙蓉》杂志主编。著有诗歌《儿子的歌》《苏维埃花园》，论文《对"边城"的印象与剖析》《正确地对待西方现代文艺》等。

---

[1] 纪鹏：《朱子奇和他的诗》，转引自《郴州当代文学评论选》，湘潭大学出版社，2015。
[2] 纪鹏：《朱子奇和他的诗》，转引自《郴州当代文学评论选》，湘潭大学出版社，2015。

20世纪50年代末到60年代，郴州安仁的农民作家李绿森（1938～2018年）创作的短篇小说风靡全国，著有短篇小说集《春雨》等。他的作品有浓郁的生活气息。他善于从平凡的生活现象中抓住本质的东西加以集中概括，肯定生活中的新事物，从而创造了许许多多动人的形象。因创作成绩突出，他被评为全国劳模，受到毛泽东、周恩来等领导人的接见和鼓励。另一位来自郴州鲤鱼江电厂的工人作家萧育轩（1937～2012年）于1964年在《人民文学》发表短篇小说《迎冰曲》轰动全国，当时著名作家、评论家都给予高度评价。随后萧育轩又创作了许多优秀作品，都是反映工人生活的。他善于塑造工人形象，将人物置身于历史的大背景下渲染，使作品大气、雄浑而富于穿透力，增加其意蕴的厚实度。郴州桂阳籍军旅诗人廖代谦（1929～2007年）1954年开始发表作品。他几十年笔耕不辍，以军队生活尤其是空军生活为题材，创作了大量的诗歌、报告文学，反映大西北的空军将士和科研人员拓荒垦边、建设现代化军队的英雄壮举。著有诗集《雪山云海》《飞天骑手》《不老的猎户星座》等。湖南宜章籍杨书案的历史小说成就斐然。杨书案1935年生于湖南省宜章县平和乡。曾任《芳草》月刊主编，武汉市作协副主席，湖北省作协副主席等。主要成就在儿童文学和历史小说，著有长篇历史小说《九月菊》《长安恨》《秦皇大帝》等多部。长篇历史小说《隋炀帝遗事》获全国报刊第二届连载小说佳作奖，《孔子》（英文版）获全国对外宣传优秀图书提名奖，《庄子》获台湾首届罗贯中历史小说奖。

新时期郴州文学最值得庆贺的事是收获了两个茅盾文学奖：古华的《芙蓉镇》荣获首届茅盾文学奖；将军作家萧克的《浴血罗霄》荣获第三届茅盾文学奖荣誉奖。他们都是郴州嘉禾县人。

古华，生于1942年，原名罗鸿玉。曾任中国作家协会理事，湖南省作协副主席。1962年开始发表作品，著有《快乐菩萨》《水酒湾纪事》《浮屠岭》等30余部作品，《爬满青藤的木屋》获1981年全国短篇小说奖。他的作品以描写湘南风情见长。"打开古华的小说，那种浓郁的生活气息和乡土风味，几乎是扑面而来。他就像一位惯于挑花绣朵的瑶家阿姐，善于从人民生活中抽引出浓淡相宜的五彩丝线，按照一个完整的艺术构思，把湘南明媚的山川景物，古朴的民情风俗，迷人的民间故事，同现实世界中那些富于传奇色彩和时代特征的历史事件、人物故事,巧妙地编织在一起,构成一幅幅雄浑和谐的生活图画,使作品呈现出一种南国山乡独有的清新、秀美、奇丽的色彩,充溢着山里人生活中那种纯朴、粗犷、幽默的情趣。"①《芙蓉镇》一经发表,就轰动了文坛。小说具有深刻的思想深度和巨大的生活容量,创造了一系列血肉丰满、个性鲜明、具有丰富社会内涵的典型人物。作者"把身份、地位、个性、气质绝然不同的人物,放置到共同的政治风暴中,观察和研究他们各自不同的反应,发掘尖锐的社会矛盾和人物关系在不同的人物内心激起的冲突和波澜,通过典型的情节和场面加以刻画,使人物个性跃然纸上"。②正因如此,小说具有巨大的思想震撼力和艺术冲击力,是难得的艺术精品。由谢晋导演的根据小说改编的电影《芙蓉镇》也获得中国电影"金鸡奖"等多项大奖。

古华的作品向世界打开了一扇窗,让更多的人了解郴州,了解湘南,了解这片蕴藉着深厚文化的土地。

萧克的《浴血罗霄》是根据亲身经历创作的,历经坎坷五十载才正式出版。这是一部真实再现红军生活的小说,具有浓烈的时代气息和真实的战争氛围描写。它不同于以往战争题材作品,使读者有一种全新的阅读体验。

在创作上卓有成就的还有嘉禾籍作家肖建国。肖建国从20世纪80年代就活跃在文坛,是"文学湘军"的重要成员。他的短篇小说《左撇子球王》,中篇小说《中王》《男性王》《上上王》,长篇小说《血坳》《闯荡都市》《野渡》等都是风靡一时、脍炙人口的佳作。无论在故乡还是在他乡,他的笔触始终离不开湘南这方水土,他的情感始终牵系着曾经的人和事。他作品中的风土人情、山水景象、语言韵味都烙上了湘南文化的深深印记。

具有全国影响的郴籍作家还有很多。桂阳籍陈秉安的《深圳的斯芬克思之谜》获全国1990~1991年优秀报告文学奖、广东省鲁迅文学奖;冯之的《乡里警察》获全国"曹禺剧本奖"和全国戏剧文学银奖;嘉禾籍彭嘉锡的长篇小说、永兴籍梁瑞郴的报告文学和散文影响广泛;从郴州走出去的龚笃

---

① 胡光凡:《写出色彩来 写出情调来——评古华小说创作的艺术特色》,转引自《郴州当代文学评论选》,湘潭大学出版社,2015。

② 雷达:《一卷当代农村的社会风俗画——略论〈芙蓉镇〉》,转引自《郴州当代文学评论选》,湘潭大学出版社,2015。

清小说创作成绩斐然;"森林诗人"袁伯霖(1940~2007年)作品被收入《文艺湘军百家文库·袁伯霖卷》;安仁籍谢宗玉的散文平易自然而又韵味十足,在"70后"作家中独树一帜;等等。

在文学评论领域,资兴籍文学理论家何国瑞的"生产论文艺学"理论体系是对我国文学理论的一大贡献;被誉为"南国红学家"的罗宪敏著有《〈红楼梦〉艺术论》等多部红学著作,其学术成果受全国同行称赞;资兴籍文学评论家朱日复论著被收入《文艺湘军百家文库·文艺评论方阵·朱日复卷》;永兴籍邓兴器的戏剧理论研究成果丰硕;永兴籍王朝垠的小说评论影响全国;安仁籍新锐文学评论家、诗人谭旭东著有多部文学理论著作,其中《童年再现与儿童文学重构:电子媒介时代的童年与儿童文学》2010年获第五届(2007~2009)鲁迅文学奖;等等。

三 昆曲兰花别一枝

郴州的戏曲、舞蹈艺术资源丰富,品种多样。由于郴州特殊的地理位置,商贾云集,贸易繁荣,明清以来,郴州的戏班就较多,演出十分频繁。据清道光年间在郴州做幕僚的戏剧家杨恩寿《坦园日记》记载,郴州城内的戏班子有很多,他每天都去不同的戏班看戏。郴州人爱戏有名。康熙时客居郴州的刘献廷记载,有一位郴州朋友请客吃饭,客人到齐了,饭菜也上了,自己却说有急事不能来,让客人先吃。客人吃完后,却在戏台下见这位朋友正如痴如醉的看戏。刘献廷说:"优人如鬼,村歌如哭,衣服如乞儿之破絮,科诨如泼妇之骂街,犹有人焉,冲寒久立以观之。"可见郴州人多么爱看戏!桂阳县至今还有保存基本完整的古戏台310多座也可证明。

郴州的戏种很多,有昆剧、湘剧、祁剧、花鼓戏、傩戏等。

昆剧也叫昆曲、昆腔,是中国最古老的剧种之一,被誉为"百戏之祖"。原流行于江苏昆山、苏州一带,后随着商贸流徙或富商仕宦家庭昆班逐渐传向各地,明万历年之前昆曲已传入郴州。何孟春辞官返乡曾带回昆曲班。昆曲唱腔华丽婉转、念白儒雅、表演细腻、舞蹈飘逸,曲文有唐诗、宋词、元曲的韵味,曲牌有许多与宋词元曲相同,具有极高的文学艺术价值。2001年被联合国教科文组织列入第一批"人类口述和非物质遗产代表作"名录。

2005年被列入我国第一批国家级非物质文化遗产。

郴州的昆剧经艺人们改造，用湘南官话道白，吸收祁剧、衡阳湘剧音乐的特点，又糅合郴阳小调、嘉禾民歌的精华，伴奏以曲笛为主，创制了自己的怀鼓，武戏伴以大锣大鼓，文戏伴以小锣，从而形成具有明显的湘南地方特色的戏剧。据此，表演艺术家梅兰芳先生将之命名为"湘昆"。萧克将军写诗称赞："昆曲兰花艳，湘昆别一枝"。

从20世纪50年代以来，湘昆发掘、整理、创作了100多出剧目，主要有《浣纱记》《连环记》《白兔记》《渔家乐》《牡丹亭》《桃花扇》《单刀会》《逼上梁山》《武松杀嫂》《八仙过海》《醉打》《雾失楼台》等。不少的剧本和演出及演员获得过全国性大奖，如《荆钗记》获首届中国昆剧艺术节优秀展演奖、第七届曹禺戏剧奖；《雾失楼台》获全国昆剧新剧目观摩演出优秀奖；《白兔记》被文化部评为全国昆剧优秀剧目。有三位演员获得过梅花奖。湘昆还多次赴国外演出交流，展示、宣传中华优秀传统文化。

图6-1　昆曲《牡丹亭》剧照

衡阳湘剧是郴州的另一朵艺术奇葩。昆曲传入衡阳、郴州后，与湘南的地方戏曲相结合，孕育出一个新的艺术剧种，它就是至今仍流行于衡阳、郴州一带的衡阳湘剧（特别要说明的是，通常说的"湘剧"是指长沙、湘潭一带的"长沙湘剧",与衡阳湘剧分属不同剧种)。

衡阳湘剧起源于明嘉靖年间,至清朝中叶逐渐形成为多声腔的剧种,以弹腔和高腔为主,以及受昆曲及郴州地方语言和民间音乐的影响而形成的较为独特的湘剧昆腔。舞台语言虽以衡州官话为基础,但又杂有苏州及郴州本地语音。行当有九个,即老生、正生、小生、大花、二花、三花、正旦、老旦、小旦,俗称九人头。正是因为衡阳湘剧在流传发展的过程中能融合昆曲及地方元素,才能拥有广泛的民众基础,在各地生根开花。20世纪50年代,在郴州永兴、桂阳、资兴、郴县等县都有湘剧团。演出剧目较多,据统计,衡阳湘剧连台本戏6个,整本戏113个,散折戏465个。昆腔散折戏《醉打山门》《打碑杀庙》《昭君出塞》,弹腔散折戏《辕门斩子》《张飞滚鼓》,高腔整本戏《置田庄》《衣带诏》等为代表性保留剧目。《侠代刺梁》《疯秀才断案》由中央新闻纪录电影制片厂搬上荧幕,在国内外产生良好反响。桂阳湘剧团谭贵昌1956年与衡阳湘剧团谭保成合作为中央领导演出《醉打山门》,得到高度赞扬,并受到周恩来等老一辈国家领导人的接见。2008年,桂阳湘剧被列为第二批国家级非物质文化遗产名录。

祁剧又称祁阳班子,因形成于祁阳而得名。清末称"楚南戏",中华人民共和国成立后,始称祁剧。2008年,祁剧入选第二批国家级非物质文化遗产名录。

祁剧源于弋阳腔,是明初传入祁阳后与地方艺术融合逐渐演变而成。唱腔有弹腔、高腔、昆腔三种。艺术特点为高亢、粗犷,带有浓郁的山野气息。祁剧的形成过程,也是创新发展的过程。弋阳腔随江西移民传至祁阳,与当地的民间艺术相结合,逐渐地方化,形成高腔;明朝万历年间,昆山腔风靡全国后,又吸收了昆腔和昆腔剧目;清康熙后,祁剧先后融会徽调、汉调和秦腔而形成弹腔(南北路)。这样逐渐发展成为一个以弹腔为主的多声腔剧种。明末清初,祁剧传入郴州。到20世纪50年代,临武、宜章、桂阳、汝城、郴县、嘉禾、资兴、永兴各县都有祁剧团,其中尤以临武为盛。据统计,1963年,临武有祁剧团170多个,几乎村村唱祁剧。临武祁剧大胆创新,把郴州官话运用到祁剧的念、唱之中;对传统的乐器进行改良,将战鼓与班鼓,大锣与虎音锣有机结合,用京胡、京二胡、三弦取代传统祁剧的板胡,从而形成以弹腔为主、节奏快、气氛热烈、唱腔高亢激越的演出特点。临武祁剧传统剧目的唱词和现代题材的唱词都有板有韵,体现出较高的文学价值,雅俗共赏，深受群众的喜爱。剧目取自历史题材、神话传说或现实生活，塑造性格鲜明的艺术典型，注重场景的布置，气氛的烘托，对观众有强烈的艺术感染力，社会教化价值明显。《山乡红梅》于 1973 年在湖南剧院演出，引起省城轰动，省广播电台录音并播出，湖南人民出版社改编成连环画出版；《董永重会七仙女》于 1981 年在湖南多地巡回演出 9 个多月，场场爆满，并由省广播电台录音播放。祁剧优秀剧目有《珍珠塔》《空城计》《孔明拜年》《李逵闹江》《贵妃醉酒》《疯僧扫秦》《唐羌罢贡》等。

花鼓戏由花灯、对子调、民间小调等演变而来。起初为"二小"戏（小旦、小丑），再演化为"三小"戏（小旦、小丑再加小生），进而变成"大本戏"（生、旦、净、末、丑），至清代后期成熟。

郴州范围的花鼓戏属于衡州派，各县盛行，尤其以安仁、永兴、资兴以及原郴县最盛。在演变发展的过程中，结合本地文化，吸收地方语言、音乐等元素，形成了具有浓厚湘南特色的剧种。如表演语言采用当地官话，通俗易懂；题材多反映老百姓的生活；音乐融合民歌和小调，粗犷、高亢，富于乡土韵味。安仁县的花鼓还根据当地语言的特点把部分曲牌进行改造，形成有自己特色的川调、四板调、服药调、阴魂调、下河调等，曲调优美、婉转。正因贴近生活，花鼓戏才深受群众喜爱，常演不衰。安仁花鼓戏现存传统和现代剧目有 400 余出，曲目有 230 多首（套）。2003 年参加全国第七届"映山红"民间戏剧节演出的《木乡长》《药都传奇》分获银奖和铜奖。永兴县排演的现代戏《乡里大亨》获 2005 年第八届"映山红"民间戏剧节多个奖项；《算不清的账》2011 年获全国第二届戏剧文化奖。资兴县排演的《苏凤记》在 20 世纪 80 年代就被湖南电视台录成节目播放。

傩戏俗称"跳神"，被称为中国戏剧活化石，是在民间祭祀仪式基础上吸取民间歌舞、戏剧而形成的一种戏曲形式。是历史、民俗、民间宗教和原始戏剧的综合体。"文革"以前，郴州各县都盛行傩祭傩舞，楚巫文化色彩浓厚。"文革"后仅存临武大冲乡傩戏。

傩戏以面具为艺术造型手段，内容多与宗教鬼神有关：通过神灵故事表演，表达对神灵的感怀与敬畏，增强对抗击灾难的信心和勇气，祈祷对亲人的佑护与农作物的丰收（祈福）。表演者分角色戴彩绘面具，俗称"脸子"。临武傩戏面具有三娘、土地、三郎、夜叉、来宝、关羽、狮子、猴王、小神等九副,都是用樟木雕刻并彩绘而成。现存剧目有《三娘寻夫》《过三关》《盘问土地》等。曲牌与锣经自成体系,"过山锣""游锣""一尺扣布""一杯酒""下南京"等,地方色彩鲜明。临武傩戏的特色在于,一是产生傩戏的大型傩祭(路祭)仪式"舞岳傩神"保存完整;二是音乐原始而丰富,唢呐、大鼓小鼓、铜锣、钵等齐奏;三是表演载歌载舞,演员均为男性,一唱众和,场外男声帮腔;四是面具未镂空,表演时戴在额头之上。2014年临武傩戏被列入第四批国家级非物质文化遗产保护名录。

郴州民间较为活跃的戏曲还有郴桂北路戏、皮影戏、花灯戏、木偶戏等。舞蹈有龙舞、伴嫁舞、长鼓舞、花棍舞等。仅龙舞就有稻草龙、布龙、板凳龙、竹龙等的区别,技法上更是环节多样,套路迭出,丰富多彩。

四 民歌小调咏不尽

中国音乐家协会原主席吕骥高度评价嘉禾伴嫁歌:"北有兰花花,南有伴嫁歌。"嘉禾伴嫁歌是以反映妇女婚嫁习俗为主要内容的艺术珍品。《嘉禾县图志》记载:"凡女将嫁前数月,不逾阃,深闭畏人,谓之宁乐娘。俗语无正字,不知所解也。将嫁旬日,见亲人必哭,妆嫁者至哭,花轿至哭,声嘶,女伴代哭。前夕,女伴相聚守,谓之伴嫁。或两两成队,各举一小磁盘,对歌而跳,谓之把盏。将旦,唱鸡鸣歌。乐伶吹喇叭,转轿向,谓之转轿。"伴嫁时,"婚姻女戚咸集,夜歌达旦。"唱伴嫁歌、跳伴嫁舞的习俗在嘉禾沿袭至今。凡嫁女的人家,一般要连唱两晚伴嫁歌。第一晚唱短歌,只唱耍歌,半夜即散,叫伴小嫁;第二晚上半夜唱"耍歌",下半夜唱"长歌",直唱到次日天亮,叫伴大嫁。随后就是伴嫁舞。有把盏舞、划船舞、推磨舞、挑水舞、娘喊女回舞等十几种舞蹈。歌堂中的茶具、酒具等一应生活用品皆可成为舞者顺手拿来的道具,将歌堂氛围推向高潮。

嘉禾伴嫁歌的代表作《半升绿豆》唱道:"半升绿豆选豆种,我娘养女不择家。妈妈呀,害了我。千家万家都不嫁,偏嫁给财主做三房。妈妈呀,害了我。嫁鸡随鸡,嫁狗随狗,嫁根木头背起走。妈妈呀,害了我。是谁订出恶规矩,吃人不把骨头吐!"《十八满姑三岁郎》唱道:"十八满姑三岁郎,夜夜抱郎上牙床。半夜三更寻奶吃,我是你妻不是娘……"《少来守寡时时难》唱道："蜡树叶子四季青，时时刻刻有忧心。老来守寡也不易，少来守寡时时难。儿哭哪个哄？女哭哪个拦……"伴嫁哭嫁，不仅是离情别绪的自然倾泻，更多的是对封建婚姻制度的抗争和控诉。伴嫁歌反映出来的感情极为复杂，有怨悱，有愤怒，有抗争，有疑虑，也有欢乐吉庆。

图6-2　嘉禾伴嫁歌场景

　　嘉禾伴嫁歌具有鲜明的地域特色，其音乐旋律婉约、柔美；曲调结构灵活多变，并广泛应用衬词衬腔，节拍交替自由，调式变化巧妙；演唱中用当地方言土语，乡土气息浓郁；演唱形式多样；演唱程式完整。纵观伴嫁歌，似乎就是一出反映妇女婚嫁的民俗抒情歌舞剧。现存歌曲1300多首。

　　嘉禾伴嫁歌的文学、音乐、舞蹈都具有很高的艺术价值，是研究人类学、民俗学、社会学的活标本，受到谭盾、王佑贵、白诚仁、杨天解、葛炎、李耀东等专家学者的推崇，并被选入多种教材；有50多首作品被收入《中国民歌》《中国歌谣集成》等专辑中；一些歌唱家如张也、吴碧霞等也将之搬上舞台和荧屏；电影《芙蓉镇》《山道弯弯》都采用了嘉禾伴嫁歌旋律；中央电视台等媒体还摄制了《嘉禾恋歌》《嘉禾伴嫁》《梦牵故乡》《悠悠嘉禾伴嫁歌》等电视专题片播出。2006年嘉禾伴嫁歌被列入第一批湖南省非物质文化遗产保护名录。

　　临武花灯小调是较有代表性的曲艺之一。它是由本地山歌发展而来，内容多为表现爱情。其特点是音乐和谐优美，曲调细腻动听，节奏鲜明悦耳，旋律简洁流畅，演唱技艺丰富，剧情生动感人。它将民间打击乐与地方小调唱腔结合，使音乐气氛得到烘托，人物情绪得到渲染，形成了文场颇类花鼓、武场近似祁剧的特色。

临武花灯小调剧目多源于民间故事，流传至今的还有120多个，大型剧目如《下洛阳》《双状元》《孝媳妇赵五娘》《袁姑春碓》等都是深受群众欢迎的保留节目。小调曲目有200多首，有欢快流畅型的，有优美抒情型的，有诙谐风趣型的，有悲哀伤感型的。演唱形式多样，单口唱、对子调、骑竹马、踩高跷、蚌壳舞、渔鼓调等；演员可多可少，团队机制灵活轻巧。

临武花灯小调具有很高的艺术价值。其曲调流畅、细腻，旋律变化丰富，装饰性强，乐句之间衔接自然；演唱有乐器伴奏，并有前奏过门、间奏、尾声等调式，艺术感染力极强。表演中丑角动作夸张，道白风趣；小旦化妆漂亮，泼辣开朗；小生风流洒脱，唱念动听。灵活运用扇子、手巾等道具来表现人物，十分生动传神。

临武花灯小调曾在周边县及广东连州等地广为流传。1956年《冯海盗花》参加湖南省首届农村业余文艺会演，获得剧本奖、演出奖、音乐伴奏奖等多个奖项。中央民族音乐舞蹈学院要求专场演出并录像作为教学片，湖南人民出版社出版了剧本。2016年，临武花灯小调被列入湖南省第四批非物质文化遗产保护名录。

与临武花灯小调同时被列入非遗名录的还有郴阳对子调。这是一种从清朝年间就盛行于郴县和桂阳交界处的民间艺术，起源于田间歌舞，在桂阳叫花灯调，郴县叫草台小调。郴阳对子调剧本人物少，由一旦一丑唱对子调，情节简单；唱词和道白多用本地方言，通俗易懂；题材源于日常生活中的生产劳动、爱情生活及各种社会现象，属于小喜剧内容。传统剧目有《扯笋》《王大娘补缸》《夫妻宝》《整马桶》《锦罗衣》等。新编、改编剧目有《桐子缘》《三伢子接妹》《能干嫂和铁算盘》《黄金搭档》等。郴阳对子调的音乐多为地方小调，同时也大量运用民歌小调为戏中的唱腔，乡土味浓，具有鲜明的湘南地域特色，如《渔鼓调》《巧梳妆》《调情调》《哭娘歌》《神腔》《悲调》等。表演动作活泼风趣，以旦舞手巾，丑耍纸扇、走矮步围着旦角转，粗犷、诙谐、有趣，富于生活气息和泥土味。乐器常用二胡、竹笛、唢呐、小堂鼓、小钹、小锣、花鼓筒等。整个表演载歌载舞，是典型的歌舞型表演。它受外来文化的影响小，故至今仍保留着对子调的原始艺术形式。

此外，郴州的畲族、瑶族民间文学璀璨夺目，包括歌谣、故事等。尤其是畲族、瑶族山歌独树一帜，是民族特有的娱乐方式之一。人们在劳作间隙，放下锄头随口就能唱出心中的歌。如畲族的《砍柴歌》《倒苑竹子节节空》《茶子打花白盈盈》等都富于生活情趣，其特点就是自由唱，无固定的谱和词，歌词根据日常生活和劳动情景随时唱出。瑶族歌谣往往高亢、阔大、优美动听，代表作品如《盘王歌》《长鼓歌》，歌词简练，朴实生动，富有艺术感染力。这些歌谣是畲族、瑶族文化中最具有代表性的部分，在全国民族文学发展史上占有十分突出的地位。

五　百花争艳满园香

郴州的其他艺术如绘画、雕塑、剪纸以及拼布、编织等手工技艺同样有令人称奇的表现，足以与其他艺术争奇斗艳。

民国著名画家王兰（1898～1949年），郴县（今北湖区华塘镇三合村）人。他在创作上深受岭南画派创始人高剑父影响，中国画、西洋画均有造诣。1928年参加上海美术界中日、中美美术对抗赛，他创作的《百蝶图》夺得特等奖，一时声名鹊起，约画者排队相求。他成立香祖书画社，组织100多位当时知名的书画家开展书画研讨。他潜心作画，以《百蝶图》《兰花图》《十二老虎》《木兰从军》等花卉、动物、人物画享誉画坛，赢得了"海派画家"的称号。他出版了《香祖书画册》等多本书画集。据说他的画当时价格不低于齐白石。后来到各地举行画展，亲眼看见战乱下百姓的生活惨状，对他心灵产生了强烈的震撼，由此他的画风及主题发生变化，题材趋于现实。他把西洋画的写实技巧与传统的中国工笔有机地融合，在情景交融中抒情写意。其主题大多关注社会现实、关注民众疾苦，富于时代感。1935年创作的《乱世行乞图》就反映了他对社会现实的愤慨之情，也是他年少时的生活写照。

1937年"八一三"淞沪抗战爆发，王兰带着珍藏的名家字画到南方各大城市举办募捐画展，为抗战筹款。他将募集来的巨额款项全部捐给政府用于抗日，在全国引起极大反响，时任财政部部长宋子文亲自为他授旗嘉奖。1940年前后，王兰返乡办学，开办了土坡洞（今华塘镇三合村）小学，并免费或垫资招收贫困家庭的孩子读书。抗战胜利后，王兰与人合资，在郴州河街创办了香祖中学。1949年9月23日，王兰去世。①

周轻鼎是我国动物瓷雕的奠基者。幼年受母亲影响，喜欢玩"啄鸡婆糕"、用黄胶泥捏各种动物，又受教父亲开始临摹山水花鸟画。中华人民共和国成立后专注于瓷塑动物，他又巧妙地将物形与色釉融合，别有一番情趣。注重于动静不同之时观取动物天性，表现手法自然流畅，一气呵成。所作动物生动自然，神气毕现，饶有情趣。其风格像中国写意画一般，妙在"似与不似之间"。总之，他创作的动物雕塑天趣盎然、形神兼具、充满生命的活力，透出生动的情感和诗意，被人们誉为"东方神雕"。美术大师刘海粟称赞说："周轻鼎的动物瓷塑是具有国际水平的。"

当代著名画家、陶艺家周国桢，郴州安仁县人。幼年家贫，酷爱艺术，20岁考取中央美院雕塑系，曾两次参加世界青年联欢节美展，初露艺术才华。后受教于周轻鼎动物写生技巧，开始创造独具特色的瓷塑"动物世界"。他打破陈旧的形色二次相成的表现手法，挖掘出高温色釉新生命，创建了全新瓷雕语汇，形成了独特的个人风格。早期作品概括、夸张、幽默，有雅拙之美；后期作品古朴、沉雄、大巧，有古拙之力，引导了中国现代陶艺的新潮流。

与传统陶瓷雕塑对照，周国桢的动物雕塑一帜独树，特点鲜明。周国桢的动物形象给人以亲切感，无论是傲慢的小公鸡、机灵的猕猴、悠闲的天鹅，还是勇猛、健壮的野牛、狮、虎等，他都将之人格化，赋予雕塑以情感、意愿，寄寓生活的意义。他的动物雕塑形神毕现、生意盎然，动态舒展自如，凝固在一瞬间。王朝闻称赞"周国桢在艺术风格上拙中见巧，形象耐看，越看越美，构思巧妙……仿佛自然而然记录其所见……"中国美术家协会副主席蔡若虹称"周国桢的陶瓷艺术是形神兼备的最好榜样"；联合国计划开发署陶艺顾问李茂宗称其为"现代陶艺创作先锋"。

郴州盛产稻米，以米为原料的各种小吃、糕点等手工产品十分丰富。人们追求美好生活中，不仅是吃好、穿好，还要提高生活质量，拥有诗意人生、艺术人生，因此吃也讲究艺术性。安仁元宵米塑就是其中一种。

---

① 参见刘专可《风霜阁尽丹青泪——记民国郴籍著名画家、教育家王兰先生》，郴州网，2013年2月18日。

安仁元宵米塑，俗称"琢鸡婆糕"，是当地人的传统食品，更是工艺美术品。2012 年，元宵米塑被列入第三批湖南省非物质文化遗产保护名录。

每年元宵节期间，安仁县家家户户都要做米塑。这种风俗源于祭祀神农。据《安仁县志》记载："正月十五日元宵节，俗称'正月半'，是日，家家兴吃元宵，用米粉'琢鸡婆'（将米粉特殊加工后，塑成各式各样的禽兽）供'三宝老爷'，以祈六畜兴旺。"久而久之便形成一种文化习俗，并由单一用来祭祀的物品变成孩子娱乐、饮食的美味小吃。甚至结婚嫁女、做寿、满月等都要做米塑作为礼品赠送亲邻好友以示庆贺。这一习俗还影响到周边县市。

安仁元宵米塑具有丰厚的文化内涵。制作米塑时首先要捏一个鸡婆和一盘小鸡，寓意"鸡婆带崽"，越来越多。然后再捏各种动植物，其寓意都很美好，如吉祥（鸡羊）如意、金玉（鱼）满堂、鸳鸯戏水、连（莲）生贵子等。安仁元宵米塑不仅是一种艺术，更是一种情感，反映了人们对美好生活的向往和对至善至美的追求，具有极高的艺术价值、历史价值、文化价值和民俗学价值。它孕育了安仁一代代艺术家，动物雕塑艺术家周轻鼎和陶艺大师周国桢、画家东方人就是典型的代表，他们都谈到自己的艺术启蒙源于少时与父母亲学琢鸡婆糕。元宵米塑不愧是安仁民间艺术中的一颗璀璨的明珠，是人类文明的宝贵财富。

图6-3 安仁米塑

在郴州还有很多这样的民间手工技艺，如湘南木雕、拼布绣、临武龙须草席编织、剪纸、竹雕、永兴银雕等，它们在不同时期都曾获得过骄人的荣誉，体现了郴州人的才华与智慧。

(本章撰稿：李国春)

第七章 异彩纷呈的科技教育

第七章 异彩纷呈的科技教育

郴州虽然地处偏僻之地，但无"寸土不丽"，自古以来人民生生不息，在几千年的生活生产实践中创造了丰富的科技教育文化，为湖湘文化的辉煌增添了光彩夺目的一页。

早在春秋战国时期，郴州就开始有了乡学；西汉初年，桂阳郡守卫飒在桂阳"设庠序、教民习礼"，开始了官办学校的最早历史。郴州教育的兴起在隋唐，隋唐开始实行科举制度，郴州的学校和书院教育得到了发展。宋代，郴州教育开始兴盛。这一时期，著名理学家周敦颐在郴州为官，兴建学校、收授门徒、开院讲学、传播理学道宗，对郴州文化教育影响极大。明朝，郴州教育发展达到了高峰，出现了一大批影响时政的人才。清初，永兴学子曾静因上书反清，遭受文字狱，之后，郴州学子为官致仕者渐少。清光绪年间，郴州知州曾庆薄、学正谢宝圭创立了郴州高等小学堂，开启了郴州新学之始，郴州教育开始进入新的历史时期。

郴州地处五岭北麓，自然资源丰富，郴州先民在认识大自然、挖掘和利用自然资源的劳动中，创造了丰富的科学技术。相传，炎帝在汝城的耒山耒水发明了耒耜，教人耕种。汉武帝时，郡内已能采铜铁。东汉时郡人蔡伦发明了造纸术。从唐代开始，由于郴州冶炼技术领先，开始置炉为朝廷铸造钱币。明代郴州人何孟春的《河图洛书解》《群方续抄》等，具有很高的科学价值。清光绪年间，郴州出现了半机械化的工矿企业。民国时期，出现了黄士衡、李毓尧、胡云翼等闻名全国的教育家。中华人民共和国成立后，科学技术突飞猛进，一批科学技术的发明和发现成果先后获得国家级奖励，得到了科学界的肯定。改革开放以来，郴州建立科学技术管理机构,高度重视科学发展,研发了不少具有科技含量的郴州品牌,取得了丰硕的科研成果。

一　教育传统源流长

　　有人类的地方就有教育。在文字产生之前,原始教育只有口耳相教、代代相传,教育的内容主要是生产生活中的基本经验。现代考古发现,早在旧石器时代,郴州就有先民在此繁衍生息。桂阳上龙泉古人类遗址、郴县高山背古墓群、汝城文明楼文物都证明先民们很早就学会了用火和磨制石器刀具等,并且代代沿袭,产生了最早的原始教育。部落联盟时期,炎帝在郴州汝城耒山耒水制作耒耜,教人耕种;在安仁尝百草,制药典,教民众医药等,他教化郴州先民进入了农耕文明时代。神农氏炎帝在郴州的故事家喻户晓,郴州各地至今仍然保存了不少神农庙、神农殿以及祭祀神农氏的民风民俗。夏商周时期,以黄帝为核心的华夏族在北方平原地区发展,特别是文字的发明产生,加快了文明发展进程,中原文化逐渐崛起并影响和辐射到周边。当时的湖南地处偏远,远离中原政治文化中心,被称为三苗、蛮越、荆蛮等,文化发展相对缓慢。

　　春秋战国时期,中原地区士阶层产生,思想上"百家争鸣"。一些没落的贵族和士人(自由人)开始授徒讲学,开设学校,把文化教育延伸到民间。孔子就是其中产生的伟大教育家。孔子曾游历楚国,但楚人并不认同接受他的思想主张,所以他的教育思想也没有在湖湘地区产生较大的影响。郴州地处边陲,山高路远,温热裨湿,先民多处于原始蒙昧生活状态,文化教育比较落后。

　　秦统一中国后,实行郡县制,置郴县。西汉时期,郴州设桂阳郡,郡治郴县。西汉武帝时期,独尊儒术,设太学,置五经博士,专门培养儒士,为统治阶级提供人才。但当时的文字和文化大都掌握在上层社会,官学和太学也只是教育贵族和皇族子弟,一般的老百姓没有接受教育的权利和条件,所谓"学在官府"。郴州教育最早有文字记载的在东汉。《后汉书·卫飒列传》记载:东汉光武年间,桂阳太守卫飒"修庠序之教,设婚姻之礼",这也是整个湖南最早的建学校、办教育的文字记载。卫飒,字子产,河南修武人。

公元 26 年，他由襄城令升任桂阳太守。他在任上 10 年，为桂阳郡人民做了许多有益的事情。当时的桂阳郡地广人稀、资源丰富，但民风彪悍、不知礼数，所以卫飒希望通过办学校、兴教育来改变民风、教化民众。卫飒当年办学的地方，后来建成石林书院。书院创建于南宋时期（1178），为时任桂阳知军徐大观所建，这里环境优美，静谧清雅，培养了不少桂阳郡学子。元代，石林书院进入了巅峰时期，一大批名儒（如娄文辅、熊瑱、欧阳贞孙、谢一鲁）出任书院山长，促使书院成为元代享誉湖湘的著名书院。明朝末年，书院毁于战乱。

三国两晋南北朝时期，中国四分五裂，北方战乱频仍，官学荒废，中原人口大量南移，给郴州带来了先进的生产方式和思想理念，融合了本地生活习俗，为郴州的教育发展创造了客观条件。隋唐，州县普遍设立官学，并开始实行科举制度，为朝廷选拔治国理政人才，一定程度刺激了学校教育发展。"唐宋八大家"之首的韩愈，因为反对迎佛骨，而遭贬官。他几度经过郴州，在此停留，与郴州的官员名士品茶饮酒、吟诗作词，影响和带动了郴州文风和学风。这时期郴州的书院教育和私学开始发达。据资料记载：全唐时期（包括五代），湖南进士 31 名，郴州 8 名，占湖南的四分之一，其中，资兴王吉显为状元，刘瞻、宋申锡为宰相，凸显了郴州教育的发展风貌。刘瞻，公元 874 年中进士，累官至同平章事，加中书侍郎，兼刑部尚书，集贤殿大学士。他为官刚正，切直敢谏，清廉不阿，是典型的一代名相。他父亲刘景是进士，儿子刘赞祖是进士，后授崇政院学士，他一家三代皆为进士，被传为教育佳话。

五代时期，郴州开始设立学宫。学宫是典型的官学，是官府重视地方教育的重要体现。继郴州学宫、桂阳学宫之后，永兴、汝城、临武、嘉禾等地相继建立文庙和学宫，促进了地方教育发展。

郴州学宫建于郴州城东隅（文庙、孔庙）内。南宋乾道四年（1168），迁于城西义帝祠前，著名学者张栻作有《郴州迁建学记》。元明清时，学宫曾多次修建。至 1895 年，郴州学宫先后修建 8 次。重建的学宫正殿为大成殿，绿瓦红墙，雕梁画栋，宏敞轩昂，金碧辉煌，其规模之雄伟，可与省城学宫相比。康熙御书的"万世师表"、雍正御书的"生民未有"、乾隆御书的"与天地参"等金字题额，悬于殿上。殿左明伦堂为生员听课受训的课堂，殿右学正署、训导署称儒学衙门，为学官传习所。郴州学宫清末改为小学，日军入侵时，学宫被日本飞机炸毁。

桂阳监学宫位于桂阳城东，宋高宗时，学者胡寅作《桂阳监学记》；南宋乾道时重建，张栻作有《桂阳军修学记》。从后晋至清，桂阳学宫屡屡重修，屡迁屡建。其中，清顺治至同治231年间，共修建13次。学宫中有大成殿、明伦堂、学正署、训导署。清朝末年，逐渐荒废。郴州、桂阳两处学宫都是宋元明清时期郴州文化中心，是郴州学人士子的重要学习场所，一直延续到近代，新学兴办才废弃。

宋开始，郴州教育兴旺，人才辈出。据《湖南通志》记载，宋朝郴、桂共取士121名，占全省的12.9%；元朝取16名，占全省的11.2%；明朝取61名，占全省的10.9%。主要原因如下。一是宋王朝重用文人，所以特别重视文化教育，制定了一系列促进教育发展的措施。宋代郴州各地普遍设立学校，形成州、县、乡、社层层有学校的格局，同时朝廷规定科举人才必须从学校选拔，学校教育得到官民的重视。二是宋朝设置学官，任命学运司官员专门负责教育。县设小学，置教授。三是拨给学田，朝廷曾诏谕："州给学田为学粮"。四是周敦颐在郴州讲学，传播理学，影响郴州的文风和学风。宋代郴州义学兴起，私学发达，书院繁荣。《湖南省教育志》记载：临武县义学，校址在县五乡，为宋理宗淳祐年间县令胡纯所建，宋雷应春撰写的《义学田记》对胡纯办义学和乡学给以高度评价。《湖南通志》记载：宋设立书院14所，元朝1所，明朝17所，清45所。郴州现在保存年代较早的书院是资兴胡观澜书院，最负盛名的是汝城的濂溪书院，人气最旺、办学时间较久的是郴州城东的东山书院。此外还有桂阳的鉴湖书院、宜章的养正书院比较闻名。

濂溪书院

濂溪书院在汝城县城西，依山而建，气势雄伟，古色古香，闻名全国，它曾是理学宗师周敦颐讲学的地方。周敦颐是理学鼻祖和湖湘文化的重要源头之一。清末学者王闿运自诩：吾道南来，原是濂溪一脉；大江东去，无非湘水余波。濂溪书院始建于宋宁宗嘉定十三年（1220），是汝城人民为纪念周敦颐而建，距今已有八百年历史，目前被列为省级文物保护单位。濂溪书院为四合院砖木回廊结构，布局合理，错落有致。整个书院前临秀溪，后倚青山，松涛白云，流水锵然。书院自创办以来，人文蔚起，声名远播，濂溪遗韵历久弥光，历代名师在此传道授业，一大批经天纬地之才脱颖而出。明代两广总督、太子太保朱英，江西福建布政使范辂，清代著名诗人郭远，以及开国上将朱良才、李涛，中国作家协会原党组副书记朱子奇等均在此求学立志，迈向辉煌人生。濂溪书院在中国书院史、教育史、哲学史上有着不容忽视的重要地位，在理学发展史上更处于其他书院无法比拟的核心、灵魂和渊源的显赫位置。郴州濂溪书院共有四处，后来都成为郴州文人学子读书学道的地方，是古代郴州教育发达和走向繁盛的标志。

图7-1 汝城濂溪书院

东山书院

东山书院位于郴州城关东山，郴州古八景之一"东山一览"之处。书院建于清乾隆三十六年（1771），知州都世喜在唐宰相刘瞻读书堂旧址建造，1776年完工。占地约6亩，院房4栋42间，置有学田。1820年郴州白莲书院废，学田转至东山书院，学院规模渐大。东山书院建立以来，名师宦达皆来讲学，培养了不少的科举人才。嘉庆十年（1805）任桂阳州学正陈昭谋御官回乡，出任东山书院山长。他主持书院十年，建树颇多，生徒日众，郴州文风学风为之一振。后来其子陈振玉继任山长，郴州能文之士多出其门下。光绪三十一年（1905）废科举，书院停办。1933年，因建郴州联合初级中学而拆毁。

鉴湖书院

鉴湖书院兴建于清咸丰十年（1860），位于桂阳春陵江畔青云山下。书院建筑结构形似孔庙，占地30亩，房60余间。有东、西两门，东门曰贤关，西门曰圣域。大门进至正门，有清朝名臣陈士杰手书"鉴湖书院"匾额。大成殿有孔子牌位，是祭祀孔子的地方。书院建立后，四方学子都来此求学，除桂阳学子外，还有嘉禾、临武、蓝山、常宁的学子慕名而来，莘莘学子，读经诵书，人才辈出。清朝名臣陈士杰曾就读于此，开国大将萧克也曾在此求学。1909年，书院改为鉴湖高等小学。中华人民共和国成立后，改为桂阳三中。以后又改为余田农中、鉴湖高中。1982年，改成余田初中，1995年停止办学。鉴湖书院是郴州书院中保存最完好的书院。

明朝郴州教育继续保持良好的发展势头，达到了古代郴州教育史上的高峰。明代，郴州县、乡学校普及，书院、私学遍及乡村，并且通过科举，涌现出一批影响时局的人才俊杰。据资料记载：明代郴州科举人才兴旺，有进士62人。永兴县曾璲一门四进士。郴县何孟春一家五代进士，是典型的科举世家。著名的还有宜章的邝琳、邓庠，汝城的朱英、曾鉴、范辂、范永鉴，郴州的何孟春、崔岩、袁子让，临武的刘尧诲、曾朝节，桂阳的李思聪，等等。他们中后来成为朝廷要员或地方封疆大吏，在政治、经济、军事、外交上发挥着各自的作用，光耀历史。

清朝以来，为了控制汉人的反清思想，清朝多次兴文字狱，并且禁止书院讲学，把书院改成义学，郴州教育受此影响较大。从清朝入关到雍正近百年，郴州只有书院4家，科举进士寥寥无几。直到乾隆年间，由于统治阶级思想的转变，书院和私学义学教育才稍有进步。这期间，有3件事、3个人值得一书。

喻国人讲学轰动京城。喻国人以发扬儒学为己任，博览群书，穷极理要，纠正程朱的错误，辨析百家的优劣。曾设同仁书院讲学（现喻家寨），因他独有自得，识见新异，求学者甚众，远近学者无不尊奉。清康熙十三年（1674），喻国人北上，后留居北京，以授徒自给。因博学、善讲学，被称为"湖南宿儒""儒宗"，一时蜚声京城。武英殿大学士兼刑部尚书熊赐履极称之，二人以"语多契合引为知己"。他一生著述颇丰，经、史、子、集共35种。喻国人去世后，湖南学政潘宗洛亲赴郴州搜集其遗稿，辑成《喻春山文集》行世。

曾静上书反清遭文字狱。曾静，号蒲潭，清雍正时期永兴县人。因家境贫寒，乡试落第，深感世道艰难，故愤懑穷居，授徒为业，立志反清复明。他在浙江吕留良反清思想影响下，痛感清朝之腐败，体贴人民之疾苦，写成《知几录》《知新录》等书，表达强烈的"望世变革"的思想。雍正六年（1728）秋，曾静听说川陕总督岳钟琪是岳飞的后裔，不为朝廷所信任，拟书指责当朝。曾静遂认为时机成熟，派张熙入陕传书，劝岳起兵反清。不料被岳钟琪告发，曾静、张熙同时被拘下狱。审讯中，曾静供认不讳，转而反悔自己的反清行为，吹捧清王朝，谴责吕留良，并写《归仁说》。曾静又针对吕留良、严鸿逵和自己的反清观点，向雍正帝书写上谕，陈述清朝统治的合法性，汇编成《大义觉迷录》，教育百姓。后曾静、张熙得到宽释，吕留良一家和相关的文士却惨遭杀害，牵连上千人，形成文字狱。乾隆元年（1736），乾隆帝重审此案，发现《大义觉迷录》无形中起了反清的作用，于是，便以"泄臣民公愤"为由，将曾静、张熙处死，并严令收回《大义觉迷录》。此后，郴桂学子多不被朝廷重用。

欧阳厚均掌门岳麓书院。欧阳厚均是清中期著名学者、教育家。自清嘉庆二十三年起至道光二十四年止，他任岳麓书院山长，掌教达27年之久，是清代岳麓书院最著名的山长之一。欧阳厚均省亲家居之时，见善必倡，曾不吝重资修建文庙、文塔，并担任嘉庆《安仁县志》总纂。他主张教学生有用之学，依天质情性自由发展，培养了大批人才。他的门生有的成为中国近代史上重要人物，如江忠源、曾国藩等。清道光二十年，鸦片战争爆发，为抵抗侵略者，他献金500两以作军费，学生为之感动。他在岳麓书院任职期间，先后获准"记录"8次，得旨"议叙"3次。欧阳厚均学识渊博，著述甚多。

清朝末年，国人放眼世界，争相创办新学。1895年，郴州创立州立高等小学，为郴州新学之始。1903年桂阳将龙潭书院改成中学堂，1904年北美基督教会在城东礼拜堂创办新华学校，并设幼稚园，1906年增设初中部。同年，郴州城将东山书院改成郴州中学堂，后来又改名六城联立中学。1908年郴州廪生陈九韶在陈家大屋创办郴州女子学校。郴州郡六城师范学校也开始创办。资兴瑶族人赵循阳1906年在碑记乡办蒙学馆招收瑶族子弟，1913年，开办三籍小学，被称为瑶族第一个教育家。这一时期，郴州办学风气盛行。

民国时期，教育受到重视，教师待遇有所提高，一批从海外回流的郴籍人才纷纷回来办学，传播新思想，出现了像黄士衡、李毓尧等一批知名的教育家。

黄士衡，号剑平，字体楷，郴县塘溪乡长冲村人。民国2年，留学美国，先入印第安纳州岛路普莱佐大学，后入依阿华大学、纽约哥伦比亚大学研究院，分别获文学学士、历史和政治学硕士学位。民国8年，被聘为纽约《民气报》主编，曾以"山东问题"撰文斥责陆荣廷卖国求荣，反对《兰辛石井协定》，谴责美国政府袒护日本侵占中国胶州。民国9年夏回国，历任湖南省商业专门学校经济系教授，四川成都高等师范学校文史系主任、教授，上海南方大学教授。湖南省政府赵恒惕取消湖南省制宪筹备处，成立自治根本法筹备处，聘请王正廷、黄士衡等13人为省宪起草委员会委员，制定《湖南省宪法草案》。民国15年初，湖南商专、工专、法专三校合并为湖南大学，黄士衡任湖南大学学院院长兼教授。民国16年，湖南省政府主席唐生智委任他为湖南省教育厅厅长。民国18年2月，何键主湘，任命他为湖南省政府委员兼教育厅厅长，在职3年，颇有建树。民国18年冬，国民党中央党部委任他为湖南省党部指导委员会委员，他三次电辞，坚不就职。民国二十一年，因在力争教育独立和任人唯才等问题上不容于当局，愤然辞职。民国25年，出任湖南大学校长，民国26年，当选国民大会代表，参加张治中组建的抗日军事参议会，为参议员。民国27年，国民政府委任他为内政部礼俗司司长，坚辞不就。民国28年，任湖南省第二届临时参议会参议员。抗战胜利后，回湖南大学任历史系教授。中华人民共和国成立后，作为特邀人民代表，出席湖南省人民代表大会，后被选为第二、三、五届省人民代表大会代表，第二届全国人民代表大会代表，曾任省人民政府委员、省政协二、三、四届委员会常委，民革湖南省委委员、常委等职。1959年，任湖南文史研究馆副馆长。1978年逝世。

李毓尧，字叔唐，桂阳县城郊乡牛巷口村人。民国九年，与李四光一道留学英国伦敦皇家学院，学习地质学和采矿、冶金专业。民国11年回国，任教于北京大学地质系。后返湘，任教于湖南大学，并任湖南省参议员。民国14年，任湖南地质调查所所长，与田琦合撰有《关于水口山地质结构和矿脉分布调查第一号报告》。民国17年参加国际地质学大会。回国后，任中央研究院地质研究所研究员。连年奔走于镇江、苏北皖南、赣北等地区进行考察，独自或与他人合作撰有《宁镇山脉地质》《扬子江下游震旦纪水碛层之发现》等论文十余篇。抗日战争初期，任湖南大学工学院院长兼地质系主任、国民政府资源委员会沅桃区采金处处长、锑业管理处处长等职。民国32年，任湖南大学校长。民国34年，任湖南省政府建设厅厅长。民国35年，任国民政府立法委员。中华人民共和国成立后，历任安徽省地质局工程师、合肥地质局局长、安徽省科学分院地质研究室主任、上海市政协委员等职。率青年地质工作者多次进入大别山地区调查，著有《合肥地质》《大别山第四纪冰川》《大别山东北部白垩纪探讨》等文稿，对中国地质学有所建树。1966年病逝。

中华人民共和国成立以后，百废待兴，文化教育迫在眉睫。郴州地方政府及时将民国时期的学校接收和改造，使之成为教育群众、提高群众文化水平、接受社会主义新思想的主阵地。"大跃进"时期、"文革"时期，郴州教育虽然受到影响，但还是在曲折中不断发展，最大的成绩是：新建了各级各类学校，扫除了近90万中青年"文盲"，使广大群众识字认字，有文化。《郴州教育史》记载：至1976年，全区中学猛增至1067所，在校学生达21.38万人；与1965年比较，普通中学增加990所，在校学生增加19.38万人。

改革开放以后，郴州教育迎来了发展的春天。1978年中共十一届三中全会后，党和政府把教育事业列为经济和社会发展的战略重点。郴州纠正教职工队伍中遗留的冤假错案4219件，落实知识分子政策，调动教师的积极性，并采取一系列措施落实教育拨乱反正。1978年恢复郴州师范专科学校，继而创办地区教师进修学院、湖南广播电视大学郴州地区分校、郴州卫生学校和郴州地区商业学校大专班。成人教育由过去的扫盲、业余文化教育为主，转向多渠道、多层次、多形式培训干部、职工、农民专业技术为主。1980年，恢复宜章师范，后迁资兴，改名东江师范。1984年，创办郴州地区职业幼儿师范学校，各县市先后建立教师进修学校，高等教育逐步兴起。

湘南学院

湘南学院是郴州唯一一所本科综合高校。学院经教育部批准，于2003年由原郴州师专、郴州医专、郴州教育学院、郴州师范合并组建的综合性普通公办本科高校，办学历史可追溯到1912年创建的湖南省第三女子师范学校。学校是"国家语言文字规范化示范校"、"湖南省文明高等学校"、"湖南省园林式单位"、"湖南省教育信息化创新示范校"、"湖南省普通高校转型发展试点高校"、"中国应用技术大学（学院）联盟"成员。学校分王仙、北湖两个校区办学，主校区（王仙校区）位于风景秀丽的王仙岭生态公园东麓。学校占地1542.16亩，总建筑面积69.86万平方米。现有49个本科专业，面向全国27个省、自治区、直辖市招生，现有全日制在校生19326人，在职职工1377人，专任教师988人，其中教授（主任医师）116人，副教授（副主任医师）367人，博士99人，外聘客座教授76人。学校坚持教学中心地位，学校科研水平不断提升。学校积极开展国际合作交流。先后与国外、境外20余所高校建立了合作关系。2012年开始招收外国留学生。近年来，学生参加各类竞赛获国家级团体奖33项、省级团体奖64项、省级个人奖299项。毕业生初次就业率均保持在90%以上，是"湖南省普通高校就业工作'一把手工程'优秀单位"。

改革开放初期，郴州农村教育异彩纷呈，尤其是郴县的农村教育改革走出了一条成功之路，为郴州教育增光添彩。1988年，郴县小学、中学"三率"全部达到优秀以上，全县建成一批高标准的规范化校舍，添置大量教学设备，办学条件大幅度改善，教学质量显著提高，被国家教委列为全国100个"燎原计划县"之一，成为全国农村教育改革的试验县。1989年4月，该县被评为全国幼儿教育先进县、全省整体教育先进县。当年8月，全省学校危房改造工作现场会在郴县召开，同时，10月，全国燎原计划与农村教育改革试验县工作会议在郴县召开。郴县成为全国农村教育综合改革的一面旗帜，郴州成为全国农村教育的学习参观的先进典型。这其中，郴县农民中专为培养郴县乃至郴州地区农村年轻科技人才、探索农村成人教育做出了重大的贡献。

郴县农民中专

郴县农民中专前身为郴州"五七大学"。1975年创办于郴县一中，1977年迁于城东梯子岭，1980年更名为郴县农民专科学校，1982年改名郴县农民专业技术学校。先后开设农学、果林、水利、电子等十多个农业技术专业。实行教学与劳动生产、教学与科研、教学与生财相结合的办学方针。注重德育教育、应用技术教育，教学质量较高，在全省农民中专统考和考核中名列前茅。1984年改名郴县农民中等专业技术学校，被联合国教科文组织定为在湖南重点扶持的5所成人教育学校之一。1988年被省政府授予"全省农业战线先进单位"。1989年，举办联合国教科文组织援助湖南妇女扫盲干部培训班。1991年、1994年分别被授予"全国农村成人教育先进单位"、"全国农村教育综合改革先进单位"。1999年全省成人中专评估获第二名。建校以来，毕业了11456名学生，发展学生党员106名，培养了1930名农村基层干部和技术员。2006年，合并到郴州市第一职业中专。

20世纪90年代，郴州教育在普及九年义务教育（"两基"教育）的基础上，推行"四三二"办学体制取得了成绩。1993年至1998年，郴州全面实现"两基"的攻坚战略，提前两年实现"两基"。1999年郴州开始大力推行素质教育，促进城乡教育均衡，实现各级各类学校全面发展。2006年，全市共有各级各类学校2660所，其中普通高校2所，成人高校1所，普通中专7所，成人中专9所，职业高中30所，完全中学40所，高中21所，初中203所，小学1616所，幼儿园350所，教学点378个，特殊教育学校3所。其中，涌现出一大批湘南名校。郴州市一中、郴州市二中、宜章县一中、永兴一中等就是闻名郴州、誉满三湘的名校代表。

郴州市第一中学

郴州市第一中学位于郴州城东橘井路，郴州古八景之一"橘井泉香"处。学校创办于1906年，初名郴州中学堂。先后改名郴郡六城联合中学、湖南第七联合中学、郴郡联立初级中学、郴郡联立高级中学。革命前辈邓中夏、曾中生、李涛，地质学家朱森，教育家黄士衡等，曾在此就读。中华人民共和国成立后，先后改名郴县区立中学和郴县第一中学。1960年，改名郴州市第一中学。是年起至1986年，先后7次被评为省先进单位。1978年，被定为省重点中学和省教委实验中学。1984年，高考成绩连续4年突破本科录取百人大关，培养少年大学生10人，有24名学生获全国科学竞赛奖。校园面积152.94亩，建筑面积2.1万平方米。目前，有教职工359人，其中特级教师6人，高级教师130人，中级教师150人。师资荣誉：国家和省部级劳模、优秀教师、先进工作者20人，有国家和省级骨干教师22人，市级学科带头人39名。学生多次夺得全省高考状元的桂冠，每年都有学生考取清华大学、北京大学。学校先后获得"全国体育卫生先进集体""全国艺术教育先进集体""省教育战线先进单位"等荣誉和称号。该校被列入《中国著名中学》一书。

郴州市第二中学

郴州市第二中学位于风景优美的苏仙岭下，创办于1943年，原名湖南私立适存初级中学。1946年设高中部，改名湖南私立适存中学，1953年，改名郴县第四初级中学，1959年，又改名郴州第四初级中学，1962年增设高中部，改名郴县第一中学。1975年改为"五七"大学，1977年复今名，次年，被定为湖南省重点中学。1995年，撤郴县建苏仙区，学校更名为郴州市第二中学。1995年高考改革以来，有40多位学生考取了北大、清华，其中有4名学生是全省高考状元。郴州市二中以"教风严谨、学风浓厚、校风雅正"闻名三湘四水，先后荣获"国家教委重点科研项目""重点实验学校""全国劳技教育先进学校""全国精神文明建设先进单位"等荣誉称号。2012年学校正式加入CEAIE-AFS国际文化交流学校。目前，特级教师3人，高级教师146人。专任教师中，省、市学科带头人26人，省、市学科会理事长、理事32人，全国优秀教师6人，全国优秀教练员3人，省级优秀教师18人，省、市级骨干教师68人。现有高中教学班60个，在校学生4200多人（含初中部）。

宜章县第一中学

宜章县第一中学前身为清乾隆六十年（1795）办的养正书院，位于县城有名的"蒙岩"下。清光绪二十九年（1903），改为宜章县立高等小学堂。民国时，先后改为宜章县立甲种师范讲习所、宜章县立初级中学。民国17年停办，民国31年复办。革命前辈邓中夏、刘云、李灿、曾日山、高静山等在此就读。1956年改今名，1958年增设高中部。1978年，被定为湖南省重点中学。学校校园面积约21.2万平方米，建筑面积6.9万平方米，校园环境优美，教学大楼、办公大楼、科技大楼、体艺馆等各种教育教学设施一流。目前，学校在职教职工308名，有特级教师3名，高级教师99名，外籍教师2名，中级教师103人，初级教师86人，省市级骨干教师、学科带头人17人。学校办学规模不断扩大，现有班级60个，学生3300多名。学校先后获得"全国现代教育技术实验学校""全国青少年信息奥赛优秀学校""全国和谐校园先进学校""湖南省青少年科技活动示范基地"等30多项荣誉。

永兴县第一中学

永兴县第一中学位于便江河畔、县城中心，原永兴县濂溪书院内，占地158亩。学校创建于1912年，原名湖南省立第三女子师范学校，后先后改名省立第三初级中学、省立第六中学、省立衡阳女子中学、省立第三中学、湘南临时中学,至今已有100多年历史。1953年,改为永兴县一中。1958年,被评为全国教育革命先进单位。1978年,被评为省教育战线先进单位。1979年被定为郴州地区重点中学。1983年,被选为中华全国学生联合会委员成员。1997年为湖南省重点中学,2004年更名为湖南省示范性普通高级中学。学校人文蔚起,英才辈出。革命前辈黄克诚、毛泽建、伍若兰、何宝珍、曾志,现代女作家白薇、中国工程院院士刘昌孝、解放军何大祥少将等都曾在此励志苦学。学校现有380多名教职工,专任教师288人,其中特级教师4人,硕士研究生3人,高级教师127人;学校现有高中教学班54个,在校学生2800余人。学校先后获得"省群体工作先进单位""省体育达标先进单位""省培养优秀体育运动后备人才重点学校""省现代教育技术实验学校"等多项荣誉称号。

二 创造发明耀千秋

郴州科学技术源远流长。汉惠帝元年(前194),便县(今永兴县)吴浅引温泉灌田,一年三熟。汉武帝元狩四年(前119),郡内已能采冶铁、铜,"全国置铁官四十处,江南唯桂阳郡一处"。东汉元兴元年(105),郡人(今耒阳县人)蔡伦发明植物纤维造纸术,造纸业始兴。唐代,郴州已有铁、铜、银、铅、水银、丹砂、石英等矿业开采,并置炉为朝廷铸钱。宋代,发明硫酸取铜,并能从铜矿中提取伴生黄金。此时,资兴、桂阳(汝城)县营造成片杉林。元朝,永兴筑石堰拦水灌田万余亩。光绪元年(1875),郴县合资创建合成发油坊,始用半机械加工农副产品。民国4年(1915),嘉禾县开办农业试验场。民国7年,粤商陈廉伯、简英甫在宜章栗源区狗牙洞创办地利公司,从美国购进金钢钻机探矿,开矿立井,用80马力蒸汽绞车提升,小火车头地面运输,是全区最早使用机械设备的煤矿。民国30年,国民政府农林部在宜章仁里、长坪建立第一国营农场,使用拖拉机开荒耕地。至20世纪40年代,郴州域内部分煤炭、冶金矿山开始使用机械,铁路、公路、电报电话、电影放映、发电技术有所发展。

从秦到民国时期,郴州出现了一批极有价值的社会科学研究成果。明代,何孟春著述十分丰富,他一生著书35部、332卷,其中,《河图洛书解》《群方续抄》广泛流传。清初，临武李晋兴著《稼圃初学记》，为中国现存最早的种田经。喻国人著《周易对卦数变合参》《周易辩正》《河洛定议赞》等有关经、史、子、集的著作35部，对儒学理学均有研究。清后期，王闿运等编纂的同治《桂阳直隶州志》，史料翔实、体例严谨，类目新颖，文笔典雅，时与同治《平江县志》、光绪《湘阴县图志》并称为清末湖南三大名志。

在两千多年的郴州历史中，郴州人民以其勤劳智慧，创造发明和发现了一系列的科技成果和社会科学研究成果，有的影响中国和世界文化文明的发展历程，最典型的代表是：神农制耒、蔡伦发明造纸术、桂阳矿冶与铸钱、何孟春著述等。

神农氏发明耒耜传说

耒耜，是中国古代的一种翻土种地的农具。耒耜的发明开创了中国农耕文化。相传，神农氏是耒耜的发明者，并且是在郴州汝城耒水发明的。《万历郴州志》记载：耒山在桂阳（汝城）之南，四面孤绝，耒水所处之南。耒是一根尖头木棍加上一段短横梁。使用时把尖头插入土壤，然后用脚踩横梁使木棍深入，然后翻出。改进的耒有两个尖头或有省力曲柄。耜类似耒，但尖头成了扁头（耜冠），类似今天的锹、铲。其材料从早期的木质发展出石质、骨质或陶质。耒耜的发明提高了耕作效率。耒耜也是后来犁的前身，所以后人有称犁为耒或耒耜。

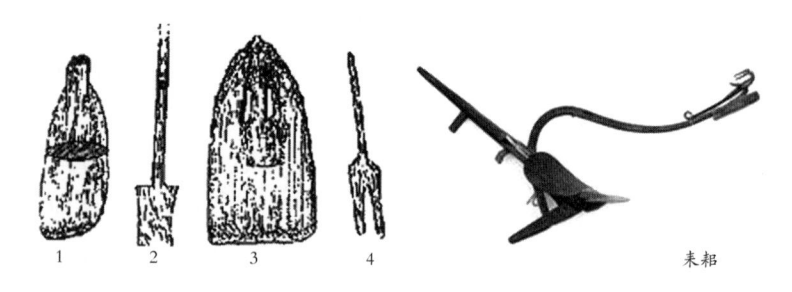

图7-2 各式各样的耒耜

传说，神农氏发明耒耜还有一个动人的故事。有一天，神农帝带领手下一起在汝城耒山下围猎野猪，来到一片林地。林地里，凶猛的野猪正在拱土，长长的嘴巴伸进泥土，一撅一撅地把土拱起。一路拱过，留下一片被翻过的松土。野猪拱土的情形，给炎帝留下很深的印象。他常想：能不能做一件工具，依照这个方法翻松土地呢？经过反复琢磨，炎帝在刺穴用的尖木棒下部横着绑上一段短木，先将尖木棒插在地上。再用脚踩在横木上加力，让木尖插入泥土，然后将木柄往身边扳，尖木随之将土块撬起。这样连续操作，便翻出一片松地。这种加上横木的工具，史籍上称之为"耒"。后来，经过不断改进，在松软土地上翻地的木耒，尖头又被做成扁形，成为板状刃，叫"木耜"。有了耒耜，才有了真正意义上的农耕和耕播农业。

蔡伦发明造纸术

东汉时期，桂阳郡人蔡伦在总结前人制造丝织品和造古纸经验的基础上，用树皮、破渔网、破布、麻头等作为原料，制造成了适合书写的植物纤维纸，人称"蔡侯纸"。"蔡侯纸"改进了造纸术，造出的纸轻薄光滑平整，十分便于书写携带，而且便于制造，使"纸"成为人们普遍使用的书写材料。蔡伦造纸的基本工艺一直沿用至今。蔡伦扩大了造纸原料的范围，破布、渔网、树皮、麻头等都可以造纸，其中树皮造纸更是他的发明，蔡伦的造纸工艺更为精细。纸的发明为世界文明的传播做出了巨大的贡献。

桂阳矿冶和铸钱

郴州桂阳县矿产资源丰富，开采、冶炼历史久远，素有"八宝之地"的美誉。现在，在桂阳县保存着数十处古代矿冶遗址，这些遗址和古籍记载都证明和反映了桂阳古代矿冶的科技水平和繁荣。桂阳矿冶起源于何时，无从考证，同治《桂阳直隶州志》（王闿运等编）记载：州承古名、本自金官。最早可追溯到秦汉，唐宋以后成为全国重要的金属矿产和铸币基地，明末清初达至极盛。汉武帝时期，朝廷开始在桂阳大凑山设立掌管多金属开采的"金官"。《汉书·地理志》记载：全国设铁官49处，金官、铜官各一处。桂阳金官是唯一一处。金官为县级管理机构，有吏员十人，长官为令，相当于县令。东汉时，桂阳又设铁官。唐武德年间，唐朝开始在有条件的地方设置铸钱监。神龙元年（705），因为桂阳郡的矿业技术高超、矿产丰富而获准铸钱。天宝年间，全国有铸钱炉99座，郴州有5座。李吉甫的《元和郡县图志》记载：桂阳监，在城内，每年铸钱五万贯。被钱币收藏界称誉的第一珍"咸通玄宝"铜钱，就出自桂阳监制造。如今的桂阳县宝山矿，在千百年的矿山开采中，积淀了厚重的矿冶历史文化，被专家誉为"中国千年矿冶史教科书"。桂阳宝山矿井内矿业遗迹丰富，井巷中完好地保留着唐、宋、清等时

图7-3 宝山矿山公园古代和现代采矿遗址

期开采的古窿洞及各种采矿工具。这些都是非常宝贵的人文资源，具有重要的科考价值，也证明了古代郴州矿冶先进的技艺。

2016年，桂阳发现桐木岭矿冶遗址，被评为"2016年度全国十大考古新发现"。遗址面积约11万平方米。遗址中心部位有一个炼渣堆积形成的山体平台，台面略呈三角形，东西长约100米，南北长约50米，面积约5000平方米。站在高处可以清晰地看到整个区域呈"品"字形，分成3个不同的功能单元：一个焙烧单元和两个冶炼单元。冶炼单元中有1~3个冶炼作坊区，每个冶炼作坊以槽形炉为主体，分布着搅拌坑、洗煤坑、沉淀坑、提炼灶、堆煤区、碎料区、环形护坎、柱洞等遗迹。冶炼区出土有一系列较为完整的冶炼工具，并出土有青花瓷器、陶器等生活器皿。在遗址中还发现块状波纹炉渣，并在对应位置发现有含铜量和含铅量较大的炼炉遗迹。桐木岭遗址出土了国内迄今发现保存最为完整的古代炼锌槽形炉及相关遗迹遗物，可全面复原当时炼锌工艺流程；发现的硫化锌矿焙烧炉及焙烧工艺系中国古代炼锌史上的一大技术进步；遗址中还发现铅、银、铜等其他金属冶炼活动，多金属一体冶炼是中国矿冶考古的首次发现，说明我国古代对矿石的综合利用程度进一步提高，凸显了中国古代科学技术的先进水平。

三 科技成果盛名扬

中华人民共和国成立后，郴州科学技术不断发展。19世纪50年代，科技管理机构先后建立，科研团体应势而生。1950年，湖南省地方病防治实验委员会郴县实验所在郴县许家洞建立。1952年，宜章县栗源乡在区内率先试种双季稻，亩产250公斤。1954年，临武县龙须草席在德国莱比锡国际工艺品展览会上参展，被誉为"世界独有的手工艺品"。1956年，驻郴中南地质局王国骥研制出自磨式硬质合金钻头用于钻井，创全国月钻进超千米新纪录。同年，地质部矿物原料研究所孟宪民、黄蕴慧等在香花岭发现"香花石"。19世纪60年代，郴州双季水稻普遍推广，柿竹园有色金属大型矿床探明一、二、三矿带，小型选矿工业取得新成果。"文化大革命"初期，一批科研项目被迫中止。1973年，瑶岗仙钨矿和长沙矿山研究院协作，研制成功我国第一台天井牙轮钻机。1974年，桂东县农科所栽培杂交水稻在全国首次成功，试种0.9亩，获550公斤好收成，桂东县成为全国推广杂交水稻三个基点县之一。永兴县油茶科研所选育的中苞红球新品种，被列为全国推广的第一个油茶品种。1977年12月，恢复郴州地区科学技术委员会、郴州地区科学技术协会，并召开地区科技大会。1978年8月，东江水电站大规模施工，取得对花岗石进行大面积预裂爆破试验等多项科研成果。

党的十一届三中全会后，科技人员在历次政治运动中的冤错案得到彻底平反，尊重知识尊重人才，蔚然成风。1979年4月，地区科学馆设立，为地区开展科普活动提供了场所。1982年，郴州市电子研究所谭春华研制成功养鸡保温育雏新产品YN—13型半导体远红外电热器，1983年获全国青年小发明二等奖。1984年3月，郴州第一次用飞机在桂阳县、郴县华塘一带防治马尾松毛虫，面积3.5万亩，虫口平均死亡率95.2%。1985年郴州地区农科所陈焕承进行双季杂交稻亩产吨粮栽培研究，两季平均亩产1002.2公斤。汝城县科委李洪光创造"太阳潮分布不对称理论"，解决了"太阳潮不对称分布理论"的定性、定量问题，攻克了世界性的科学难题。郴州农科所首章北潜心植保研究，取得7项成果，其中"褐飞虱迁飞规律及其在预测预报中的应用"研究项目，填补了国内空白，1987年获国家科技一等奖。20世纪90年代，郴州召开了8次科学技术成果授奖大会，385项成果获奖，促进了郴州科技的发展。农夫机电以国内领先的"NF-502型履带拖拉机"科技成果为核心实施科技成果转化与产业化，成功制定《轻型履带拖拉机地方标准》，开发出轻型履带拖拉机成套设备，彻底解决了我国南方丘陵山区水田耕作效率低、质量低、破坏水田底层等问题。目前，郴州市有色金属采选冶炼、稀贵金属回收利用、LED芯片、电子视讯产品等领域有多项技术达到国内领先水平。

香花石是中国地质学家发现的第一种世界新矿物，以发现地郴州临武香花岭而命名。1955～1956年，地质部青年地质工作者黄蕴慧、杜绍华等到郴州香花岭从事矿晶野外考察发现工作。1957年，地质部孟宪民又率领黄蕴慧、杜绍华等再次考察香花岭矿石。最后，终于发现了一种新矿物——香花石，并于1958年被正式确认公布，这是中国地质学家发现的新的矿物品种。香花石是中国香花岭独有的，类似动物中的大熊猫，被誉为"国宝"。香花石的发现，是中国地质学史和国内矿物学史上的一个重要的里程碑。香花石的科研价值和收藏价值不可估量，而它黑白相间的基岩、流畅优美的蛇纹线条、白色方解石伴生紫红色萤石，以及点缀其中的珠光更具有观赏性。据科学探测，郴州有着特殊的地质构造，蕴藏着丰富的香花石资源。据资料记载，现已探明的矿种达96种，主要矿床237处，大部分矿晶早已名扬四海，有"中国有色金属之乡"的美誉。

自磨式硬质钻头是矿山钻探工具，1956年由省地矿局408队（驻郴州）王国骥等发明。它是一种硬质合金切削具，在钻进过程中虽经磨损，但接触面能保持不变。自磨式硬质合金钻头常用的是小断面的针状硬质合金切削具与易熔金属，压结成块进行烧结，针状切削具被胎体包裹起来；或用薄片状切削具以钢片支撑增强其抗弯能力。随着钻进钻头的包裹金属或支撑金属先于切削具磨掉，使切削具小断面不断出露以破碎岩层。自磨式钻头适用于硬且研磨性强的岩层。王国骥等发明的自磨式硬质钻头，由小八角和7～15大小角柱状硬质合金片分组排列，成阶梯状切削过程，提高了钻进效率，在全国首创月进超千米的纪录。1959年，在全国科学大会上获奖，该机器被命名为"五四青年号"，王国骥被评为"全国劳动模范"。

稀贵金属提取加工工艺领先发展。金旺铋业研发应用的富氧侧吹熔池熔炼——电解精炼工艺属世界首创，居国际领先水平。首创的"采用气相冷凝一步法生产纳米级电子氧化铋工艺"为国家火炬计划项目，具有低能耗、无污染、产品质量优、工艺自动化程度高等诸多优点，解决长期困扰火法炼铋的环保问题和资源循环利用的问题。自主研发的"低品位含铋物料富氧熔炼关键技术及应用"荣获湖南科学技术进步奖二等奖，荣获中国有色工业协会科技进步一等奖，并被列为"2015年度全省制造业技术创新十大标志性成果"。郴州市金贵银业股份有限公司拥有全国领先的白银清洁冶炼和深加工技术，白银产量居全国第一。开展"含多金属废弃耐火材料综合利用研发""铋渣还原及真空蒸馏分离技术"为推动冶炼工艺实现高效、节能、环保。

南岭隧道工程是以"难"著称的隧道，位于京广铁路复线郴州与坪石之间，隧道全长6666.33米，双线电气化牵引。隧道在郴州市邓家塘乡附近穿越南岭山脉的五盖山和骑田岭夹持地带。这个地区为剥蚀低山丘陵区，连溪河辗转曲折，两次流经隧道顶部，原有京广铁路在下连溪和隧道出口两次与隧道立交。隧道穿越5处溶蚀洼地，隧道洞内岩溶突水涌泥量和地表塌陷规模之大及其对施工的危害强度，在国内外隧道建筑史上均属罕见。工程自1979年开工至1988年主体工程竣工，共发生大小突水涌泥24次，涌出稀泥和砂子近30000立方米。历经10年的艰苦奋斗，建设者们采用化学注浆堵住泥水、洞内注浆固结、长管棚钢支撑等技术手段，克服了技术难题，1986年终于完成正洞道坑贯通，1989年通过国家验收，正式交付通车。该工程获铁道部文明施工样板施工奖、国家建委"鲁班奖"。有趣的是，该工程地段还保持着最完好的骡马古道、汉粤铁路路基，还有京珠高速公路、京广铁路复线、107国道、武广高铁通过，这些公路铁路、新路老路汇聚在此处，纵横交错，俨然自然的交通博物馆。

赤石大桥位于郴州市宜章县赤石乡，是厦蓉高速公路最大最长的一座高架桥。2010年3月开工建设，2016年10月正式通车试营运。赤石特大桥设计为四塔双索面预应力混凝土斜拉桥，主桥全长1470米，跨越约1500米的大峡谷，具有桩大、孔深、塔多、墩高、大跨径、高桥面系等特点，其最大桩直径3.1米、深102.8米，深入地下超过30层楼高，创造了国内陆地桥梁桩基施工纪录；四个主塔高259.63米至286.63米不等，均接近于100层楼高；主跨380米，桥面离地186米，经查实，为目前同类型桥梁中世界第一大跨径高墩多塔混凝土斜拉桥。赤石特大桥作为同类型桥梁中世界第一大跨径高墩多塔混凝土斜拉桥，被誉为湖南境内与矮寨特大悬索桥比肩的"超级工程"。大桥建成后，气势雄伟，与周边群山田野浑然一体，构成了一处人文与自然融合的绝佳风景。

东江水库大坝属我国"七五"重点水利工程，是由我国自行设计和施工

图7-4 赤石大桥

的双曲薄壳拱坝，以发电为主，兼有调峰、防洪、航运、用水等效益的大型水电工程。东江水库位于湘水一级支流耒水上游，资兴市东江镇上游11公里的峡谷处，控制流域面积的4719平方公里，占耒水流域面积的39.6%。东江水库大坝曾于1958年动工，至1961年初停建，1978年4月复工，1980年11月截流合龙，1986年8月下闸蓄水，1987年11月第一台机组投产发电，1992年枢纽工程全面竣工。坝高157米，底宽35米，顶宽7米，坝顶中心弧长438米，装机50万千瓦。东江水库大坝是我国自行设计、自行建造的第一座双曲薄壳拱坝，在国际上名列同类坝中第二位。在勘探设计、修路架线、截流围堰、爆破开挖、坝体浇铸、关闸蓄水等过程中，大坝建设者们先后攻克了拱坝体型、坝体应力、坝肩稳定、混凝土温控、坝基开挖、滑雪道漏泄等一系列的难题，改进革新了二级洞偏心铰弧形闸门、"一条龙"浇筑全面机械化等100多项工艺。其中，有7项科技成果获得了湖南省、国家水利部的嘉奖，"预裂爆破"等成功经验在全国水电系统推广应用；双曲薄壳拱坝的工程设计更是荣获了1991年全国第五届优秀设计金奖。东江水库大坝建成投产后，年发电量13.2亿千瓦时，缓解了华中电网电力紧缺的问题；免除了下游耒水两岸3万亩农田遭受洪水灾害；造就了"天上人间一湖水，万千景象在其中"的湘南明珠东江湖，库区6万多名移民走上了农、林、果、牧、渔、工、商、运、旅游八大项的开放性移民之路。大坝蓄水形成的东江湖面积160平方公里，储水量81亿立方米，是湖南省唯一一个同时拥有国家AAAAA级旅游区、国家级风景名胜区、国家生态旅游示范区、国家森林公园、国家湿地公园、国家水利风景区"六位一体"的旅游区。

郴州种烟始于明代。明万历二十一年（1593），烟草由吕宋岛（今菲律宾）经福建、广东传入郴州。最早在原郴县城区五里堆、白鹿洞和桂阳县樟树下种植。由于气候、土质条件较好，加之郴州人独特的种烟烤烟技术，使烟叶质量不断提高。到清咸丰十年（1860），郴县烟叶已成为湖南质量最好的烟，年输出3万余担，运销长沙、广东、汉口等地，部分烟叶从汉口转运销往美国、日本。1882～1891年，英国驻汉口商务机构在《10年贸易报告》中称："最好的烟叶来自湖南，但中国人认为郴州所产烟叶最佳，这种烟叶大而肥厚，不作其他配制，叶很香。"1907年9月，郴州烟叶被列为朝廷贡品并被陈列展出。从此，郴州烟叶身价倍增。烟叶发展，带动了卷烟业的发展。郴州机制卷烟始于20世纪50年代。1958年，郴州开办国营郴州烟厂，日产卷烟250条，生产的"红桔""南塔""春"牌高档卷烟，运销长沙、广东等地，一时闻名遐迩。1961年，长沙公私合营华中烟厂迁入郴州，与郴州烟厂合并为湖南郴州公私合营华中烟厂，后几易其名，1982年定名为郴州卷烟厂至今。从此，郴州卷烟走向兴盛期，"郴州"牌香烟闻名全国。1982年，70"郴州"烟被中国烟草总公司定为名牌产品，1988年荣获首届中国食品博览会银牌，到1996年，郴州卷烟厂生产能力已达40万箱，其中"金郴州""相思鸟"等精品名牌享誉全国。郴州烟草业的发展，在郴州的经济技术史上绘下浓墨重彩的一笔。

（本章撰稿：牛成忠）

第八章 灵秀清淑的山水情韵

第八章 灵秀清淑的山水情韵

  郴州地处南岭山脉与罗霄山脉交错、长江水系与珠江水系分流的地带。境内地貌复杂多样,山地丘陵面积约占总面积的四分之三。郴州的地质条件构成了山体连绵、山水交融的空间形态。郴州山清水秀,风景优美,被誉为"四面青山绿翠屏,山川之秀甲湖南"。在《送廖道士序》中,韩愈竭力渲染了郴州形胜神灵:"衡之南八九百里,地益高,山益峻,水清而益驶,其最高而横绝南北岭。郴之为州,在岭之上……又当中州清淑之气"。

  郴州拥有近70%的森林覆盖率,是中国南方生态环境最好的城市之一。这里蓝天、碧水、森林、石峰、洞穴、云海、飞瀑交相辉映,空气质量好,负氧离子含量高,是释放心灵、养生健体、休闲度假的天堂。山水不仅为人们提供衣食之源,还用千姿百态的美愉悦人们的眼睛,用丰厚的山水精神滋养人们的心灵。山水与文化相互浸润,郴州的山水孕育了郴州的文化,郴州的文化增添了郴州山水的风采神韵。

一 群峰竞秀耸云天

  游山如读史,看山如观画。郴州的山连绵起伏,群峦叠翠,或雄伟,或险峻,或幽静,或秀丽,景象万千,令人流连忘返。这里拥有丰富的生态资源,较高的森林覆盖率,众多国家级保护动植物,流传着华夏祖先的诸多传说。郴州的山是自然的山,集科学性与美学性于一体,也是人文的山、历史的山,留下了伏羲女娲的传说、神农氏炎帝的足迹、历代文人的咏叹以及老一辈革命家的传奇故事。

八面山

八面山地处罗霄山脉的中南段，位于桂东与资兴、炎陵交界之处，山体连绵起伏、沟壑纵横，有山八面，以此而得名。主峰海拔2042米，是湖南省第二高山。八面山以花岗石地貌、碎屑岩地貌、喀斯特地貌、第四纪冰川地貌等地质遗迹景观为主。上山的唯一道路极陡且弯，穿梭于崇山峻岭之中，所以有"八面山，离天三尺三，人过要低头，马过要下鞍"的说法。清代桂东知县洪钟的《过八面山》这样描述："峭壁万仞鬼斧劈，鸟道飞悬不盈尺。驱走怪石开鸿蒙，奇幼天生倚空碧。一峰未过一峰横，上天入渊心担惊。饥鹰掠人昼厉吻，哀猿啸侣夜深鸣。平生游历境不到，疑汝凿开混沌窍。胸中五岳森峥嵘，对此何能夸奇奥。百里雷封万笏山，青骢黄绶白云间。但愿五都厚风俗，人心人面莫与此山竟羼颜。"八面山的惊、险、奇由此可见一斑。

八面山的森林覆盖率为85.2%，山中生长着被称为"活化石"的国家一级野生保护植物——银杉，生长着铁杉、银杏等20余种珍贵树木。飞翔着白鹤、相思鸟等珍稀鸟类，出没着山鹿、山牛、乌獐等珍稀兽类。八面山是生物学家进行科学研究的理想场所。八面山的主峰石牛仙，高2042米，是湖南省第二高峰。石牛仙、仙牛腾云等景点在桂东流传着许多美丽的传说，流传最广的就是桂东牛郎织女与石牛仙的传说。

八面山是革命圣地。1928年，毛泽东主席在桂东沙田万寿宫颁布《三大纪律六项注意》后，经八面山到四都宿营，播下了革命火种。八面山区内的桃寮有"红军村"之称，1928年，该村19户60多人中有17名青年参加了红军。1934年在此建立了红军长征后湖南的第一个苏维埃政权，1936年中共西边山区委会会部曾设于此，村内先后有46人为革命献出了生命，在今天的桃寮村，还有几十座红军墓，埋葬着数百名在历次战斗中牺牲的红军和农会会员。1934年至1949年，八面山革命斗争连续不断，是三五九旅南征北返宿营地，1934年红军独立四团在八面山阻击牵引敌人，掩护萧克、任弼时指挥红六军北上，王震曾在八面山一举歼灭国民党第九战区第五工兵团。抗日战争时期，美国空军飞虎队飞机在与敌机战斗中坠毁在八面山。

回龙山

回龙山位于资兴市东北部的团结瑶族乡境内，海拔1420米，总面积16平方公里，因山势如游龙之迂回蜿蜒而得名。山顶有一古寺庙和望天台，由片石垒砌而成，古寺庙处有一残缺石匾，上有"古南岳回龙山"字样；寺庙坐北朝南。全景区地形为三面峭崖一面坡，四周山清水秀，景色迷人。南与东江湖旅游区遥相呼应，东与炎帝陵、井冈山紧密相连，北与南岳相望，西与飞天山、苏仙岭相接。景区内自然景点150多个，古文化旧址120多处，聚居着瑶族居民。

回龙山传说神奇，庙宇来历不凡，香客络绎不绝。相传炎帝逢吉日在回龙山祭天而建庙，到东汉时已集佛、道、儒三教于一体。现庙中供奉的主神"南岳大帝"即炎帝的化身。公元751年，无量寿佛也在回龙古庙中开始他的成佛之路。盛传古庙中求愿祈福极为灵验。关于回龙山为什么称古南岳，现存有三种说法。一种观点来自住持口中。称回龙山建寺早于衡山，唐朝初年，由于自然条件恶劣，当时的住持就将三分之二的僧侣、道士分到南岳衡山，另建寺庵。南岳庵刹创建之初的和尚、道士大多来自回龙山，"古南岳"之说由此产生。据说，南岳的各个寺的住持、方丈曾经到过这里朝祖。经查证，回龙有庵刹的历史约为1700年，而南岳则为1600多年。这种说法，时间上是成立的。第二种说法来自民间传说。《资兴市志》中称"相传南岳大帝五六月间来此避暑"。而且，衡山之脉气源自回龙山。第三种说法，是清代乾隆年间贡生李元禄的考证。在县志所载其《游杂山记》一文中提出了自己的观点。他认为，之所以言"古"，"或非唐虞以下之古也"，"乃五帝以上之古"。称上古时神龙氏炎帝尝百草、传农耕，曾居住于回龙山。回龙山上的仙庵就是后人祭奠炎帝、烧香礼拜之地。这三种说法，因没有明显的物证，已经无从得出其真正来历。但可以明确的是，回龙仙寺的历史的确久远。

图8-1 回龙望日

扶苍山

扶苍山位于湖南省郴州市桂阳县西北，华泉乡与光明乡交界处。整个山势雄浑异常，山体高大巍峨，海拔在1300米以上。山上怪石嶙峋，巨石奇绝。其中以团山石和三重塔最为妙绝。山顶依托团山石建一寺庙，全寺由石头构成，石头砖、石头墙、石头瓦、石头屋顶，构成一个富有天然意味的全石质建筑。

关于扶苍山名字的由来，据当地传说，山上的石狮、石虎、石庙是女娲补天遗留下来的，用来扶济苍生的，因而求雨极灵，是全县的求雨圣地，十分灵验，是扶济苍生之山，得名扶苍山。还有一种说法是据《衡湘稽古录》记载，古桂阳郡是西至苍梧的苍山之托，是苍天在上的苍穹之扶，实乃擎天之柱，因名扶苍。

扶苍山文化底蕴深厚，从历史资料可以看出，扶苍山寺至少有600年以上的历史，扶苍山南麓的塔林庵，该寺曾盛于明清时，被称为天下四十八名寺之一。在扶苍山寺遗留的碑文中还刻有女娲补天的传说，为我国研究女娲伏羲文化提供了重要依据。女娲、伏羲是华夏民族的人文先始，他们点亮了中华民族灿烂文化的曙光。女娲、伏羲的传说虽为遥远的历史，通过扶苍山关于女娲补天采石、伏羲演八卦的传说和遗址文物，打破了"江南无伏羲"的说法，为我国江南地区又增添了一个重要的历史文化佐证，也是江南大地人类发展史和民俗研究的重要组成部分。桂阳扶苍山女娲、伏羲庙历史存在之实，是桂阳悠久历史之见证，是中华民族始祖大统一、中华文化大统一之见证，它为各民族找到了连接彼此感情的远古纽带，对充实中华民族文化宝库、促进文化交流具有重要作用。

莽山

莽山位于湖南省宜章县境内，素有"第二西双版纳"和"南国天然树木园"之称。境内海拔1000米以上的山峰就有150多座。最高峰猛坑石海拔1902米，被称为"天南第一峰"。莽山山高石怪，林幽峰奇，水色天光造就了众多壮丽秀美的景观。如颇有名气的鬼子寨、崖子石和猴王寨景区，其悬崖峭壁就像刀剑削劈一般。山中许多崖石经过千万年的风吹雨洗，变成各种各样的形态，如金鞭神柱、将军石、童子拜观音、木鱼石、蛤蟆石、木鱼画石、罗汉打坐，栩栩如生，令人遐思不尽。莽山气候奇特，冬无严寒、夏无酷暑，被游客誉为最佳的南方高山避暑胜地。

莽山拥有国家重点野生植物21种，由于受第四纪冰川的影响很少，很多第三纪或更古老的植物得以保留下来，属于第三纪森林良好的保存地，是古老植物的"避难所"。莽山还是各类动物的聚集之地。深入林中，可遇见猿猴戏耍于树梢，麋鹿出没林间。1990年发现的巨型毒蛇——莽山烙铁头蛇，堪称一代"国宝"，全世界仅在莽山的狭小范围内独有300~500条。

莽山古来就是瑶族居住地，瑶家人将本民族的传统和莽山的地理、气候、生态等自然因素有机地融合，形成了独特的习俗风情。生产习俗方面，瑶民产生了诸神崇拜，砍山"祭林神"，打猎"祭山神"，播种"祭谷神"。瑶族民居有精美的檐柱，精巧的木窗，正门额楣有画匾，古朴典雅，独具特色；瑶民服饰为手织精绣，古朴、精美；瑶民热情好客，常用甘甜的瑶山茶、清香味美的竹壳饭和自制的瑶家水酒招待。瑶族的节日很多，最大的传统节日是"盘王节"，其次是起春节、团圆节。盘王节是祭祀祖先的节日，每年农历十月十六日这天，瑶民便身着民族服装，敲长鼓，跳瑶舞，唱瑶歌，庄重热烈地纪念瑶族始祖盘王。除了别具地方民族风情，历史悠久的文化遗迹，

图8-2 莽山风光

莽山以其独特的地貌与地理优势，历来为兵家所重视。自南宋以来，先后有近10批次的人马在此屯兵建立大本营。目前保留较好的历史遗迹有纸装湖、木炭畬、耿马驿道、屋基脚、梯田等。同时莽山还有丰富的红色文化，20世纪初杰出的革命领袖朱德、陈毅曾转战莽山，在猛坑石建立了神秘的军事营地，与起义军共商上井冈山与毛泽东会师大计；红色遗迹有1928年举行"年关暴动"的指挥部旧址、猛坑石山顶军营秘洞等。莽山还有独具魅力的民间传说。鬼子寨（又称闯王谷），是湖南省第一个自然景观区。相传闯王李自成兵败后在莽山观音庙出家，号称"奉天和尚"。闯王军队在莽山的许多悲壮故事和传奇，给莽山蒙上了一层层神秘的面纱。如"血洗绝子坪""闯王嫁女""闯王藏宝""御印的传说"等故事在民间广为流传。

熊峰山

熊峰山位于安仁县排山乡和牌楼乡交界处，属武功山余脉。熊峰山海拔高差较大，地形复杂，山地气候变化多样，不仅四季气象各异，而且山上山下两重天，特别是春、冬季节更为明显。平地晴天，山区雾气蒙蒙；平地小雨，山区大雨纷飞，气象景观特别奇特。山区的雾变幻莫测，来时云雾汹涌，四野迷踪，去时倏忽飘过，晴空万里。熊峰山山腰怪石嶙峋，中有一石俨如关帝侧面坐像，须眉手足逼真，晴霞映衬，山色如画，谓之"熊峡红霞"，列为安仁八景之一。《安仁县志》中记载了清代诗人何维忠的赞叹："雾后山光淡复浓，双尖律兀是熊峰。夕阳铺遍层层锦，一片晴霞峡口封。"

熊峰山山腰有一座远近闻名的寺庙——熊峰庵。熊峰庵历史悠久，据记载有1700多年的历史，清代同治年间重建。20世纪80年代，南岳法师释怀和尚来此庵主持，扩建寺庙规模，前后两栋佛堂，一栋斋堂，左右36间上房。扩建时，曾从旧庵地基中挖掘出一块石碑，记载了熊峰庵的历史，后盖庵时埋藏在基下。经千年演绎，熊峰庵声名远扬，香火旺盛。由于交通便利，环境优雅，亦可登高览胜，游客络绎不绝。

熊峰山山顶有三柱塔。清嘉庆年间，浙江监察御史、岳麓书院山长欧阳厚均建熊峰文塔于山顶。又有本邑进士、卢桐坡耆民林添瑞步其后尘，增建二塔于左右。"三塔俱成，屹然鼎峙，望之如笔格"。三塔均系砖石建造，分别坐落在三个峰头，彼此相距约100米，塔身中空，各七层，六角形，从第二层起，每层设券门和假窗，是安仁著名古建筑。1944年，三塔均被日本侵略军炸毁，仅残存塔基座。熊耳峰文塔碑存原处，碑刻拓片存县文物所。

熊峰山古时由于地处要道，可称交通咽喉，故为兵家必争之地。1944年6月，长沙沦陷后，退守在安仁的中国部队第三十七军、二十军、四十四军先后驻守熊峰山。入侵安仁的日军，为了东进茶陵、酃县（今炎陵县），继而进犯韶关，包抄衡阳，在短短的四五个月里，连续三次抢夺熊峰山，史上称之为"抗日熊峰山保卫战"。这一仗之后，日军取道安仁，攻茶陵守酃县，继而进犯韶关，包抄衡阳的企图终于化为泡影。直到1945年8月15日日本无条件投降，熊峰山始终掌握在中国军队手里。解放战争时期，人民解放军也曾在这里重挫国民党部队。如今，山顶战壕尤在，成为历史的见证。人们来到熊峰山缅怀，对此肃然起敬。

骑田岭

位于湖南省东南部的宜章县、郴州市区之间。在古代，骑田岭的名字很多，包括阳山、腊岭、桂阳岭、客岭山、折岭等。根据《史记》记载，早在公元前214年，就已经有犯人通过骑田岭古道被发配到越地（即岭南）。南方五岭中，在唐代大庾岭古道开凿之前，骑田岭古道一直是最为重要的古道。一方面商旅如云，另一方面古代将军要想稳坐岭南，就必须守住骑田岭阳山关这道天险。秦始皇三十三年（前214），任嚣、赵佗两位将军率部队分三路进入岭南，其中一路就是"过骑岭，下连江"，直达番禺（广州）。赵佗将军的大秦士兵，就是骑田岭古道的开山鼻祖。这些来自北方的士兵们，顺着山势，开出来一条蜿蜒逶迤的古道，宽约3米。古道在山岩上一级级开凿出来，从山下到山上，共计8800多级，这是秦汉时期沟通五岭南北的第一条古道。

古代岭南盛产龙眼、荔枝，其果肉鲜嫩透明、芳香多汁、甘甜味美。因此，从汉武帝元鼎六年（前111）开始，该地每年都向朝廷进贡新鲜龙眼、荔枝，连年不断。东汉永元年间，南海等地向皇帝进送"荔贡"，为使送到京城洛阳的龙眼、荔枝保持新鲜，《后汉书·和帝纪》云："旧南海献龙眼荔枝，十里一置，五里一堠，奔腾阻险，死者继路"。朝廷令地方官派役夫日夜兼程，轮流传送。临武境内正是送贡的必经之路。永元十五年（103），临武县令唐羌，耳闻目睹役夫受劳累和疾病折磨，死亡不绝于路，便上书皇帝请求罢贡。汉和帝刘肇算是仁慈之君，见书后采纳了唐羌的意见，下诏罢除了"荔贡"。唐羌接诏后，万分谢恩，之后他却弃官田，隐居拒仕。韩愈被贬为连州令时，从衡阳坐船到郴州，然后弃舟步行到连州，曾往返于连州与郴州间多次，都要过骑田岭。唐代大诗人王昌龄、刘禹锡，宋代理学鼻祖周敦颐、诗人苏家"四学士"之一的秦观也都在骑田岭下流连过、考察过，并写下过脍炙人口的诗文。明崇祯十年，旅行家、地理学家徐霞客来湘南考察，他在宜章两天半时间，就花了一天半考察骑田岭高云山，并在山上的高云寺过夜，写下1000多字的游记，是他在湘南诸县游览中考察最细、记录最多的一个县。中国现代革命史上，萧克率湘南起义的工农革命武装独立营，经由麻田上井冈山，他们从麻田开山寺进山，从泮田湖爬上二尖峰。萧克曾在峰顶赋诗一首："农奴聚义起宜章，晃晃梭镖刺大天，莫谓湘南侧岭海，骑田岭上瞩中原。"

  翻越骑田岭的不仅仅是官差士兵，更多的还有各种商贾。史学家苏继庼曾在《岛夷志略校释》中谈道：从2世纪中叶开始，来自西方的珍贵物品，如象牙、玛瑙、琥珀、珊瑚、犀角等，都会在广东上岸，然后通过骑田古道向中原内地流通。骑田岭古道，也被称为盐铁古道。之所以有这个名字，是因为古道上最庞大的队伍是挑盐的脚夫。查阅当地的县志，发现对盐的问题有比较详尽的记载：早在唐宋以前，骑田岭的盐运就存在，沿海的海盐先是从广州用船运到连州的星子埠，然后再翻过骑田岭，运到中原各地。

  总之，骑田岭古道是沟通中原与岭南的重要通道，以它为缘起和桥梁，多次发生了影响中国历史的重大事件，为中国的统一做出了重要贡献，奠定了它在中国历史上的地位。骑田岭古道还积淀了深厚的历史文化，为研究岭南的开化、发展保留了丰富的历史人文和民俗资料。

二　碧水温泉可赏玩

  郴州是湘江、珠江和赣江三江流域的发源地，是南方重要的生态屏障和生态功能区。郴州的水资源极具优势，降水总量充沛，江湖密布。郴州的水可赏，有"人间天上一湖水，万千景象在其中"的东江湖。郴州的水可玩，有东江漂流、莽山漂流等众多游乐项目。郴州之水还能养生，龙女温泉、汝城热水温泉都是著名的休闲度假胜地。"郴江幸自绕郴山，为谁流下潇湘去"，郴州的水充满了诗情画意。

东江湖

位于湖南省资兴市境内，是南岭和罗霄山脉南部合围的湖。东江湖大坝是我国自行设计、自行建造的第一座双曲薄壳拱坝，坝高157米，在国际上名列同类坝中第二位。东江大坝1986年蓄水后，库区形成了总面积160平方公里的湖面，蓄水量81.2亿立方米，相当于半个洞庭湖的水量，被誉为"南洞庭"。东江湖是湘江的源头之一，在湘江流域抗旱、防洪、通航和电力等方面发挥了极为重要的作用，是湖南重要的生态屏障。1987年11月，全国重点建设工程——东江水电站开始发电，使资兴一跃成为湖南省最大的水电基地。

东江湖蓄水，共淹没了11个乡67个行政村的466个村民小组，及7个国营企事业单位和汝城县部分村，淹没粮田沃土7.2万亩、林地13.7万亩。淹没区曾经人口稠密，交通发达，经济富庶，被人们称为"粮仓林海，油库银行"。旧市乡淹没区曾有一座庞大的古墓群，名曰九十九堆。其时代上至春秋，下至唐宋，其中有80座为战国墓，出土了不少楚、越文化遗物。这表明楚的势力早在战国早期就到达了资兴，其年代约在"吴起相悼王，南并蛮越，遂有洞庭、苍梧"之前。而在我国古代，越族分布地域很广，百越杂处，早在楚人入资兴之前，资兴已有一支百越势力的存在。清江乡淹没区曾有资兴古八景之一的玉泉映月奇景。玉泉在南乡井头，旧传古寺为龙所陷，方广十余亩。当地人环以石栏，每当素魄照临，水月交辉，有"月点波心一颗珠"之妙。淹没区渡头乡曾有民谣"峡屿的枣子，秀流的女子"之称。秀流的女子在当地是出了名的优秀。中国四大女作家之一的白薇，便出生于此，求学于此。

东江移民走开发性移民的路子，移民群众铸造了艰苦创业的东江湖精神。库区移民在党和政府的领导下，充分利用库区山水资源优势，发展林、果、牧、渔、工、商、运、旅八大产业。其中果业的柑橘是第一大产业。湖南省农业、科研部门组织全省品种评比鉴定，东江湖的早、中熟柑橘连续四年被评为全省第一名。库区柑橘、小水果和茶叶开发，成了后靠移民脱贫致富的支柱产业。2012年5月22日，时任国家移民局局长的唐传利同志视察了移民安置生产开发现场后，深有感慨地讲了句最为经典的话："东江模式，全国旗帜"。

东江湖的旅游业发展迅速。最初利用浙水 108 滩山陡水急、两岸层峦叠嶂、树木苍翠、飞瀑碧泉、相映成趣的资源优势，以浙水漂流为引爆点，带动了东江湖景区的整体开发。东江湖景区如今以自然风光为主，集雄山、秀水、奇石、幽洞、岛屿、漂流等自然景观和人文景观于一体，具有种类齐全、品位较高，综合性较强的特点。被誉为"中华奇景、宇宙奇观"的小东江水雾，每年的 4~11 月，每逢太阳升空前和太阳落山后，从东江湖风景区的门楼至东江大坝 12 公里的小东江狭长的平湖上，云蒸霞蔚，宛若一条玉带在峡谷中飘拂，似驾祥云，遨游仙境。2008 年第 22 届全国摄影艺术展中，有三幅"雾漫小东江"的风光作品入选并获奖，这在国内其他风景区是罕见的。现在每年都有超过 5 万人次的摄影爱好者来小东江观光采风。2016 年，中国摄影协会正式授予资兴市"中国摄影之乡"荣誉称号。而白廊环湖公路获得环中国自行车赛"最美赛段"的荣誉。黄草镇荣获"潇湘风情水镇""全国环境优美乡镇"的殊荣。"游山张家界，玩水东江湖"。东江湖景区于 2015 年 7 月 13 日成功创建国家 5A 级旅游景区。随着大量游客的涌入，如今东江湖的民宿旅游也发展迅速。

春陵江

湘江上游有一条著名支流，贯通湖南省桂阳县全境，蜿蜒曲折，奔流不息，刻画出美妙的自然风光，承载着历史的文明，它就是充满传奇色彩的春陵江。春陵江由西南向东流，全长 304 公里，流域面积 6746 平方公里，流贯桂阳全境，把桂阳分成南、北两大块，是桂阳的母亲河。从地图上，春陵江就像一条跳跃腾飞的五爪金龙，孕育了辉煌灿烂的古郡文化，留下春陵侯、舍人渡等千古传说。据文物部门考证，春陵江流域的上龙泉遗址是湖南省境内发现的最早人类遗址之一，千家坪遗址是长江中游与岭南地区史前文化交流的见证。

据《汉书·地理志》载："春山，春水所出。"清李元度重修《南岳志》引《湘衡稽古》载："赤冀作杵臼于春陵，尚有遗臼留焉，春陵所由名也。"据考，春山在今永州市宁远县境内，亦称春陵山，今名桃岭。因春陵河源头在此故而得名。此名因诸支流流长、水量不同，对其冠名，存颇多争议。

春陵江见证着平民出身、骑牛打下江山的传奇皇帝刘秀的曲折身世。据《汉书》记载，长沙定王刘发一子名叫刘买，分配到桂阳郡与零陵郡交界的春陵乡做了诸侯。春陵侯吃苦耐劳，励精图治，深得民心，儿孙们也很有出

图8-3　雾漫小东江

息。特别是到了第五代孙刘秀，虽然没了任何封禄乃一介种地平民，在西汉王朝业已崩溃、王莽篡位之后，纠集八千春陵子弟，乘绿林、赤眉农民起义，重新夺回了传国玉玺，把行将灭亡的汉王朝重建起来，史称"光武中兴"，是为东汉。东汉王朝视春陵为吉祥之地，从建武十九年（43）春起，大修祠庙祭祀春陵节侯，把从春陵乡流出的河定为春陵河，在长沙修筑了定王台、春陵庙。

1968年4月，毛泽东主席视察湖南，给时任湖南省委书记华国锋讲起了春陵江的历史典故，说到了长沙定王台、春陵庙的由来，"王已分封受汉恩，长沙终不及中原。后来争得三分气，已是东都六代孙"。春陵曾引得历代文人骚客为之吟唱，初唐四杰之一骆宾王曾题《北眺春陵》一诗，"揽辔被霄迈，驱马倦晨兴。既出封泥谷，还过避雨陵。山行明照上，豁宿密云蒸。登高徒欲赋，词殚独抚膺"。虽然春陵的地名可以迁来迁去，但远古走来的春陵江却没有更改名称。

龙女温泉

龙女温泉位于福城郴州南岭大道北，四面环山，树木葱郁，茂林修竹，空气清新，是天然超高负离子氧吧。龙女温泉水源来自地层深部的热水，水质清澈透明，含丰富矿物质，是含碳酸的碳酸氢钙型的淡温泉，可饮可浴。对神经系统疾病、运动系统疾病、皮肤科疾病有独特的理疗作用。龙女温泉拥有各类温泉泡池、按摩池、戏水池、石板泉、花浴廊、温泉海浪浴等30个左右，还有温泉漂流河、高空旋转滑道、温泉 SPA、温泉鱼疗等全新的温泉产品。被评为 2010 中国最佳水疗健身中心和湖南最佳养生特色温泉。

龙女温泉的来源与神话故事《龙女牧羊》和《柳毅传书》有关。《柳毅传书》写郴人书生柳毅应省试道经北里，路逢洞庭龙女山坡牧羊；龙女自述在万姓夫家备受虐待，要求柳毅传书洞庭娘家；柳毅慨然应诺，持竿入龙庭致家书；洞庭龙王遣蛟龙陷万家救龙女，龙女报恩与柳毅结为夫妻，后归居郴州鱼降山。《柳毅传书》详见于清《嘉庆郴州总志·仙释·神人》："柳毅，郴州宜阳人。唐仪凤中应省试，道经北里，逢一女子，容甚丽，妆甚惫，牧羊于山坡前……"南宋嘉定进士、监察御史、郴人雷应春于南宋绍定五年（1232）为重修北湖惠泽龙王庙所"敬撰"的《重修惠泽龙王庙碑》碑文篇首云："吾楚之水之胜，在洞庭一湖；吾郴之水之胜，在一北湖。庙于洞庭湖者，郴人柳灵济侯；而庙于北湖者，郴人曹惠泽王也。灵济遇龙女谒龙王，婿于龙宫，神于龙嵘，至今赖济焉。惠泽威龙以弧矢系龙以锁楔，生制龙于龙窟中，没镇龙于龙窟上，郴人至今赖奠居焉。惠泽去灵济百余年，而数百年来，郴人之沐恩波者，洞庭深而远，北湖尤深而近。"① 这段碑文记载弥足珍贵，是至今发现的柳毅与郴州有关最早的明确记载。也就是说，至少在南宋绍定五年之前，郴人认定灵济侯柳毅是郴州人，洞庭湖修有灵济侯庙。清代前期刘献廷撰《广阳杂记》，所记作者长期在外游历访古过程中各地的风土人情、习俗、古迹等，甚为详尽。其卷三收录了作者在郴州所见所闻，其中有"苏仙桥有郴江祠，祠祀柳毅。俗传，毅，郴人也"的记载，从而佐证了郴州确有柳毅是郴州人的民间传说。在铜坑湖村陷池塘发现清咸丰《重修龙女祠叙》碑，碑文为：如吾郴之龙女祠，有足异焉！当其作女也，不知其为龙也。自雪中牧羊而柳侯传书，由是寒江蒲地陷而为百亩池塘……

《柳毅传书》流传千年，载入方志至少也有 500 多年的历史，是我们必须珍惜的非物质文化遗产。

热水温泉

热水温泉位于湖南省汝城县东南部热水镇，地处湘、粤、赣三省交界处，素有"鸡鸣三省，水注三江"之称。2017 年荣获中国温泉金汤奖——最佳环

---

① 尹长生、尹香力：《北湖龙王大揭秘》，《郴州民间文化》2012 年 4 月，总第八期。

图8-4 热水温泉

保温泉奖。热水温泉属高温热水型温泉,具有"水温高、流量大、水质好、含氡高"四大特点,一般91.5℃,最高98℃,温泉水中含30多种对人体有益的微量元素,特别是氡的含量达142埃曼,是举世罕见的"氡泉"。泡洗后能起到消除疲劳、强身健体的作用,是珍贵的疗养保健型天然温泉。

关于热水温泉的来源,相传远古时代,后羿张弓搭箭,射落九个太阳,其中一个坠落于汝城,潜入大地,汝城始有温泉。道台封泉的遗址历经数百年沧桑仍坚固如旧。明朝年间,热水出了一个道台叫范渊,在外为官多年。一次省亲返乡时,他遍观热水的山脉地形,认为热水的风水当有人官至一品,可历朝历代终未有成就者,便怀疑是温泉漏气破坏了风水。他出钱让人把汝城、仁化、崇义三县的桐油全部收集起来,拌之以石灰、卵石,严严实实地封住了热水温泉的出口。却不知温泉此处不可出,自有流出处,温泉也由一口变成了多口。范渊长叹:"奈何天不就我!"封泉典故伴随遗址流传至今,遗址现存于热水镇温泉文化园内。1934年10月30日,红一方面军前卫部队第三、八军团从江西禾洞、文英进入热水镇热水圩。至热水圩后,红军召开群众大会,宣传共产党北上抗日救国的主张,并帮助群众打土豪、除恶霸,受到了热水群众的热烈欢迎。热水群众主动给红军腾房子、送粮食,并用温泉为红军洗浴、疗伤,军民之间建立了深厚感情。为纪念军民鱼水深情,当地群众把红军洗浴、疗伤的池子称为"红军池"。

三 岩洞幽奇邃且深

郴州属于典型的喀斯特地貌区。喀斯特地貌的主要特征体现在溶洞、石峰等地理现象上。郴州有许多大大小小、千姿百态的溶洞。这些溶洞大多曲折幽深，有的洞中有洞，有的洞下有洞，千柱百门，玲珑剔透，恍若装饰得非常巧妙的地下迷宫。洞中的石钟乳、石柱、石笋奇形怪状，蔚为大观。这些溶洞景观不仅有极高的科学价值和审美价值，而且古往今来，游人众多，留下了丰富的文学作品与石刻艺术。

万华岩

万华岩位于郴州市西南郊外12公里处的万华岩镇坦山村。原名坦山岩，南宋后更名为万华岩。万华岩主洞长9公里多，地下河已知总长8公里多，现在开放的主洞长2245米，3个进出口，23个景点，支洞在主洞1430米处。洞中石景别致，洞中三大瀑布神秘莫测，令人神往，洞内一般宽度在15～20米，最宽处110米，高度一般在10～20米，最高处30米，地下河贯穿始终，空气清新流畅，四季温度稳定在19℃左右。溶洞景观鬼斧神工，万华岩洞中有洞、洞连洞、洞穿洞，处处晶莹剔透。两壁钟乳石，若飞禽走兽，似万树千花，凡尘不染，千姿百态，栩栩如生。有的像石狮、石鹤、石树、石花、石钟、石幔、石田，有的像"水底龙宫"，有的似"瑶池果树""鲲鹏展翅""巨蟒捕食"，有的则如"观音坐莲""玉女垂帏"，可谓奇景纷呈。岩溶精品，要数堪称世界奇宝的"水下晶锥"。盖世绝景则是2000年10月发现的"石蛋生笋"，当时属世界上首次发现，价值不可估量。1998年3月中美联合岩溶考察队一行12人来万华岩进行为期一周的考察后，赠锦旗一面，赞美万华岩颇高的岩溶科研、旅游观光、洞穴探险价值。

对万华岩进行探险，历史悠久。早在宋朝，北宋著名诗人阮阅在此写下了《坦山岩》一诗："空山夜雨鬼神愁，怪石层岩虎豹忧。鸟道不通车马到，只供衲子羽人游。"此后，文人墨客，百姓官吏，前来游玩的人络绎不绝。明代著名旅行家徐霞客曾依照《大明一统志》中的记载慕名而来，却不知明朝时郴州境内有两个坦山，一个在郴州，一个在宜章。徐霞客误入宜章的坦山，与万华岩擦肩而过，对于喜欢洞穴的他而言，留下了不小的遗憾。万华岩有众多的摩崖石刻，至今尚存文物数件，洞顶镌刻"万华岩"三个红色大字为南宋著名理学家张栻手迹。

临武龙宫

临武龙宫位于临武县花塘乡石门村后山山洞。洞内的地下岩溶形态颇具特色。该洞有内外洞之分，内洞又分两层。内洞的上洞中以大量的石笋、石柱集中分布为特色。当年徐霞客在《楚游日记》中有较为详细的描述："一入即见百柱千门，悬列其中"，"从其左而上，穿列柱而入，众柱分列，复回环成洞"。内洞的下洞有石池，"其水澄沏不流"，两崖俱弯壁列柱，而"石脚汇水，不漏池中，水深三四尺，中有石梗中卧水底"，石梗外又有一更大的石池，池中有一由石笋联结而成的"石龙"："限外池益大，水益深；水底白石龙一条，首顶横脊而尾拖池之中，鳞甲宛然"；旁边又有由石笋构成的"宝珠"和"珠盘"："又前两三步，有圆石大如斗，萼插水中，不出水者亦尺许，是为宝珠"，"珠之旁，又有一圆石，大倍于珠，而中凹如臼，面与水平，色与珠共，是为珠盘"。外洞则有石田、石钟乳、石柱、石笋等各种洞穴堆积形态，徐霞客记道："其洞果不深邃，而芝田莲惺，琼窝宝柱，上下层列，岭炯杳渺，即无内二洞之奇，亦自成一天也。"

临武龙宫因行人少至，以往的知名度并不高，徐霞客游过此洞之后，马

图8-5 临武石龙

上被此洞玲珑紧凑、曲径通幽、有如江南园林格局的奇异景致所吸引，极为推崇，他评价"此洞品第，固当在月岩之上"，并说："从来所历诸洞，有此曲折者，无此明爽，有此宏丽者，无此玲珑。即此，已足压倒众奇矣。"①

中华民族向来以龙为图腾，但由于龙的原型问题，关于龙文化的起源却众说纷纭。临武栩栩如生的石龙的发现，激发了不少学者的兴趣，联系到考古发现的上古郴州文化，郴州境内关于伏羲、女娲的传说，炎帝神农氏的事迹，不少学者在考证临武龙洞会不会才是中国龙文化的真正发源地。

蒙艮二岩

蒙艮指的是宜章一中光榔山的"蒙岩"和中夏广场的"艮岩"。淳熙十五年（1188），宜章县令吴镒探访游览蒙艮二岩，见奇峰巧岭，洞穴幽深，井泉琴鸣，涧流鼓答，遂将二岩命名为蒙岩和艮岩，并撰写了《蒙艮二岩记》。"末得之岩，命之以艮，两岩并重，艮之象也。动静维时，艮之义也""艮之泉，始险而伏，卒达而行，谓之亨泉。"吴镒还说："士学于斯，吏官于斯，宾旅游于斯，休焉玩焉，即物之察已，必将有乐于斯焉，亦将有叹于斯焉！"

蒙艮二岩因景观形似蒙卦艮卦的卦象，而蒙、艮二卦在中国传统文化中承载着教育与修身的重大意义，历来受到文人的重视。所以蒙艮二岩因其奇特的自然人文景观，历代骚客仕宦对此情有独钟，多有题铭留记，吟对赋诗。二岩历代的诗词题刻数量之多、书体之广为岭南罕见，它集篆、隶、行、楷、草之书法大全，历宋、元、明、清、民国，经八百余载，留下无数脍炙人口的华丽篇章，也为后人留下一部石刻艺术佳作。蒙艮二岩的石刻字大则如斗，小则如蝇，皆有气吞山河之豪放和行云流水之秀毓，运笔轻重缓急有序，枯湿焦润虚实得当，有惜墨如金又有泼墨如水，笔笔神韵到位，堪称书家大手。多少政要仕宦、文人雅士、商贾游人慕名前往观赏、描摹，流连忘返。明崇祯十年（1367）四月初七，地理学家徐霞客曾专程自永州绕道宜章游览艮岩，赏析摩崖石刻。蒙艮二岩蕴藏了丰富的历史文化内涵，积淀了深厚的人文底蕴，无论诗联气韵、书法艺术还是雕刻手法均属上乘，加之保存状况良好，堪称古代留于后世的石刻艺术瑰宝。

---

① 徐霞客：《徐霞客游记·楚游日记》。

兜率灵岩

兜率灵岩位于资兴市东江湖的兜率岛上，兜率岛面积 5.6 平方公里，是湖南第一大岛。兜率岛如雄狮，蹲伏于碧波万顷的东江湖上，一如兜率灵岩门口楹联所书："揖石轩轩窗揖千环翠碧，兜率寺寺门兜一捧汪洋"。兜率灵岩入口处有一道观，依岛缘壁而建。这座道观始建于清乾隆五十一年（1786），至今有 200 多年历史。跨进观门，穿过观堂，别有洞天，一座岩壁兀立面前，水滴之中，一方大大的洞口，恰与道观后门相对。正是"山中有湖，湖里有岛，岛上有观，观里有洞，洞中有洞"。兜率灵岩是一座距今已有 270 多万年的石灰岩溶洞，洞内纵深十余里，最宽处有 70 米，高有 40 米，为世界级特大溶洞。兜率灵岩以高、大、雄、奇、深、旷著称。洞内冬暖夏凉，钟乳遍布，石柱擎天，景态万千。

关于兜率灵岩的来源，与传统中的太上老君有关。太上老君的住所叫兜率宫，古人传说太上老君曾在此洞修炼过，如宋末州守阮阅曾在《兜率岩》里写道："泉如铅汞流丹灶，石似珊瑚出海涛。不会当年融结意，区区虽巧亦何劳。"邑拔贡樊嘉兴诗云："鬼斧修璎珞，神工铸蜿蜒。此间来老子，返照亦流连。"由于传说太上老君在此洞修炼过，此洞故名为兜率岩。

宋人谢岩游过兜率灵岩后，写下《兜率灵岩记》，此游记被采入《天下名山记》中。在游记中谢岩感叹："神工鬼迹，莫之与并"，"世之所有，无一缺者"。文人们称赞此洞"天下洞相似，此洞独不同"。联合国溶洞协会专家考察后，赞之为"地下大自然的迷宫""天下第一洞"。

四　福地宜居多公园

郴州作为度假胜地、宜居城市，建设了众多环境优美的公园，是名副其实的"百园之城"。这些公园不仅美化城市，陶冶人们的情操，更为人们休闲、锻炼，进行各种户外活动提供了绝佳场所。

苏仙岭

苏仙岭是湖南省人民政府首批公布的省级风景名胜区之一，主峰海拔 526 米，自古享有"天下第十八福地""湘南胜地"的美称。苏仙岭名字的由来，与一个千古流传的典故有关。人们为了纪念苏耽，把牛脾山改名为苏仙岭，把桃花洞改名为白鹿洞，并在苏仙岭顶上建造了苏仙观。苏耽的神奇吸引着众多善男信女、商贾巨子及达官显宦前来顶礼膜拜。苏耽普济众生的"橘井泉香"典故是中国中医的两大经典之一。

苏仙岭从山麓到山顶有桃花居、白鹿洞、三绝碑、景星观、八字铭、沉香石、苏仙观等观赏游览处。桃花居是游客登山的起点，它背靠青山，面向桃花水溪，四周翠竹修茂，绿树成荫，环境幽雅别致。北宋著名文人秦观曾因新旧党朋之争受牵连，屡遭贬谪，最后被削官去职，流放到当时被称作蛮夷之地的郴州，写下了千古名句："郴江本自绕郴山，为谁流下潇湘去？"由秦少游作词、苏东坡作跋、米芾书写的《踏莎行·郴州旅舍》被篆刻在苏仙岭的岩壁上，史称"三绝碑"。1960年3月，毛泽东同志到南方视察，接见了原郴州地委书记，两次问到三绝碑。除三绝碑外，苏仙岭有石刻30余块，为唐、宋、明、清几代文人所题刻，保存完好，具有较高的艺术价值。山顶的苏仙观（南禅寺）宏伟肃穆，是苏仙岭的主要景点。整个建筑有正殿三间，分上、中、下三个，两边有偏殿，东北角两小间为爱国名将张学良幽禁处，现称"屈将室"。西安事变后，张学良将军曾被幽禁于此，写下了"恨天低，大鹏有翅愁难展"的名句。

旅行家徐霞客曾在《楚游日记》中用了近1500字记载了他即使下大雨，也迫不及待地游苏仙岭的情形："雨复大作，余不暇入城……乃持盖为苏仙之游"。而当乘宗和尚带他游白鹿洞时，他也是"急从之"。对苏仙的事迹也记述甚详，可见苏仙岭在徐霞客心目中地位极高。

北湖公园

北湖公园是一座集休闲、健身、园林、生态于一体，功能完善的综合性城市公园，位于郴州市中心，始建于1975年，占地面积31.6公顷。公园南半部为樟树林区和青少年游乐场所，建有模拟的"二万五千里长征"路线，将"铁索桥""雪山""草地"等再现于人们眼前。北湖水面12公顷，占整个北湖公园总面积的30%以上。入夜，月色水光，倒影如画，故有"北湖水月"之称，被誉为阳古八景之一。曾得到历代文人墨客的赞誉。

唐代著名诗人韩愈八次路经郴州。唐贞元二十一年（805），韩愈从广东阳山来郴州待命，与郴州刺史李伯康泛舟游湖叉鱼为乐，兴致勃勃地写下了有名的《叉鱼招张功曹》一诗。后人为了纪念韩愈，在湖心筑岛造亭，取名

"叉鱼亭"。将叉鱼诗刻成碑文，铸造了韩愈大型铜像，营造了岛上石栏，并以明代石狮、石雕、罗汉松和花卉绿草点衬，供人观仰；又新建湖心水榭乐园，与叉鱼亭遥遥对应。水榭为古亭外貌，现代结构。水上是亭，亭内有水，别具一格。

1979~1988年，中国女排先后七次来郴州集训。位于北湖公园的郴州体育训练基地为中国女排冲出亚洲、走向世界，夺得"五连冠"做出了积极贡献，被国内外媒体称为"中国女排秘密基地""中国女排起飞之地""飞出金凤凰的地方"。郴州人民为纪念中国女排在郴州的腾飞，1988年由中国美术协会湖南分会会员雷宜锌设计建造了一组栩栩如生的大型中国女排群雕，命名为"拼搏"，用来纪念中国女排在郴州集训后获取"三连冠""五连冠"殊荣。郴州人民以中国女排为榜样，弘扬中国女排的拼搏精神，积极投身社会主义建设。

飞天山国家地质公园

飞天山国家地质公园位于湖南省郴州市苏仙区境内，离市区18公里，总面积约110平方公里，以丹霞地貌和喀斯特溶洞为主要特色，素有"南岭福地，湘南明珠"的美誉。旅行家徐霞客曾赞叹飞天山"无寸土不丽，无一山不奇"，并镌刻"寸土佳丽"。景区山顶相连，沟壑纵横，山环水绕，寨坪错落，精巧处如精雕细琢，巧夺天工，宏伟处如横空出世，壮志凌云。翠江风情能与漓江风景媲美，享有"小桂林"之美誉。飞天山丹霞地貌属红岩丘陵地貌，地貌被大自然鬼斧神工雕刻成似人、似兽、似物、似禽，栩栩如生。主要丹霞地貌类型为寨（堡），它们坐落有序，寨身陡峭，红崖赤壁，寨顶绿树当华盖。不少寨顶溶蚀成浑圆形洼坑。神仙寨为景区内主景之一，其间点缀有峡谷、石门、天生桥、一线天、岩洞及寨顶溶蚀而成之集水洼地（天池），形成以寨（堡）为中心、两江河水为纽带，红岩绿水，峡谷奇洞，古木竹海的丹霞地貌景观。飞天山国家地质公园既是休闲度假的生态旅游胜地，又是地质学科普与科研的天然课堂。

飞天悬棺距今已有800多年历史，其来龙去脉传说颇多。悬崖峭壁上有五个大小不等的洞穴，洞穴中有木棺两具，保存完整，至今无人敢探，其神秘色彩尤浓。棺木用质地坚硬的整木雕凿而成，裸露于外，离水面数十丈。

图8-6 飞天山风光

桂阳文化园

桂阳文化园位于桂阳县城东北部，景区包括东塔公园、神农湖环湖游园和桂阳古城等，总面积为2160亩，集历史文化展示、市民休闲娱乐、文化旅游观光、文化产业经营于一身，是目前湘南一带最大的文化主题公园。

桂阳文化园主入口中为郡县天下广场，是整个文化园的正门。园区内分布近四十个与桂阳相关的人文景观及亭台楼阁。按照桂阳的人文历史和地域特色将其分为四个部分：第一部分的主题是"群贤毕至、仙道云集"，主要景点有人类古遗址、炎帝耕淇田、千年古郡文化墙、先秦地理有桂阳；第二部分的主题是"蔡伦故里、英才辈出"，主要景点有通津码头、舍人亭、赵侯阁、永济桥、苏仙看牛、蔡侯桂阳历史沿革碑廊、炎帝广场、惠政桥、尚书亭；第三部分的主题是"湘昆圣地、烤烟王国"，其主要景点为湘昆戏剧广场、蒙泉书院、乡贤碑廊、民俗文化群雕、烟草文化广场、龙凤亭等；第四部分主题为"千年古郡、八宝之地"，其主要景点有郡县天下广场、"桂阳印章"、八宝图腾柱和桂阳古郡城。

桂阳古城是文化园的核心区，包括桂阳文庙、湘昆馆、博物馆、古戏台、文化馆、公共美术馆、科技馆、工人文化宫、青少年校外活动中心、非遗传承中心及民俗文化，集中展示了桂阳两千多年以来的优秀历史文化。据统计，2015年开园以来，桂阳文化园已接待游客近3000万人次，每逢春节、五一等节假日，开展丰富多彩的文化活动，接待游客皆超过50万人次。

（本章撰稿：何社林）

第九章 阅尽沧桑的人文景迹

第九章 阅尽沧桑的人文景迹

沧海桑田，尘封了数十亿年的地质宝藏；残垣断碑，承载了数千年的人文历史。郴州经历远古剧烈地质构造运动之后，成就了"世界有色金属之乡"的美名，也造就了"无寸土不丽，无一山不奇"的山水奇观。一种人文精神在自然风光中阅历沧桑，即韩愈所谓"清淑之气"，塑造了郴民"奇魁忠信"的性格。这种人文精神从逶迤五岭奔流而下，亘古守信。

古道、古村、古寺、古堡——这种人文精神缔造的古迹经历沧桑巨变之后，依旧在旖旎风光中醉人。

一 仙佛寺观看来处

20世纪90年代，一张题为"仰天卧佛"的摄影作品引来惊羡。照片中，绵延山峦在晨曦中身披金色霞衣，犹如巨大卧佛安详入眠。"卧佛"脚下是一马平川的草原，这片翠绿的高山草甸当中出奇地镶嵌着一汪碧绿的湖水，现代派诗人赋予奇诗，称其为"地球上的一滴眼泪"，引来无数游人驻足。于是，此湖捎带周边美景获得一个更响亮的名字——"仰天湖"。

围绕"仰天佛"，人们争议较多。有人说，它更像"睡仙"，山顶金仙庙像仙人道冠；山顶围成一圈的金仙寨，像仙人束发的头箍。还有当地地名叫"金仙岭"。金仙岭位于临武、桂阳、北湖三县区交界处，最高处金仙寨海拔1283.7米，登临绝顶，极目四眺，桂阳、临武、嘉禾、宜章、北湖五县区尽收眼底。至于"金仙"，则说法颇多。清《同治临武县志·仙释》卷二十七载："金仙，不知何许人。面色通黄，或时而赤。伏处邑之金三乡，笃志真修。后忽登岭上，白日飞升。至今以金仙名其岭。或曰象林人，即《列仙传》所称桂父。常服桂及葵，以龟脑和之。"对于第一种说法，光绪《桂阳直隶州志》称："或曰宋时人"，与第二种出自《列仙传》的说法相距千年之久。也有传说称明初金碧峰禅师曾游历桂阳，其名与金仙岭暗合，"仰天卧佛"乃禅师所化。其实，这颅高约350米、面宽约200米的山体头像诞生于1.8亿年前的印支运动至0.67亿年前的燕山运动，是仙是佛的猜想全在一念之差。山顶金仙寺，仙佛同祀，每年农历二月十九、六月六、九月十九都有信众前去朝圣，① 至于金仙是仙是佛、姓甚名谁、何许人也，早已在信仰的熔炉中混为一谈。清代诗人雷尚白《登金仙岭》云："蹑屐金仙顶，翘然四望通。放怀高碧汉，回首落青虹。灶访云霞外，凫栖石涧中。仙人终不见，斜日半规红。"在诗人眼里，仙佛不可见，只有眼前美景令人流连忘返。

康熙《郴州总志》载知州陈邦器云："郴旧传'九仙二佛'，昔人称为'仙佛窟，山水乡'，盖慕之也。"仙佛与山水融合，为美景增添了神秘元素，令人向往、为之倾慕。唐代文学家刘禹锡赴任连州刺史途中感染疟疾，在郴州养病一年多，作《陋室铭》② 曰："山不在高，有仙则名；水不在深，有龙则灵。"诗圣杜甫慕之云"橘井旧地宅，仙山有舟航"，如今苏仙旧宅遗迹无存，而苏仙用一勺井水、一片橘叶治疗瘟疫的传奇橘井隐蔽在郴州市一中校园内，安然无恙。"橘井泉香"作为中医两大典故之一，依旧吸引游人慕名前来。登临对面山顶的升仙石，可俯瞰旧宅地，相传此石曾留有苏耽升仙的足迹。自唐以来，慕名者登山刻石，题咏无数，如今"苏仙岭摩崖石刻群"已列为全国重点文物保护单位。景星观在苏仙岭半山腰，为唐代道士廖法正修仙处，韩愈赠序云"气专而容寂，多艺而善游"，嘉许廖仙为郴民"魁奇忠信"之代表。宋代郴州知军阮阅作《景星观》赞之曰："圣世休祥见景星，曾闻瑞日庆云生。羽人中夜来朝斗，透过松梢一点明。"

在有"湘南洞庭，东方瑞士"之誉的东江湖景区，兜率岩自古闻名，③

---

① 引自桂阳县政协主编《桂阳民俗》，中国文史出版社，2016，第306页。
② 萧落落：《关于〈陋室铭〉那些事儿》，《中国文化报》2012年5月30日。
③ 最早文献为南宋高宗绍兴元年（1131）谢岩所作《兜率岩记》，收入《天下名山记》。

此岩为郴州喀斯特溶洞奇观的典型代表，洞中钟乳倒垂，物华天宝尽现其中。洞口建有"兜率庵"，祀道教始祖老子。清代诗人樊嘉兴颂之："岩外虚无物，洞中别有天。凭空罗万象，选胜累千年。鬼斧修璎珞，神工铸蜿蜒。此间来老子，返照亦流连。"老子乃道教至尊，亦称"太上老君"。安仁县安平镇钟鼓岭之老君观建于唐天祐四年（907），亦祀老子。钟鼓岭山腰处的洞穴呈喇叭形、八字口，高约5米，宽6米，深30余米，老君观依洞而建。不过，此洞乃丹霞山洞，无钟乳奇观。洞中宽敞，冬暖夏凉，泉水叮咚变奏，直指人心。洞内又有石桌，传为老君下棋处，平添仙趣。一条长达4米的裂缝直通山顶，形如天窗，堪称奇观。道教有"洞天福地"之说，称洞中别有天地，有神秘力量直通天庭，居此修仙可成。郴州天赐石灰岩溶洞、丹霞山洞无数，又有以苏仙岭为代表的"天下第十八福地"，令求道者倾慕不已。唐代道人薛元真向往不已，称郴州一带"邃洞中别开天地，琼膏滴乳，灵草芳芝，岂尘目能窥凡屣可履也"。①

图9-1 位于苏仙岭山顶南禅寺

① 五代末（唐初）杜光庭《仙传拾遗》载。

在郴州,道教"洞天说"感染了佛教,许多寺庙倚洞而建,"六根清净"、寸草不生的秃顶丹霞山在晨钟暮鼓声中浴火重生,证悟佛理。安仁县安平镇月轮岩有始建于北宋元丰二年(1079)的弥勒寺,该寺藏身于半轮明月般的岩洞中,门口楹联"尽把好风藏寺里,不教幽月落人间",引人入禅。位于永兴县城西北5里的观音岩,寺庙自唐以来依岩而建,后屡建屡毁,现存木结构庵宇系清代建筑。庵宇九层,高30米,取九九归一之意。岩洞弯作穹顶,形如佛龛,得天然之趣。登楼远眺,可见一石狮卧江,昂首向岩,为邑之奇观。明代临武籍探花曾朝节有诗云:"第一峰前梵刹深,观音崖下好观心。道人旧是无心者,弄石听泉自在吟。"

"天生一个仙人洞,无限风光在险峰",[①] 郴民倾慕"神仙洞",更倾慕巍峨崇高的"仙山",直接呼山为仙,九女仙、猴潭仙、南木仙、金子仙、九妹仙、金紫仙、太湖仙……其实都是山名。旧时,郴州山山有仙佛传说,山山有寺庙或观祠,地方文献记载不下千余处。遗憾的是,"文革"期间寺庙观祠大都被毁。这些仙山不仅风景优美,更因传说增添了美好想象。

以民俗而言,郴民受荆楚巫风的影响,不会严格区分道教、佛教。自唐以来,民间将"九仙"与"二佛"相提并论,裹以重重神话,以致难以解析思想内涵,就是一个例证。佛教传入郴州最早古迹是永兴县侍郎坦"刘乾祚造佛"(亦称湖南省最早佛教造像)[②],该佛像以阴线刻于便江边红砂岩崖壁上,像高68厘米,宽50厘米,头戴冠、披袈裟,长方脸,左手小臂上抬手掌朝外,跏趺坐于仰莲纹须弥座上,旁有款识"刘轧祚造佛",末端有"中大通七年太岁乙卯二月甲寅……"可证梁中大通七年(535)已有佛教传入。郴州佛教盛于唐代,刘禹锡为智俨禅师(737~818年)作《塔铭》,[③] 称其为"曹氏子,世郴之右姓……生九年,乐为僧,父不能夺其志。抱经笥入岣嵝山[④],从名师执业……"另有清《光绪兴宁县志·仙释传》称该县梵安寺

---

① 出自毛泽东诗词《七绝·为李进同志题所摄庐山仙人洞照》。
② 张辛欣硕士学位论文《湖南地区石窟摩崖造像调查与研究》(指导教师胡彬)第51页"湖南省现存8处石窟,年代最早的是永兴'侍郎坦'南朝摩崖造像,其余7处为五代以后造像"。
③ (唐)刘禹锡:《唐故衡岳律大师湘潭唐兴寺俨公碑》,《全唐文》第七部卷六百十。
④ 在南岳衡山。

住持静觉为"冷淡佛",乃六祖慧能高徒。民国《宜章县志·释道传》称该县开山寺住持释宏选得曹溪秘传,民间盛传"未有宜章,先有开山"。宋书《舆地纪胜》卷第六十一记载唐代僧人信业于桂阳坛山传道:"唐中宗景龙二年,有旨,于平阳县坛山,开置戒坛,广度僧尼。至大中二年,有一僧曰'信业',乘云飞锡,自阿育王山来,居此山至大中六年,内诏赐紫衣。不逾月,复还育王,而坛山香火不绝。"可见,在禅宗盛兴的唐代,郴州深受韶关曹溪、南岳衡山禅宗[①]影响,已有名僧传法。同时,郴州禅师在当地儒学、荆楚巫风和民间道教的共同影响下,多半主张儒、释、道三教合一,其中典型代表和首倡者为寿佛释全真。乾符三年(876)李知玄作《古塔记》,[②] 称其在武宗灭佛时(845年前后),"衣冠殊制,名号不伦。衣曰无量寿衣,冠曰真空法冠。髭鬓不剃,老少不常。不念经,不礼佛,乃自号'真空法身周主人'"。清《光绪湘山志》誉之"道冠、儒履、释袈裟"。寿佛释全真出生于资兴市周源山,圆寂后曾受宋代四位皇帝敕封,至清朝咸丰年间敕封为"保惠无量寿佛",已在江南地区、港澳台乃至东南亚一带享有盛名。寿佛故里原有龙居、广慧两寺,而今新建的寿佛寺坐落于东江湾景区,这里前临小东江,背倚周源山,群山环抱,翠竹相拥,风景殊异。源自寿佛的"三教合一"理念对北宋理学鼻祖周敦颐及其理学一脉产生的影响可以考究,其中周敦颐任郴县、桂阳县令期间(1047~1053),佛教临济宗九世、郴州万寿念禅师所处年代与之吻合。万寿念禅师偈云"往复无际,动静一源。含有德以还空,越无私而迥出"与周氏《太极图说》"太极动而生阳,动极而静,静而生阴。一动一静,互为其根"异曲同工,又与寿佛释全真"先天地偈"[③] 同出一辙,因而被后世误会为寿佛。周敦颐得"先天地偈"于鹤林寺僧寿涯见载文献,"先天地偈"经佛教临济宗杨岐派、黄龙派数代禅师相继阐发,周氏由此得"无极"之妙亦有学者考证。[④] 明代儒家学者、临武籍探花曾朝节好

---

① 韶关曹溪南华寺因六祖慧能弘法而闻名,六祖高徒怀让得其真传,弘法于南岳福严寺,其后出临济、沩仰二大宗支。
② (唐)李知玄:《古塔记》,《全唐文》卷八百二十七。
③ 明代学者邝露所著《赤雅》云:寿佛宗慧"常作偈云:'有物先天地,无形本寂寥。能为万象主,不逐四时凋'"。
④ 萧落落、曹海陵:《"先天地偈"启发〈太极图说〉辨》,《湘学研究》2018年第1辑。

佛，为曹洞正宗法脉派偈云："正法湛无觉，妙义悟本空，静证坚持修，一了超顿宗"，则印证了郴州乡贤有援儒入佛的倾向。临济宗、曹洞宗古爽派为郴州佛教两大支派，其中本土支派古爽由明代安仁凤凰禅寺住持奇峰创立，衍派至今，郴州佛教弟子多宗其派。凤凰禅寺位于安仁天元山，其山云雾缭绕，偏僻幽静，正好修禅。天元山僧仞兴有诗云："云出僧同出，僧归云亦归。山云深翠处，便是野僧扉。"

有道是，"学诗浑似学参禅，竹榻蒲团不计年"①。僧人和儒者留下的佳句，犹如璀璨明珠般点缀着郴州山水。宋代诗人阮阅咏《会胜寺》曰："灵寿山前古梵宫，粥鱼斋鼓白云中。衲僧若会蒙泉意，竟与曹溪一径通。"会胜寺建在苏仙区坳上镇田家湾村，旁有圆泉。据唐代张又新《煎茶水记》载，茶圣陆羽曾与李季卿品茶，将天下煎茶之水排名，此泉位列第十八，宋代郴州知军万俟侣题刻于石壁的"天下第十八泉"至今清晰遒劲。此地万岁山自汉出"灵寿杖"而闻名，又有寿佛"曾坐石上入定，至今盘踞之迹存焉"。② 因此，会胜寺毁后重建，今亦名"寿佛寺"。桂阳县城内鹿峰寺至今香火旺盛，旁有东塔高耸入云，故旧名"塔下寺"，明代诗人仲皡咏道："欲放春风展，因寻山寺幽。白云依水住，清磬入门流。未结林中社，重登竹外楼。老僧能爱客，瀹茗复相留。"嘉禾县普济寺被誉为"江南第三佛地"，1965 年被毁，2001 年重建，规模宏伟，香客如云，旧八景称"普济晚钟"，清代诗人王之瑚赞曰："更漏初残月半盈，一声声送晓风轻。千家城郭催人起，十里溪山度鸟鸣。"资兴市回龙山巅有古南岳寺，相传南岳圣帝避暑于此，因而得名。回龙山最高处海拔 1420 米，登顶可观云海日出，运气好时可见"海市蜃楼"，八景称"回龙望日"。明代僧人释自如居此赋诗云："雪清晓嶂闻寒瀑，叶落秋林见远山。古柏烟开清昼永，是非不到白云间。"僧人禅诗"是非不到白云间"似与雷尚白《登金仙岭》"仙人终不见，斜日半规红"遥相呼应。金仙岭山体头像是仙是佛，至此或可定论："道冠、儒履、释袈裟"，融儒、释、道为一体。

---

① 出自宋代诗评家吴可《学诗诗》。
② （清）康熙《湘山志·寿佛志》（卷之一）。

二　聚落古村叙伦常

金仙岭下，有一神与金仙同乡，归葬于临武县金江乡境内（旧地名为金三乡四都赤水乡左上南峰庵）。此神名曰黄师浩，临武、桂阳、宜章以及郴州州城延至清末都有其神庙。根据相关文献记载，黄师浩生卒年为822~860年，民国《宜章县志·宗教志》卷二十六载曰："生而雄杰，尝曰：'大丈夫生当侯封万里，死当庙食百世。'……乙丑（845），举武进士，出守智州……咸通元年（860）春正月，浙东贼裘甫作乱，与浙东观察使王式奉诏讨贼……矢中左额，遂仆，时六月二十五日也。及没而为神……建立武陵祠，以示世世纪念。宋嘉定五年（1212）则封以'广惠侯'。"浆水黄氏族人合修的《石虎山武陵侯志》[①]更为详细，可以粗略解析黄师浩神化的梗概：传统的祭祖活动让黄师浩成为家族神，祈雨等大型公众活动令其影响力日益扩大，家族迁徙让其声名远播。[②]在郴州，古村大都以族姓聚居，有着共同的始迁祖。其中，有的氏族祖先已演化为众所周知的"神"，黄师浩就是其中一例。[③]除此还有资兴碑记乡[④]半都岭石拱村唐代始迁祖曹代飞，因斩杀北湖恶龙而号"北湖龙王"，百姓立祠于北湖，享祀至清末；资兴蓼江镇大坪村宋代始迁祖曹贵传，传说偕一子一婿升仙，楚南敬之为"曹天师"。这些始迁祖，是郴州最原始的文化基因。

黄师浩出生地宜章县浆水乡浆水村是一个始建于唐代元和三年（808）的古老村落，始祖黄起顺见此地巨石高盘，形如石虎，山泉甘如琼浆，故择居于此，并命名为浆水。浆水村现存明清古民居130栋，其中祠堂12栋，师浩公祠为众祠之冠。村旁石虎山上，又有浆水大庙，专祀黄师浩，每年春、秋两祭。其中，"昭公出巡"为重要仪程，祭祀当天村民抬阁请出黄师浩夫

[①] 原书藏于美国国会图书馆，《浆水风物》编委会2016年6月再版重印。
[②] 据《石虎山武陵侯志》载，黄氏族人（裔孙元楚等）迁徙到郴州州城亦建武陵侯庙，当时郴州知州姚某祈雨不验，于是听从黄氏族人建议，转求武陵侯黄师浩，果验。而后，武陵侯在州城遂有春秋两祭，清《嘉庆郴州总志》亦有印证。从这一事件可以看出，黄师浩的传播影响过程。
[③] 黄师浩为郴州"九仙二佛三神"之一，号石虎神。
[④] 现已并入三都镇。

妇神像，偕历朝神将（如穆桂英、赵云、吕布等），按照既定路线到周边黄氏家族村落游走，路过黄氏家庭则要敬香请神。最后到达昭公宗祠，将神位安放好。旧时，祭祀活动规模盛大。1928年初，朱德在宜章发动起义时，曾亲赴石虎山武陵侯祠观瞻①。1965年冬，时任中南局书记陶铸来宜章视察，也专程前往怀古。

　　祭祖，是古村最重要的民俗活动，也是祠堂最重要的功能。因此，祠堂建筑宏伟、工艺精美，最为显耀、最为神圣，堪称村中"故宫"。村中祠堂大都为一姓一祠，有的是一房（同姓支派祖先）一祠。祠堂供奉先祖，是"亡灵"的最终归宿，也是婚姻"合两姓之好"的见证。族老在祠堂商量大事，要讲究公事公办，祖先就是最好的公证人；求卜问卦去祠堂或许比去庙里灵验，沾亲带故的神灵应该更关注族人，条件是你首先做到"忠孝节义"，熟知"礼义廉耻"。汝城古祠堂为全市之冠，共保有明清风格古祠堂710多处。2006年5月，中科院院士、湖南省政协副主席姚守拙考察汝城古祠堂之后评价道："汝城古祠堂建造时代之早，建筑之精美，保存之完整，文化底蕴之深厚在江南实属少见。"并欣然题写"古祠堂之乡"。② 2013年，汝城古祠堂群列为全国第七批重点文物保护单位。汝城古祠堂选址注重"枕山、环水、面屏"，讲究"前有案山，后有靠山"，居于全村重要位置。如金山古祠堂群有卢、叶、李三姓，其中卢氏家庙"叙伦堂"坐西南向东北，面阔三间，纵深三进，三重封火山墙，取"三生万物"之数。大门漆以大红，左右各开侧门，檐下如意斗拱下额枋浮雕龙凤八仙、双龙戏珠，额枋正中书"南楚名家"，院内有两个天井采光，取天地相通之意。祠堂前有一个直径30米左右的半圆形池塘，作"气聚成水，气动成风"之用。祠堂左右民宅高度都在祠堂三分之二以下，一望便知，那是一群追随龙头的子孙。叶氏"敦本堂"则由家庙和朝门组成。叶氏家庙坐南朝北，同样是三间三进二天井。庙前有朝门，左右民居围拥朝门，高度只有祠堂大门的一半。朝门前为何有民居？原来叶氏家庙坐南朝北，北风寒冷，在后天八卦为坎水主寒，在先天八

---

① 邓湘宜主编《浆水风物》，杨金玉《武陵侯祠》，中国诗词楹联出版社，2016，第15页。后一事亦出此处。
② 出自朱惠芳《汝城古祠堂》，岳麓书社，2012，第14页。

卦为坤阴气过重，故用民居抵挡风寒。朝门前同样有一个20米左右的水池"聚气"，对面的朝山则起到了挡风护卫作用。李氏家庙陇西堂坐南朝北，与叙伦堂、敦本堂呈等边三角形构造。卢、叶、李三姓家庙三足鼎立，牵一发而动全身，充分体现了三姓族人同舟共济、和睦相处、共同发展的关系。与汝城金山古村相似，异姓杂居村落以宗祠为中心形成相互帮衬的小聚落，这种现象在郴州十分普遍。同一古村，凡遇民俗活动，百姓都会积极参与，万众同乐。现已被列入国家非物质文化遗产项目的汝城香火龙充分体现了这一特色。每逢元宵佳节，"香火龙"如期以村为单位上演。舞龙前，先要到祠堂举行祭祖仪式。礼毕，再将龙头抬起向祖宗神位叩首三次。而后三眼炮响彻夜空，引来亲友为香龙点火，随即100多位壮士抬起3000多斤重的香火龙舞将起来。香火龙先绕宗祠大门旋转三周，一旋一拜，三拜后在村中游走。天幕黝黑，香火龙的万点香火倒映在水田之中，香烟随风波动，宛若腾云驾雾。沿途人家燃放爆竹谓之"接龙"；回到祖祠，龙首居中，盘成三圈，村民扯香后烧化，谓之"化龙"；次日清晨将"龙灰"倒入溪流中，谓之"龙归大海"。这一切，都以祠堂为中心。

图9-2　金山古祠堂群之叙伦堂

桂阳县的古祠堂多有戏台，祠堂祭祖也演戏。湖南大学建筑学院教授柳肃为《桂阳古戏台》[①]作序云："祠堂祭祖宗和庙宇祭神相似，先是以戏

---

① 张兴民主编《桂阳古戏台》，中国建筑工业出版社，2016。

'娱神'，继而作为庆典活动演戏以吸引观众，再而祠堂家族之间互相攀比，节庆延请戏班演出，比排场，比阔气。以至祠堂戏台的建筑也是互相攀比，以建筑之华丽来体现家族实力。"据统计，中华人民共和国成立时，桂阳共有古戏台481座，① 至今保存完好的有310余座，其中5座被列入省级文物保护单位。桂阳戏台一般建在宗祠中轴线，背倚大门，面向神堂，梁架多为木结构，戏台天井两边多建厢楼以便观戏，外围为封火墙。也有不少戏台不依赖于宗祠，单门独户，对外开放。除精美建筑之外，戏台楹联寓戏于中，独具特色。如塘市阳湾村黄氏宗祠戏台对联："戏半是虚，虚以实想，想出个活活当年；做中有古，古作今观，观不尽花花世界。"樟市镇平都村胡氏宗祠戏台对联："歌神德扬宗功神其人听，劝真人鉴往事居且问心。"雷坪镇聂锡村宗祠戏台联曰："蜃楼海市看世变成幻境，民俗村歌步梨园且上舞台。"古戏台板壁上的戏班题壁，是难得的戏曲历史文献，如黄沙坪沙坪村大溪骆氏宗祠戏台板壁记有清嘉庆年间福庆园在此演戏16天、56出昆曲节目，樟市镇上坊村成氏宗祠戏台记有50余出昆曲戏目。这些戏目清晰地记录了明代昆曲流入桂阳县之后的繁荣，以及融合本地民俗演变为桂阳昆曲的历程，而今桂阳湘剧已被列入全国第一批非物质文化遗产名录，桂阳古戏台正在申报全国第八批文物保护单位。

宗祠祭祖又娱神，有的古村却演化出敬祖又"闹祖"的独特民俗，其中桂阳县城西郊洞水村"闹太祖公"令人称奇。"太祖公"即该村始迁祖周法正，为理学鼻祖周敦颐第六代孙。在洞水村，重阳九月九比过年还热闹。"闹太祖公"分祭祖、骂祖、起马、闹祖、游神、归位等环节。最奇的是，师公在宗祠作法祭拜"太祖"之后，由一人用柳条给"太祖"洗澡，边洗边骂，此称"骂祖"。随后由四名小伙将太祖塑像请进轿中，用红绸绑定，抬出游行，名曰"起马"。每到村中开阔处，抬轿的小伙都要在原地一边摇太祖公，一边转圈，摇得越厉害，围观村民的喝彩声就越大，这就是"闹祖"。最后绕村游行一周，太祖归位，又回到祠堂。洞水村群山环绕，绿树成荫，一条小溪犹如白龙蜿蜒而过，明朝"忠节将军"周烈就出自该村，祠堂前旗杆石斑驳沧桑，述说着往日的荣耀。

---

① 张兴民主编《桂阳古戏台》，中国建筑工业出版社，2016，第6页。

图9-3 永兴县板梁古村旧时商业街

永兴县板梁古村的"周礼古宴"同样在祠堂举行,其渊源可以追溯到周朝"三礼"之《仪礼》,经过千百年流变,板梁宴礼至今保留着《仪礼》的主要程式。"周礼古宴"融迎客、祈福、音乐、演唱、美食以及排座安客为一体,分别由请客、接客、宴客、送客等仪礼组成。每逢贵客远来,村头接龙桥上,司仪会头戴一字巾帽、身穿酱红袖衫迎客,吉祥童子则身着圆领彩衣列队鞠躬行礼。板梁古村由刘姓聚族而居,该村以接龙桥为龙头,背靠象岭,溪河绕村而下,可谓依山傍水。村前有七层古塔,村内古代庙宇、祠堂、私塾、商铺、钱庄一应俱全,布局章法同样遵循古礼。这360多栋完好无损的明清建筑,雕梁画栋,飞檐翘角,工艺精湛,令人叫绝。如今,板梁村已被列入"中国传统村落"、"中国历史文化名村"、国家4A级景区。截止到2017年,郴州市共有35个村庄成功申报为中国传统村落,其数量位居全省第三,板梁古村便是其中利用传统文化资源与旅游融合发展、实践新时代乡村振兴战略的典型案例之一。

郴州古村虽各有千秋,但其以祠堂为核心,以民俗活动为载体,叙伦常、敦教化的主线亘古不变。1927年,八一南昌起义后,朱德率部辗转来到汝城策划"湘南起义",应族老之请,为津江朱氏祠堂题写了"世界一家"匾额。"世界一家",本于宗亲,倡导大同,多少郴州弟子受此感染,走上了革命道路。

三 寨堡要塞忆沧桑

1949年7月,号称"湘南王"的土匪头目胡凤璋占据的最后一座寨堡被解放军攻陷，进入新中国社会主义建设时期的郴州，寨堡要塞因彻底丧失军事防御功能而成为遗迹，留下饱经沧桑的历史记忆。这些古堡有城堡、寨堡、洞堡、村堡、碉堡，它们就像一道道凝固的风景，从汉代绵延至民国历时两千余年，成为郴州先民防御匪患、躲避战乱的历史见证。其中保存较好的有50多处，统称为郴州古堡群。2011年，郴州古堡群被列入湖南省重点文物保护单位。

汝城县土桥镇上古寨堪称"固若金汤"，是一座使用到最后的寨堡。此处石壁峭立，据此可鸟瞰石泉村，又可控制交通线。从一条石板路拾阶而上，路旁遍布枪眼的碉楼是上古寨的第一道岗哨。三面皆为峭壁，这是进寨的唯一小路，路边砌有又高又厚的石墙，每隔3米便设有枪眼，转折处再建碉楼扼守。小路尽头，是一座石拱门，这里就是上古寨的西门。1932年，胡凤璋据此与彭德怀红三军团激战近十天，竟然寸土未失。1949年7月，他又故技重演，负隅顽抗。7月8日，解放军汝城县军事管制委员会主任朱汉樵只身进入上古寨与胡凤璋谈判，上演了一出"智取威虎山"。第二天，朱汉樵在事先安排的"内线"接应下，配合湘南支队、粤北二支队一部，顺利攻占上古寨，将胡凤璋擒获。胡凤璋建造的最高碉楼——八角楼，在粤北支队炮击中轰然倒塌。

临武县汾市镇渡头古城堡遗址堪称郴州最早，它背倚城墙山，面临武水河，始建于秦汉。1986年，全国第二次不可移动文物普查发现渡头散落的绳纹板瓦、残断筒瓦，初步推断为秦汉时期遗址。2015年12月，湖南省文物考古研究所向国家文物局申请主动发掘，城址浮出水面。这是一处方形古城，城墙宽4～5米，残高3～6米，东西、南北城墙残存各100多米长，总面积约4万平方米。城堡东南角外有一直径8～10米、高于地表4米的椭圆形夯土台与城墙相连。从其结构来看，可能是瞭望台、烽火台一类军事设施，瞭望台设在东南角最高处，视野最为开阔。当地村民反映，古堡前的山上亦有类似烽火台遗址。2009年初，当地村民在山坡上开荒，意外刨出一串汉五铢钱。嘉庆《临武县志》载："马侯祠，在马侯山，祀汉伏波将军马援。""光武时，交趾征侧、征贰反。拜马援为伏波将军，以击之。道经临武，驻营山下。因称其山为'马侯山'，后人为之立庙……"马侯山俗名马侯岭，距渡头古城遗址仅两三公里。显然，这是一处军事要塞。临武在汉代以前，长期处于汉民族与百越少数民族的边界，在此驻军守险很有必要。

永兴县便江镇水南村飞鹅寨位于风景优美的便江河畔，寨堡内有山有水，有屋有庙，真如世外桃源。登寨远眺，可见便江飘玉带，百里丹霞一览无余。明代诗人曾绍芳咏道："石寨高无极，远眺类飞鹅。风岭遥相望，龙山亦并拖。相将侣灵鹫，仿佛浴天河。便邑此天险，当年保聚多。"嘉庆《永兴县志》载曰："飞鹅砦，在县南渡头山，即安集寨。元末矩山徐相公筑。摄县令彭若舟砌石加修前寨门，高一丈，长五丈。后寨长二十八丈，高一丈。掘去鹅颈，长五丈，深入一丈，四面皆石壁，上有三池水，甘美清冷。官造瓦屋两廊，计九十丈。天生二窾于其间，民可聚居，永为保障……昔人采入十景，谓飞鹅悬寨。"如今，寨堡城门、城墙已毁，但上下两坦仍有房屋遗址，其中下坦赭红岩壁上留有两方元代石碑，印证县志所言不虚。

苏仙区许家洞镇喻家寨位于郴江下游，此寨孤峰突起，枕江而立，四面峭壁，就像一山从天外飞来，故又名天飞山。因相传汉代苏仙在此炼丹，亦称仙台山。由郴江河畔登寨，只有一条石径直通石拱寨门。据此，一夫当关，万夫莫开。寨门前的石壁上，有"天飞山""胜境""奇观""白莲池""同仁书院"等摩崖石刻和诗词，数量达五十方，足见此寨文化底蕴丰厚。寨顶平坦，总面积约0.25平方公里，有田土耕种，亦有水塘供日常之需（昔称白莲池），是个避乱的绝佳去处。明代郴州判官谢邦信有诗曰："竹篱疏雨日辉辉，淑气催人画漏迟。好与仙台成故事，碧筒沉醉白莲池。"山后，石穿如桥，穿坦高50米、宽40余米，桥上下俱通往来。石壁题刻云"天生巨眼，大地津梁"。当今地名"喻家寨"，源于明成化年间迁入此寨的喻家，明末宿儒喻国人于此创办同仁书院，石阶、柱础等遗址尚存。2011年，天飞山摩崖石刻群以及喻家寨双双被列为省级文物保护单位。

北湖区万华岩风景区洞穴奇观举世瞩目，而其洞穴中隐藏的寨堡却鲜为人知。只要穿越七公里长的地下溶洞，即可见到后洞天坑有城墙、哨卡、平台组成的堡垒。城墙长达41米，高低依据洞口地势约数米不等，整个城墙只开一扇一人高的小门。哨卡在前，遗址约30平方米，用以瞭望敌情。天坑与后洞交界处也有一堵石墙，将后洞完整地包裹起来，万一天坑失守，可退居后洞对抗，亦可潜入万华岩溶洞遁于无形。万华岩溶洞鬼斧神工，洞中钟乳若飞禽走兽，似万树千花。洞口巨石刻有郴州知军赵不退南宋绍兴十八年

(1148)所作《坦山岩劝农记》,学者评为"中国农耕史上第一碑"。另一块清咸丰十年(1860)《坦山万华岩叙》碑记载了当地百姓据守洞堡抵抗太平军的故事,据碑文"前明避乱,遗迹俱存,因旧址以继长,本昔垒以增高,居间足以足壮观,遇惊恃为固立?巍乎天险,不可升居,然寇来莫敢上……"可知,万华岩洞堡早在明朝就已经建成,到了清朝咸丰年间,当地百姓为躲避太平军战乱,就在明代洞堡的基础上修建了军事洞堡。北宋郴州知军阮阅作《坦山岩》形容此地绝险:"空山夜雨鬼神愁,怪石层岩虎豹忧。鸟道不通车马到,只供衲子羽人游"。

  说到城堡,不得不提"宜章三堡"。宜章三堡包括黄沙堡、栗源堡和笆篱堡,是建于明初的军事城堡,是明朝屯兵、戍卫的军事要塞。宜章是湖南、郴州的"南大门",自古为"楚粤孔道",宜章三堡就是湘粤边界上的军事要冲。"堡连堡,三十五(里)",三座城堡呈"品"字形把守"南大门",紧紧扼住湘粤孔道的咽喉。嘉庆《郴州总志》记载了三堡的建置源流:"栗源堡,在县南四十里。明洪武二十七年,广东连州长塘马毡土寇出糍粑岭、罗阳洞,行劫滋扰,十七都耆民李克安入都告发,始调茶陵卫官军七百余名来戍,立黄沙堡,把截长塘马毡笠头洞贼路。又立栗源堡,把截广东西山梅花辽水罗阳洞迳口贼路。一说洪武十一年,百户廖武、陈德奉调来宜,永乐九年,梅辽土寇滋扰,统领军旗八百户防御隘口,寇平,因请旨建立堡城。""笆篱堡,在县南七十里,当黄沙、栗源二堡之中,三堡屯田,此为最要,永乐间调郴州所千户一员、百户一员,防守莽山峒口,有城。""黄沙堡,在县西南九十里,明洪武二十七年,广东连州境长塘马毡贼劫掠笠头洞,始调茶陵卫百户朱铭、程宁、蔡荣带军兵来戍,筑城屯田兼防西莽二山瑶峒,永乐间,调茶陵卫百户三员防守西山峒口,有城。自县南门外过南卡塘汛,分东南西三路,路通三堡,堡各有城,相距各三十里,为控扼沿边之所。笆篱堡设把总一员,余各有弁兵防守。"① 随着岁月流逝,宜章三堡丧失了军事功能,固若金汤的城堡成为妨碍农业生产和市场流通的累赘,大都遭到拆毁,只有被废弃的黄沙堡较完整地保留了原貌。黄沙堡位于宜章县黄沙镇堡城村,始建于明洪武二十七年(1395)。整座城堡略呈四方形,占地约4万平方米,

---

① 此条根据清《光绪湖南通志》整理。

素有"穿城一里半,围墙三里三"之说。城墙高 4.25 米,厚 4.5 米,周长 812 米。城堡开东、西、南、北四座拱门(东西两门被毁),门上筑有城楼,最高的北楼将近 10 米。城楼设有观察孔和枪眼,城墙还保留有城垛。除城楼外,黄沙堡内还有碉堡、兵器库、粮饷仓、寺庙、学校、民居、宗祠,以及大量的石碑、拴马石、旗杆石,可以说既是军事堡垒又是古代村落。原来,堡内居民来自归附、谪发和从征人员。按照大明律法,戍卫军官职务可世袭,所属军士为军户,皆给军田,官军携家眷在堡内居住,开荒种田,代代相传。后因国家不负担养兵费用,因此堡中官兵亦军亦民,以 1/3 的士兵戍卫、警戒,2/3 的兵力参加农耕,以劳养武,自给自足。一遇战事,则全军皆战。到了明朝中期,朝廷对城堡的管理日渐松散,一些军户陆续迁出城堡,定居于交通便利之处。北门下清康熙四十年(1700)立《奉院司道宪禁革碑》记录了这样一个事实:宜章三堡屯丁周、谭、欧等十多人,因遭受驻防官兵勒索而层层上告,从州到省到京城,历时四五年,终于打赢了官司,照例享受堡丁特权,不用纳税。黄沙堡最后一次重大战事发生在 1928 年 1 月 12 日,朱德发动宜章暴动之后,国民党保安队长邝镜明率残部逃窜至黄沙堡。1 月 23 日,朱德率部攻占黄沙堡,而后在岩泉、栗源堡、长冈岭及广东坪石全歼许克祥部六个团,创下我军历史上有名的"坪石大捷"。

郴州星罗棋布的古堡寓示着郴州人民顽强不屈的抗争精神。抗日战争期间,薛岳组织长沙会战、衡阳会战之后,有意拉长战线,弃守郴县。抗战八年,粤汉铁路郴县至宜章段成为打通大陆南北交通线的"最后一公里",久为日寇垂涎。1945 年 1 月,在国民党正规军消极抵抗的情况下,粤汉铁路"最后一公里"失陷,郴州地方武装和抗日民众利用古堡等天然屏障,自发组织游击战,"运用节节伏击、截击、搜击诸战法,追敌于绝境"[1],为抗日战争胜利谢幕做出贡献。

四 红色旧址传初心

"什么叫共产党,就是自己有一条被子,也要剪下半条给老百姓的人。"

---

[1] 出自薛岳《湘赣边区阻击战》。

2016年10月，习近平总书记在纪念红军长征胜利80周年大会上，讲述了82年前发生在郴州汝城县沙洲村的"半条被子"的感人故事。这个故事经过总书记饱含深情的讲述，迅速传遍了全中国，让全中国重温共产党与人民群众荣辱与共、风雨同舟的初心。

郴州是革命老区，1928年发生过影响中国革命历史进程的"湘南起义"，1934年红军长征过境于此，留下了许多可歌可泣的红色革命故事和大批珍贵的红色文化旧址。根据2011年全国革命旧址普查统计，郴州共有红色文化旧址185处，位居湖南省第二。其中国家重点文物保护单位3处21个点，省级文物保护单位29处40个点。郴州数量众多、意义重大的红色文化旧址，成为共产党人的"初心"溯源地。

在汝城沙洲村，徐解秀与三位女红军挤在一起睡觉的床还在，这是一张用楠竹小床与板凳拼接起来的大床。1934年11月5日晚，北风夹着冷雨寒气逼人，3位女红军投宿徐家，可徐家只有一张用楠竹钉成的小床，于是徐解秀就用板凳拼成了这张大床。床上只有稻草，没有被子，于是徐解秀与3位女红军合盖一条军被，挤在这张床上睡了5晚。部队开拔时，女红军要把被子留给徐解秀，徐解秀说什么也不肯要。这时，一位女红军掏出剪刀，把被子剪成了两半，对徐解秀说："等革命成功后，我们一定送你一床完整的新棉被。"在徐解秀故居，简陋的家居陈列让人想起八十多年前那个风雨交加的晚上，大堂正中挂着她的遗照。2016年，当年①采访徐解秀的《经济日报》记者罗开富故地重游，对着老人的遗照深深地三鞠躬，饱含热泪地说："大娘，我来晚了，没有见到您老人家最后一面，没能帮您找到三个女红军，我对不起您！"如今，沙洲村已列为中国传统村落，修建了游客服务中心、民俗广场、纪念广场、磐石公园，村内道路宽敞平整、房屋鳞次栉比。2017年11月，中国（湖南）红色文化旅游节在这里成功举行。随着"半条被子"感动中国，前来沙洲村参观旅游的人越来越多，沙洲早已今非昔比。

---

① 1984年11月7日，罗开富来到沙洲村采访84岁的徐解秀老人，同年11月14日在《经济日报》头版发表《当年赠被情谊深 如今亲人在何方——徐解秀老婆婆请本报记者寻找三位红军女战士下落》一文，引起了邓颖超、蔡畅、康克清等经历长征的女红军、老将军的关注，他们委托罗开富寻找当年的3位红军女战士，但一直未能如愿。

图9-4 位于汝城县沙洲村的《半条被子》雕塑

在郴州市城区东塔烈士公园，湘南起义纪念塔高耸入云。这座纪念塔建成于1985年12月，碑高28.1米，暗寓湘南起义的时间为1928年1月。塔西正面有邓小平同志题写的塔名，东面是萧克老将军撰写的碑文。如今，湘南起义亲历者、共和国将军们的后代依旧惦记着父辈们在郴州工作、战斗过的情义，如约出席湘南起义周年庆典活动，与郴州人民一道追忆革命初心。湘南起义旧址群于2013年被列入全国重点文物保护单位，其中郴州市有19处39个文物保护点，它们串起来就是湘南起义的风雨历程。

"湘南特别军事委员会"旧址

"湘南特别军事委员会"旧址即汝城县城郊乡津江村原汝城商会会长朱振文宅院，亦"CP（中共）驻汝城特别工作委员会"所在地，现保存完整。1927年，蒋介石发动"四一二"反革命政变之后，毛泽东同志即起草《湘南运动大纲》，拟定："湘南特别运动以汝城县为中心，由此中心进而占领桂东、宜章、郴州等四五县，成一政治形势，组织一政府模样的革命指挥机关，实行土地革命，与长沙之唐政府对抗，与湘西之反唐部队取得联络……"1927年7月，中共中央军事部部长周恩来委派陈东日、武文元来汝城组建"中共中央驻汝城特别工作委员会"和"湘南特别军事委员会"，统一领导以汝城为中心的湘南革命。

汝城会议旧址

汝城会议旧址即汝城县城郊乡津江村原乡绅朱雄万之宅院，同时也是湘粤赣农民运动指挥所，现基本保存完整。1927年11月，朱德、陈毅率南昌起义余部来到汝城，在汝城衡永会馆及湘粤赣农民运动指挥所召开了湘南、粤北各县党组织负责人会议。会议传达了中共中央以汝城为中心发动湘南暴动的精神，决定：12月中旬，以南昌起义部队为先锋，以汝城为中心，发动湘南起义，实现湘南割据。但此计划因"朱范合作"暂未实施。①

朱范谈判合作旧址

朱范谈判合作旧址位于汝城县城郊乡津江村，旧址保存完好。1927年11月，朱德凭借与范石生在云南讲武堂的同学旧谊，利用其与蒋介石的矛盾，与范石生展开了两军合作谈判。在范石生的帮助下，南昌起义部队以"第十六军四十七师一四〇团"的番号隐蔽下来，并得到薪饷、弹药、被服等军资补给。朱范合作谈判成功，为湘南起义保存了军事实力。

宜章"年关暴动"旧址

在宜章县城内，即原县议会故址，为四栋两层楼房围成的四合院，现保存完好，1996年公布为全国重点文物保护单位。1928年1月12日，朱德率部打着国民革命军第十六军一四〇团的旗号进入宜章县城。先遣队队长胡少海因是宜章名门望族，受到当地官员与士绅的接待。酒过三巡，朱德摔杯为号，一举擒获县长杨孝斌，解除当地警卫武装。因此事发生在农历年尾，故称"年关暴动"。"年关暴动"打响了湘南起义的第一枪，拉开了湘南起义的序幕。

郴县苏维埃政府旧址

郴县苏维埃政府旧址在郴州市城区内，为陈氏家族所建，故名"陈家大屋"，现保存完好，2015年公布为第七批全国重点文物保护单位。1928年，朱德、陈毅智取宜章后，击溃了前来镇压的国民党独立第二师许克祥部，取得了坪石大捷。之后，朱德、陈毅率部向湘南重镇郴县进军，于1928年2月4日占领郴县。同年2月7日，郴县苏维埃政府成立，办公地点设在"陈家大屋"。此后，永兴、耒阳、资兴、安仁等县先后暴动，都成立了苏维埃政府。

---

① 事见《中共党史研究》1988年第4期。

彭公庙联席会议旧址

彭公庙联席会议旧址在资兴市州门司镇塘家湾村，由两栋胡氏祠堂和八角亭组成，保存较为完好。湘南起义节节胜利，蒋介石大为震惊，即令湘粤两省重兵夹击。此时，中共湘南特委提出"以赤色恐怖对付白色恐怖"的错误方针，严重脱离群众，削弱了革命力量。在大敌压境、敌众我寡的关键时刻，朱德、陈毅做出了撤离湘南、向井冈山转移的英明决策。1928年4月9日，湘南起义陈毅部与湘南特委机关及井冈山前来接应的工农革命军第二团会集资兴彭市，在彭公庙召开了各部负责人联席会议，表决队伍去向。陈毅等坚持上井冈山，湘南特委书记杨福涛、团委书记席克斯不听劝阻，执意将特委机关带回衡阳，结果在耒阳、安仁交界处遇敌伏击，全部遇难。次日，陈毅率部开赴井冈山。

毛泽东驻军、"三大纪律六项注意"颁布地旧址

毛泽东驻军、"三大纪律六项注意"颁布地旧址在桂东沙田万寿宫，原为江西会馆，祀许真君。前人楹联云："门空宜入座，院静好念经"，"且把尘凡抛碧汉，还将苦海入香花"。1928年3月30日，毛泽东为接应湘南起义上井冈山的队伍率部进驻桂东沙田，团部设在当年江西商人主办的江西会馆——万寿宫，并在此起草建军史上第一条军规《三大纪律六项注意》。4月3日，他于沙田圩街老虎冲三十六担丘公布军规，三大纪律是："行动听指挥，不拿工人农民一点东西，打土豪要归公"。六项注意是："上门板，捆铺草，说话和气，买卖公平，借东西要还，损坏东西要赔"。如今，此地已建成"第一军规"广场和陈列馆，2005年被列入第三批全国爱国主义教育基地。

图9-5 位于桂东县沙田镇的"三大纪律六项注意"颁布地纪念碑

被列入国家重点文物保护单位的红色文化旧址还有：桂阳县苏维埃政府旧址、板梁暴动夺枪旧址——中村宗祠、碛石暴

动旧址（彭氏宗祠、中共宜章县委旧址——承启学校、玉公祠）、中共嘉禾南区支部活动旧址——萧克故居、轿顶屋会议旧址、工农革命军第一师第一团团部旧址、宜章县太平里乡邓中夏故居，这些旧址印证了中国革命的历程，也印证了每一位革命前辈的"初心"。

在郴州，湘粤古道贯穿南北。两千多年前征服五岭的秦朝兵马踏过，一千多年前为杨贵妃进献荔枝的唐代邮马驰过，但走的最多的还是老百姓。日积月累，古道的石板上已经深深印下了骡马负重前行的蹄印，因此也叫"骡迹路"。一首民歌唱到骡马绝迹："可怜可怜真可怜，可怜哥哥去挑盐；扁担当得摇钱树，油篓当得早禾田；走了好多冤枉路，喊了好多老板娘；吃了好多糙子米，睡了好多冒脚床……"有一个古今必过的关隘叫折岭，走了两千多年的骡迹路、民国粤汉铁路、现代京珠高速公路、武广高速铁路在这里交会，这就是短短一个世纪带来的沧桑巨变。在这里，我们可以一眼赏尽郴州不同时代的人文景迹，可以追溯郴州文明的"初心"。

（本章撰稿：萧落落）

第十章 珍奇独秀的风物特产

第十章 珍奇独秀的风物特产

一方水土，一方风物。郴州地处南岭成矿带的中段，凭借先天的地质条件，形成了丰富的有色金属资源、矿物宝石资源等，享有"世界有色金属之乡""世界有色金属博物馆""矿物晶体之都"等美誉。郴州有明媚秀丽的盆地，有绵延起伏的丘陵和高山，有优质的水源和水域，适宜的自然条件使郴州物产丰富。北承楚湘、南融北粤的地理位置使这片土地有着多元的文化和开放的传统，勤劳务实的郴州人不断探索器物的精致实用和食物的丰富可口。得天独厚的自然条件加上勤劳创新的人文精神，使这片热土上有了与众不同、珍奇独秀的风物特产。

一　矿物宝石藏郴山

郴州是有色金属之乡

韩愈在《送廖道士序》一文中说："郴之为州，在岭之上……其水土之所生，神气之所感，白金丹砂石英钟乳橘柚之包……"郴州地处南岭成矿带的中段，市域地层出露较齐全，岩体600余个，出露面积3500平方公里，且岩石类型多样，构造发育、成矿地质条件优越，找矿潜力巨大；矿产相对集中分布；矿床规模大，资源丰富；共伴生矿产多，单一矿产少。目前，全市共发现各类矿种112种，占全国和全省发现矿种的65.1%和92.6%；查明储量的矿种46种，大型及以上矿床13处，中型99处，小型174处，矿点600余处。矿产保有资源储量居全省前5位的矿种有24种，居全省首位的有铋、钨、锡、钼、铅、铜、银、萤石、隐晶质石墨等12种。全市共有矿山企业约

1000家,其中大中型企业80家,年产矿石4000万吨,矿产品收入1500多亿元,利润100亿元以上。

郴州凭借其得天独厚的地质条件和水域生态,在形成了丰富有色金属资源的同时,也生成了丰富的宝玉石、观赏石和矿物晶体资源,有"矿物晶体之都"的美誉。

神奇的矿晶闻名遐迩

矿物晶簇是指由生长在岩石的裂隙或孔洞中的许多矿物单晶体所组成的簇状集合体,它们一端固定于共同的基地岩石上,另一端自由发育而具有良好的晶行。晶簇可以由单一的同种矿物的晶体组成,也可以由几种不同的矿物的晶体组成。与成千上万吨的各种工业矿石相比,在自然界以完好单晶或晶簇产出的矿物数量比较稀少。郴州的矿物晶体资源相当丰富,全国80%的矿物晶体产自郴州,郴州多种宝石的储量和产量在国内乃至国际上都占据主导地位。包括全世界独一无二的国宝级矿晶"香花石"以及方解石、萤石、白钨、水晶、黑钨、车轮矿、黄铁矿、闪锌矿、钟乳石等,种类繁多,造型独特,在中国乃至世界享有很高的地位。这一系列矿物晶体都是在郴州得天独厚的地质条件和矿产资源特定的地质环境下形成的,郴州所产矿物晶体得益于其科研价值、观赏价值和可遇不可求的收藏价值而名扬四海。

珍稀的玉石美轮美奂

香花玉是一种透闪石质玉,与和田玉特征相似,可以作为高档玉石使用,主要产于临武县香花岭及周边地区。香花岭产的透闪石质玉主要为原生山料。这些山料体量大,呈块状结构,玉质好,少绺裂;颜色娇艳,以青色、墨绿色为主,还有糖色、黄色等颜色;韧性极强,加工技术性能良好,是制作高档玉石制品的上好原料。其成品外表柔和滋润,质感细腻,色相庄重,极富观赏价值和收藏价值。

通天玉是一种石英岩质玉,玉质细润、色泽丰富,主要产于临武通天山和西山地区。该玉分山料、水料、山流水料三种,色泽有白色、淡红色、黄色、青色、墨色等,摩氏硬度在$6.5 \sim 7$,硬度较高,抛光性好,亮度好;密度在$2.65 \sim 2.74$,质地细润。

图10-1　临武通天玉工艺品

奇特的观赏石令人爱不释手

郴州市观赏石、奇石主要有七彩石、黄蜡石、芙蓉石、青花石、墨石等。七彩石主要分布在汝城、资兴，是制作装饰板材、工艺石画的上乘石材。黄蜡石色泽金黄、质地坚韧、手感细润，是一种名贵的观赏石，主要分布在汝城县集龙、三江口、热水和桂阳县南部乡镇，以桂阳火田、西水一带产出的蜡石最为神奇，质优色美。质地上等的黄蜡石是雕刻工艺品的珍宝，与云南龙陵"黄龙玉"质地相近。芙蓉石实名粉晶，以粉红色、紫色为主色调，半透明，石质坚韧、手感细腻，润度、密度、透度都达到了宝石品质，主要分布在永兴县。青花石是由墨石和石英岩玉组合而成，质感细腻，主要分布在桂东县。墨石质地似玉，色黑如漆，盛产于桂阳、宜章、汝城等地，桂阳北部春陵江产量较大。该石质坚形美，水洗度较好；造型奇特，敲击能发出清脆洪亮的声音。

郴州除了奉献流金淌银的资源，还蕴含矿物、坑冶、采铸文化。2015年，郴州举办了第三届中国（湖南）国际矿博会（前两届均在长沙举办），吸引了全球85个国家和地区、300多个国际展商参展，参观人次达38万人次，交易额达16亿元，赢得了国内外的一致好评。同年11月30日，省政府常务会确定：从 2016 年起，中国（湖南）国际矿物宝石博览会固定在郴州市举办。目前，已成功举办了第四届（2016 年）、第五届（2017 年）、第六届（2018 年）。中国（湖南）国际矿物宝石博览会成为世界三大矿博会展之一（另两个是美国图森矿博会和德国慕尼黑矿博会）。在郴州举办国际矿物宝石博览会，是名副其实的"开在矿井口的博览会"。

二　手工物品赛天工

在中国，有被称为金都、玉都、锡都、锑都等的城市，都是源于该地拥有某种丰富的矿产资源，而被誉为"银都"的永兴却是个例外，永兴属于"此地无银三百两"，当地并没有银矿资源。

永兴生产银器和白银的历史可上溯到明末清初时期，据《永兴县志》记载："明末清初，冶炼业尤盛，境内从事土法冶炼金银，闻名省内外，上市的工业品有煤炭、铁、铅、锡、银、铜等。"永兴没有金银矿，但在永兴周边的桂阳、常宁等地盛产金银矿，并且有悠久的开采历史。据《文献通考》记载："汉元狩四年（前 119）全国置铁官四十处，江南唯桂阳一处。"可见在西汉时期就在桂阳设置朝廷命官管理金银铜的开采。据《永兴乡土志》记载："明末清初，永兴聘常宁人铸铅锡，聘桂阳人铸银铜，尔后，父传子承，师授徒继，发展成为民间传统工艺，单户或合伙开炉，时断时续，延续至今，以柏林、樟树、太和、洞口为盛。"当时，不甘贫穷的永兴人下南洋谋生，逐渐掌握了从金号、首饰店的楼板、灰尘、洗手水中提炼金银的技术，金银冶炼之火开始在永兴乡村点燃，而且逐步发展成为民间金银器手工制作传统工艺。现存于湖南省开园博物馆内明清时代的蝴蝶胸花银挂件、银锁等银器就产于永兴。改革开放后，永兴人又学会了从医院废旧用品，照相馆用过的定影水和胶片，有色金属冶炼后的废坩埚、阴沟泥以及车间垃圾等废料、废渣中提炼金银。一时间，永兴的"三废"回收大军穿梭全国各地，县内冶厂遍布。

永兴银饰创意独特，造型美观，工艺精湛，洁白光润，被誉为"永远闪耀着月亮般的光辉"，其做工之细，图饰之美，令人称奇。这些银饰的式样和构造经过了匠师的精心设计，从设计到雕刻和制作包含 30 多道工序，包括铸炼、捶打、焊接、洗涤等多个环节，均为手工制作。

2008年7月20日，耗费5万两白银，动用数十名工匠，历经百余天的封闭式构建的中国最大银楼在永兴县惊艳亮相。银楼借鉴日本金都的金楼而建，楼高二层，一楼是柱式空透建筑，中间铸一大型鎏金神龟。二楼雕梁画栋，有门窗隔壁。楼二层空间配有鸳鸯椅一张，采用鎏金、银打造，尽显精致与奢华。令人难以想象的是，整座银楼雕梁画栋，除屋面瓦片外，主要构件全部用银片装饰包裹，就连门窗上的镂空雕花都用银片装饰，而所用5万两白银全部都是回收于来自全国各地的废渣、废料、废液。

图10-2 永兴银楼

自古以来，湘南地区山高林密，盛产木材。独特的地理环境造就了郴州独特的人文风景，湘南木雕就是具体体现。尤其是樟木、楠木、梨木，给木雕的普及创造了很好的条件。

湘南木雕主要集中应用在湘南民居建筑装饰上，伴随着湘南建筑的发展而发展。有建筑木雕、家具木雕和祭祀木雕三大类。从郴州出土的三国简、西晋简以及散落于民间山野的古老木雕等实物上，可以看到湘南木雕渊源的汉代遗风。到明清时期，由于商业贸易的崛起，大量商贩南来北往，运输南北货物，取道湘南地区的陆路与水路，民居的兴建达至历史新高，木雕的发展也达到高峰期。现存的湘南地区的古建筑以明清建筑居多,青砖碧瓦,天人合一,又以清朝乾隆至光绪年间的为主,主要分布在以郴州市为中心的山区和丘陵地带,辐射到周边市州。郴州市所辖县市都有成片的明清建筑遗存。这些古建筑均有精美的建筑木雕作装饰,大门、厅门、天井周边的阁楼、隔扇、窗户、梁枋以及藻井、神龛、宗祠、戏台等是装饰的重点。

　　湘南木雕深受楚文化的影响,楚文化的天真烂漫、大气恣肆在木雕上都有呈现。内容上世俗化倾向明显,多采用象征、比拟等手法含蓄地表达人们求祥接福的期望和对幸福生活的向往。题材源自神话故事、民间传说、历史典故及忠孝仁义信的伦理教化,或寓含吉祥的珍禽异兽、名花奇草,生活气息浓郁,富于装饰意味,人物、动物造型讲究形神兼备、生动质朴,艺术感强。

　　木雕装饰构件在古建筑中起到美化和教化的双重作用。在湘南民居中用于装饰的瑞兽、百鸟、人物、回纹、花卉等木雕,造型优美,雕工精湛,虽历经数百年,仍栩栩如生。其中以桂阳、资兴、宜章、永兴、临武、嘉禾、汝城、桂东等地保存最为完整。临武县土地乡村落朝门上一根长4米、高约30厘米的横梁上采用高浮雕的手法共雕有99个栩栩如生的戏曲人物,其技艺令人叹为观止。汝城县土桥镇明代后期建成的"叶氏祠堂"大厅入口处上方的主梁"双龙戏珠",大量采用了高浮雕透雕、镂空雕等多种雕刻艺术手法,堪称湘南木雕之冠。

　　湘南木雕的地域特色鲜明:用料上以本地生产的樟木、榆木、杉木为主。常用工具是点錾、扁锉,有时再加一把锤子、一把尺、一根红墨线,就可以操作。制作上大刀阔斧,大胆用料,刀法明快、简约,重在写意。工艺上采用高浮雕、甚至接近圆雕的工艺,洒脱空灵,平和里透出清新,繁密中见出秀美,神奇中带点诡异,虚幻中体现真实。

　　湘南木雕一般采用具象的表现手法,造型上较为夸张,特别是头大身小的人物,人大房小的衬景,夸而有节,变化适度。人物刻画不着意五官表情,也不拘泥于人体比例,而是表现人物动态的传神,突出造型的质朴、稚拙、明快,具象中有抽象,夸张、幽默的动势使形象充满生气。构图上,往往把不同的场景和人物,或者一出戏、一个故事的几个情节组合在一个画面。

　　近年来,湘南木雕的艺术价值越来越为人们所认知,在各种家居设计、艺术创作中也不断运用其元素，相关古玩的市场价格也一路走高。

历来中国人有着浓厚的吉祥观，湘南人也不例外。讲求行好运、寓意好兆头也成为湘南木雕表现的主要内容。明清湘南木雕采用象征、谐意、寓意、比拟等手法直接或含蓄地表达的吉祥意念，恰好适应了人们趋利避害、祈求吉祥、追求荣华富贵的民俗文化心理，因而能在民间广泛流传。湘南木雕艺人用朴素的思想和艺术语言，质朴坦率地表达了人们求祥接福的期望和对未来幸福生活的热切向往，表现出先民们最美好的原始信念，其建筑木雕作品图必立意，意必吉祥，深刻地反映出浓郁的民间生活气息和湘南民俗文化色彩。

拼布绣起源于汉朝，盛行于明清及民国时期，是一种流行于民间的原生态造型艺术。郴州永兴大布江乡地处罗霄山脉，在漫长的岁月里，当地人过着与世无争、自给自足的农耕生活，身上的穿戴全靠妇女们勤劳的双手，她们用小块布料拼接起来做成衣服鞋帽等物，还用各种颜色的边角布料拼出能表达自己情感与追求的花纹和图案，由此产生了拼布绣。大布江拼布绣是湘南拼布绣的一个典型派系，手法和构图别致，有着浓郁的地域特点，30多年前在永兴、资兴、安仁、桂东、汝城等相邻一带的农村广泛流传。也许现在很多人对拼布绣会感到陌生，但在湘南农村，出生于20世纪80年代之前的人，几乎都用过或至少看过拼布绣作品，如小孩子戴的口水兜、肚兜、围裙、荷包、用来背小孩的背带、鞋垫等，颜色鲜艳，图案鲜活，方便实用。手艺人凭自己的想象和感觉拼图，月亮可以是蓝色、橙色、灰色或绿色。一张娃娃脸，添两只小耳朵，加几根胡须，额头正中绣个"王"字，一只老虎便跃然布上。所拼图案一般都有很吉利的寓意，如蝙蝠喻福，荷通和，柴通财，葫芦即福禄，朴实的手艺人以此祈愿美好生活。

以前的妇女由于家里少吃短穿，必须自己动手做这些常用物品，或是做这样的东西用来换钱补贴家用，因此大部分人都会做这些手工制品。但随着时代的发展，纺织品逐渐取代了这些传统的手工制品，民间做拼布绣的人越来越少。

何娟是大布江拼布绣的省级传承人。她在传承传统表现手法的基础上，借鉴了其他艺术门类的表现方式，加入了现代美术设计理念和现代生活元素，再用高档的布料和绣线编织，绣品也突破了传统穿戴用的领域，成了极具收藏价值的艺术品。2013 年，大布江拼布绣被列入第三批湖南省非物质文化遗产保护名录，2015 年荣获湖南"最美珍稀老手艺"称号；同年 7 月，被评为湖南"最具发展潜力的传统技艺项目"。2016 年、2017 年大布江拼布绣均参展了巴黎博览会，吸引了世界各国众多观众的眼球。

图10-3 大布江拼布绣在法国参加巴黎博览会

在郴州临武县，出产一种冬暖夏凉、四季咸宜的龙须草席。据《临武县志》记载：临武编织龙须草席技术，是从明朝末年由广西传入，至今已有 300 多年的历史。龙须草席因龙须草而得名。龙须草细长空心，状如"龙"的长须。相传古时，风瘫病疫流行湖南临武，百姓苦难深重。有位神仙为了替百姓消灾祛病，托梦给一位姑娘：用"仙草"编织席子睡垫，方可解除疾苦。这种草生长在深山老林之中、悬崖峭壁之上，草丛中常有毒蛇蜷伏，采集如同"虎口拔牙""龙头取须"，极为艰险。为了解除百姓痛苦，这位美丽的姑娘提出：谁上山采回"仙草"，就许以终身。有位勇敢的青年站出来，立誓不取回"仙草"，不回来见姑娘。青年在大山中与毒蛇猛兽搏斗了三天三夜，终于采回了一担龙须"仙草"。"仙草"采回来了，可那青年却口吐鲜血而死。姑娘噙着热泪，没早没晚地织、编，七天之后，一床柔软舒适的龙须草席织成了，点点血泪化成了美丽的图案。姑娘把草席送给身患重病的乡亲，果然一睡便见神效，病痛全消。英勇的青年和美丽的姑娘的传说，使神奇的龙须草席更添了几分爱的美好与神圣，从此，编织龙须草席工艺，成了临武广大劳动妇女的传统工艺，一直流传至今。临武龙须草席的生产工艺十分讲究，采草、配料、编织、加工都有严格的要求。如此编织的龙须草席花式多样，质地柔软透气，四季皆宜，为人们所喜爱。清初，龙须草席已列为贡品，民国时期，远销日本、德国等国。1954年龙须草席参加德国莱比锡国际博览会，被誉为"世界独有的手工艺品"。

三 风味食品诱人馋

在中国，几乎所有的节令美食，都饱含了人们对美好生活的向往，如饺子寓意吉利，年糕寓意"年年高"，月饼寓意团聚。

在郴州，有一种风味食品叫套花，也被称为桃环、绦环、套环等。标准的套花，有6个大圈6个小圈，寓意一年里的6个大月和6个小月，也意味着六六大顺，套花环环相扣，寓意着阖家团圆。

制作套花的第一道工序，是碾米。把上好的糯米碾成粉状后，在锅中翻炒一会儿。炒热的糯米粉中拌入蔗糖和盐混合搅拌，做成黏黏的面团。接下来的工序至关重要，这些面团被搓揉成细细的条状，在村妇的巧手下，捏成桃花状，外面的大圆套着里面的小圆，一环套一环，环环相扣。做好的套花，需要入锅油炸。若要将套花炸得金黄酥香，必须要用到郴州本地的土茶油。食物在烹制过程中，材料的配合和火候总让人感觉妙不可言，增之减之都会少了风味。套花与茶油，似天生绝配，若是将茶油换成花生油、棕榈油，无论如何，都少了套花应有的酥香，色泽上也不似茶油炸出来的这般金黄。

我们的先辈将糯米团完成了这充满想象力的转化，从最平凡的一粒糯米，到形状的转换，都是人们辛勤劳动、经验积累的结晶，也是这方水土永远的记忆。

桂东黄糍粑是郴州的传统名点之一。每逢过年，桂东家家户户都要做黄糍粑，虽然每家的做法工艺和口味不完全一样，但在他们看来，如果缺少了黄糍粑，那就不是真正意义上的过年。因为桂东方言中，"糍"和

图10-4　套花

"齐"同音，而"齐"有"全"的意思，象征着一家人团团圆圆。因此，每逢过年，家家户户的餐桌上第一道上桌的必是黄糍。新年走亲访友时，带上几条"糍首"几个"糍印"，既表吉利喜庆，也是分享手艺，互相品谈和赞美的良机。

桂东另一个黄糍的品种叫"大禾糍"。大禾糍的表面看起来比较粗糙，没有黄糍那么光洁好看，但韧性特好，比黄糍更好吃。大禾这一品种适于种植在山高水冷的梯田中，产量很低。桂东大禾糍的加工，便是以这种大禾米为原料，辅以山中的"黄泥柴"等植物烧成的灰制成的"碱水"浸泡，捞起大禾米，沥干后倒进饭甑里蒸熟，将饭甑端起放在一个架子上，将"碱水"均匀淋入大禾米饭中，直到饭甑底下漏水，大禾米完全吸收了碱水为止。随后将大禾米饭倒出晾开，稍微晾干后，装入饭甑再蒸后倒入石臼中，趁热使用杵槌用力捶打制作而成。大禾糍除桂东一地生产外，与桂东相邻的汝城县、资兴市也有乡民喜欢做。

饺粑是郴州桂阳一带深受人们喜爱的传统食品。饺粑是桂阳人特有的叫法，也许饺用"糕"字更合适，音从焦，形从米。过去，百姓人家一般只在元宵节、清明节、立夏、中秋或孩子满月等特殊节日才可以吃饺粑。做饺粑更是一件神圣的事，做饺粑时要沐浴、更衣、焚香，其中缘由不得而知。随着生活水平的提高，吃饺粑成了家常便饭，除了自家做，大街小巷也遍布着饺粑店，且物美价廉。

做饺粑首先要选好米（主要是粳米），用清水把米淘洗干净、晒干，磨成米粉，取适量米粉于盆中，加水，搅拌，接着使劲揉米粉团，直到米粉团有了很强的黏性，再将这半熟的米粉分捏成一个个汤圆大小的疙瘩，用手将这些米粉疙瘩拍成薄薄的圆饼状，便是粑皮。和馅是一门各显神通的手艺，饺粑的口味多靠馅料。桂阳饺粑馅多皮薄，主要用大蒜、香葱、萝卜丝、豆角、白菜、豆腐、腊肉、少许辣椒粉等拌馅。馅有酸、甜、辣、咸等多种风味。将粑皮摊开托在左手掌心，右手夹起早就准备好的馅放进粑皮中间，然后，将粑皮对折，包住馅，用力捏粑的边沿。一些有经验的人可在粑的边沿捏出很多好看的花纹。饺粑做好之后，整齐地放在竹篾或者是不锈钢做的粑托上，再连同粑托放在大锅里蒸，完全靠水蒸气将饺粑内外蒸透蒸熟。饺粑可以有水煮、清蒸、油炸等多种吃法，桂阳人偏爱清蒸的方式。晶莹剔透的优色泽、五味杂陈的多门类、皮薄馅多的高质量、香喷诱人的新口味、形如半月的好寓意等都是桂阳饺粑深受欢迎的原因。

居住在临武县城以北山区的麦市、万水、武源、楚江、三合、镇南和香花岭等乡镇的汉族人民世代好客，凡喜庆佳节或逢亲朋贵客进门，总要用做法讲究、佐料精致的油茶款待客人，久而久之形成了一种独特的饮食文化。麦市和万水的油茶最具特色和美味，因两乡原系一乡，故临武县大多称之为"麦市油茶"。

麦市油茶的食材搭配非常好。它由糯米饭分成一小坨一小坨后晒硬的冻米、糯米饭抖成糍粑后切成的糍粑籽、花生和煮熟后晒干的玉米搭配而成。其中，冻米、糍粑籽是主要的，占到一份油茶的八成左右，花生占百分之十到十五，玉米仅占一成左右。按这个比例配制烹炸出来的油茶，冻米、糍粑籽这两样主料的味道突出，而花生、玉米的佐味功能又得到了最佳发挥，加上油茶水的短时间浸渍，将油茶的美味香气融合，所以特别好吃。

麦市油茶的烹炸制作也很有讲究。一般以猪油或茶油下铁锅，烧到滚热时，把冻米或者糍粑籽放到油中炸。边炸边翻煸，等冻米或糍粑籽炸到呈现金黄色就捞上来装在盆子里。然后炸花生和玉米。此时，掌握火候尤其显得重要。因为经过刚才几分钟的烹炸，锅里的油已经滚沸，所以，花生或玉米下到油中几秒钟之内就得捞上来。食材炸好后，把它们装在同一盆中，用勺子搅拌均匀，这叫分炸混装。有些手巧的家庭主妇则是双手捏住盆子的左右两边，将盆中油茶后抛，回倒，像厨师炒菜翻锅一样；再左右甩动，使油茶和匀。

接下来烧泡茶水。先把水烧开，放好。然后在炒锅中放少量猪油，一小把大茶叶，一两块老姜，特别要注意把老姜拍至扁平开裂，这样才便于姜味挥发渗透。拌在一起边拍打边翻炒，接着，将刚才烧开的水倒入炒锅。这时，炒锅中茶水滚沸，热气腾腾，适量放点盐，两分钟后，深褐色的浓香的油茶水（麦市人把这种茶叫雷打茶）就炮制成功了。油茶吃在嘴里吱吱喳喳地响，香酥爽口；油茶水油而不腻，微辣而香，好闻又好喝。除了味道好，还能保胃健齿，祛邪去湿，预防感冒，常喝强健长寿。对于长期居住在临武贫瘠山区的人们来说，油茶实在是再好不过的健身食品。但因制作油茶的程序繁杂且制作成本高，在生活困难的年代，除逢年过节和贵客临门，一年到头难得吃上一顿真正意义上的油茶，即使来客做油茶也只是做些简单的炒油茶。如今，随着农村生活水平的提高，人们经常做油茶吃，已成为当地一项最具特色的饮食（茶）文化。

栖凤渡鱼粉是郴州的著名小吃，发源地在郴州市苏仙区栖凤渡古镇。"走千里路、万里路，舍不得栖凤渡！"这句流传千百年的古话说的不仅是栖凤渡的地方好，更是夸它的独树一帜的传统小吃栖凤渡鱼粉。传说栖凤渡与三国名士庞统有一段渊源。庞统起初并不被刘备重用，只得个耒阳县令的小职，心情十分郁闷。从郴州回耒阳途中投宿栖凤渡小镇，因心事重重，又感风寒，毫无食欲。于是早早歇息，但却一夜辗转难眠。第二天起床已是晌午时分，店家早已卖完了吃食。这时，恰巧一名渔翁打鱼回来经过此店，店家急中生智，买了一条河鲢鱼，熬成鱼汤，调入当地特产豆油、茶油、辣木汤等佐料，用家里过节备用的干切粉做成一碗鱼粉。庞统食后汗流满面，胃口大开，顿时觉得精神抖擞，风寒全消。他大声赞道："此乡野之味，亦可登大雅之堂！快哉！快哉！""乡野之食可做出如此美味，一介小县令也可成就大事啊！"回到县衙后他励精图治，果然有所作为，后来屡屡升迁。

栖凤渡鱼粉的做法说简单也简单，说不简单又不简单。最关键的是汤料，它由各种调料熬制而成，里面少不了鱼、姜、蒜、辣椒和茶油。那鱼必须是鲢鱼，而且应是早晨买来的活生生的鲢鱼，用隔夜的或放在冰箱里的鱼来做，那汤料定不会鲜美。如果选用冷浸田里出产的大米，再用人工磨出米浆，现烫现煮，那味道就更是不一般了。

冬天，自制一些香喷喷的腊味用来待客，这是千百年来郴州乡间过年的传统。鸡、鸭、鹅、鱼、猪、牛、羊肉等皆可用来制作腊味，腊味的制作手法也各异。而无论用哪种原料，用怎样的工艺手法，总体而言，制作腊味过年，是郴州乡间百姓对于日渐式微的传统的一种固守。但在湘粤赣交界的汝城，一个叫作上祝的村庄，用鸭子制作腊味的传统，却因其独到的工艺和独特的口味，经历时间的打磨、岁月的变迁，逐渐地发扬光大。汝城人把这种用鸭子制作而成的腊味叫作"板鸭"，上祝村的板鸭，则在汝城声名远播，品牌最响。关于上祝制作板鸭的历史，村里的族谱记载，可以上溯到明清年间。传说乾隆南巡时，御用过上祝板鸭，即兴赐名"祝家村板鸭"以示嘉奖。上祝板鸭从此成为贡品，远近闻名。

上祝板鸭以性野、肉嫩、骨香的"汝城麻鸭"为原料。鸭子放养90来天，再槽养一个月左右，长到两斤多一点，就可以宰杀。一般每年冬至日前后当宰。上祝板鸭之所以美味可口，除了原料好之外，还因为采取的是最传统的工艺做法。宰杀、拔毛、腌制（只使用粗盐）等工序，都是纯手工操作。如果天气好，晾晒在外的鸭子是不收的，也不用任何东西遮盖，就让它经历风吹、日晒、霜冻的锤炼。半个月后，一只只"形如盘、颜如玉"，肉质细嫩、香味浓郁的板鸭就制成了。除了整只的板鸭，人们还把"鸭爪、鸭肠、鸭翅、鸭下巴"这鸭身上的四样东西制作成"鸭四宝"。

上祝板鸭的食用方法很简单，可蒸、可炒。蒸炒时可以不放任何佐料，也可以加入葱、姜、蒜、辣椒等，无论怎么食用，其香、鲜、嫩、醇之独特风味，都会让人过齿难忘。

四　农副产品有名牌

2017年，为深入挖掘郴州"三农"发展特色亮点，加快农业产品和旅游资源的开发利用，推进郴州农业农村发展，由市委宣传部、市委网信办、市农委、市旅游外事侨务局共同组织，经过基层推荐、专家审核、网络投票，郴州评选出了"十大农产品知名品牌"。

高山禾花鱼

据《志书》记载：鲤鱼体扁、口有须；每年谷雨前后，松枝置池，鱼遗籽松上，不久出，苗针大小；待大如指，分置田中，稻花落水，鱼唼之，即肥两三寸，谓之禾花鱼，有红者，呼之金丝鲤；竭水泽鱼，骨软味尤美。这就是刺小肉多、肉质细嫩清甜、骨软无腥味、让人垂涎三尺的禾花鱼。

相传，炎帝神农氏在五岭一带发稻种、做耒耜、教耕种、尝百草。某天，神农氏带着母亲重返骑田岭腹地，见黄茅（今北湖区仰天湖一带）一带山清水秀，族人都尊崇种稻狩猎之法，其乐融融，便决定再次落脚，完善族人的耕猎技术，并从山溪中抓来野鱼驯养在稻田里。从此，黄茅一带便形成了鱼稻共生和转田的习俗。公元前214年，秦始皇派任嚣和赵佗南平百越，军队在途经骑田岭一带时染上了瘴气，治愈后仍身体虚弱，军心不振，当地官员便带着赵佗往黄茅一带寻找粮草和秘方，黄茅的族长便用当地产的稻米、稻田里养的鲤鱼和野阳荷一同熬粥，给身体虚弱的官兵们吃下。官兵们很快得到了康复。赵佗平定南越之后，称南越武帝，仍念念不忘黄茅的禾花鱼。公元前195年，赵佗臣服汉朝，并将黄茅的禾花鱼推荐给大汉的皇帝作为贡品。康熙《郴州志》记载：南干鱼产于郴州之南，黄茅一带。时至清朝乾隆年间，黄茅的禾花鱼仍是贡品。

高山禾花鱼生长在郴州境内五岭和罗霄两大山脉海拔500米以上的梯田中，其产地生态环境优良，水质清冷，主要采食落水的禾花，因其肉具有禾花淡淡的香甜而得名。每到稻熟鱼肥时节，大量的食客游客远道而来，尝一尝当年的贡品禾花鱼。为打造这一品牌，北湖区从2016年起在每年金秋时节举办"仰天湖高山贡品禾花鱼节"。2017年4月，农业部正式发文准予"郴州高山禾花鱼"登记为地理标志保护农产品，这也是全国首个"高山禾花鱼"农产品地理标志登记证书。

东江湖蜜橘

据《兴宁县志》记载，"物产果之属：梨、桃、柑、橘……"由此推测，资兴市种植柑橘至少已有上百年历史。《湖南省资兴县地名录》（1983）、《资兴市农业志》（1989）、《郴州地区志》（1996）、《资兴市志》（1999）、《中国实业志》及当代作家白薇《我的家乡》等都记载了资兴柑橘的种植和发展。20世纪50年代后，全县开始推广无核蜜橘。借助东江湖特殊的小气候条件和蜜橘生产一系列集成技术攻关和实施，东江湖蜜橘产品成熟早、皮薄、味甜、无核化渣、风味浓郁，享有"橘中之王"的美称。种植柑橘成为资兴橘农致富增收的新途径。2015年东江柑橘中的"东江湖蜜橘"获得了国家产地地理标志论证。

近年来，资兴市委、市政府大力实施"倾力创建品牌 打造'蜜橘大县'"战略，加快构建柑橘标准化生产和加工体系、橘产品质量安全可追溯体系、柑橘产品流通销售网络体系、柑橘产业科技支撑体系"四大体系"建设，倾力创建"东江湖蜜橘"品牌。2015年"东江湖蜜橘"通过了农业部农产品地理标志认证，2016年"东江湖蜜橘"荣获第十四届中国国际农产品交易会全国名优果品区域公用品牌金奖，成为湖南省柑橘类唯一获此殊荣的产品。2016年东江湖蜜橘商标注册成功。东江湖周边12万亩东江湖柑橘被认定为全国绿色食品原料标准化生产基地，年产量20多万吨，产品供不应求。

东江鱼

东江鱼因产自东江湖而闻名。东江湖位于资兴市境内。"一坝锁东江，高峡出平湖"。东江湖水面面积达160平方公里，蓄水量81亿立方米，相当于半个洞庭湖。东江湖水质经国家权威机构检测，有106项指标达到了国家Ⅰ级饮用水标准，是淡水鱼类养殖的天然理想场所。加之东江湖区气候效应，具有明显的立体气候特征。年平均气温17.1℃，年日照时数达1503.5小时，最低温度在1月，平均5℃，最高温度在7月，平均达30℃，水体温、光、热适度，非常适合鱼类生长发育。由于大水体热容大，东江鱼类的年生长期比一般水域多一个月以上。东江鱼富含多种氨基酸和蛋白质，肉质细腻，色艳味美，堪称有机鱼典范和绿色食品，荣获湖南无公害水产品认证、绿色食品认证和有机转换产品认证、湖南省第二届农博会金奖、中国国际厦门（渔业）博览会金奖、国家地理标志保护产品等荣誉，被郴州市委、市政府确定为"一市一品"重点产业。

近年来，资兴市委、市政府在充分保护东江湖水环境的基础上，科学、适度地在东江湖流域发展东江鱼养殖与深加工，有鲢鱼、草鱼、鲤鱼、三角鲂、青鱼、鳙鱼等18个品种先后通过了无公害产品认证，取得了东江鲢鱼、翘嘴红鲌、银鱼干等8个品种的绿色认证和有机食品论证。央视《舌尖上的财经》栏目热播了"东江鱼"的电视纪录片。2015年在东江湖举办的"东江鱼王，天下第一锅"被认定为世界吉尼斯纪录。

全市建有4个国家级水产健康养殖示范场，是湖南省重要的名优特色渔业品牌基地和湖南省最大无公害水产品健康养殖生产示范基地。全市养殖水面30余万亩，总产量3.7万吨，实现渔业产值近4亿元，注册了14家东江鱼加工企业、30多家东江鱼养殖企业和农民专业合作社，联合成立了资兴市东江鱼养殖协会和东江鱼行业商会，带动近1.5万户农户从事渔业生产和加工。该市以东江鲜活鱼为原料，以传统的湘南食品加工方法，结合现代食品加工工艺制作出东江鱼制品，成功开辟了国内用淡水鱼制作休闲鱼制品之先河。"东江鱼"以其优良品质多次获得国家优质农产品博览会金奖，被认定为湖南省著名商标，产品畅销全国各地，并远销国外。

桂阳坛子肉

坛子肉又名辣酱肉，辣子肉，是桂阳县的传统名菜。传说三国时期赵云攻打桂阳郡时，败桂阳太守赵范而入城，太和乡民夹道欢迎并奉上大盘菜肴犒劳三军，这便是现在的桂阳坛子肉了。赵云首尝后连道："妙哉太和辣，美哉坛子肉……"霎时，一大盘坛子肉便被赵云吃完，桂阳郡坛子肉由此而名扬天下。

在物资匮乏的年代，为了确保有肉食供应，桂阳农村家家户户都要养猪。挨到年底就开始杀猪过大年。一头猪轻则几十斤，重则数百斤，一时半会儿吃不完，当然更是不舍得吃完。在没有冰箱的条件下，桂阳人想出各种各样的方法来储存，坛子肉就是当地百姓的经典创作。

制作坛子肉的原材料很简单，猪肉、辣椒和盐。食物的味道首先取决于食材，好的食材才能成就美味。猪肉以农家土猪肉为上品，土猪肉弹性极大，质地柔韧，味道鲜美。除了猪的品种外，猪肉的部位同样不可小觑，一般以五花肉为主，肥瘦相间，肉质细嫩，老少咸宜。精选土猪五花肉，去毛洗净，切成小块，入油锅煸炒出油。煸炒程度视各人喜好，喜欢焦脆的可以稍炒久些，待肉焦黄捞出。有的人家直接将小块五花肉倒入油锅里煎炸，直到炸成油渣状才捞出沥干油分。辣椒的选择至关重要，桂阳全境皆产辣椒，特别是南乡太和、方元等地所产朝天椒香辣味美，冠绝湘南。用此地产的朝天椒去蒂洗净，打成辣椒酱。辣椒酱须事先掺入食盐和水，还要把握好稀稠度，便于后面拌和猪肉。盐除了调味,更重要的作用是防腐,延长储藏时间。坛子肉的口感全赖辣椒酱的盐分和配方,盐的量要足,以防发酸变质,也可添加桂皮、八角之类的香辛料。油炸肉与辣椒酱充分拌和后一般不会马上食用,而是装进坛子里边腌制边软化,不仅更加入味,而且更加耐储。如此做出来的坛子肉原料丰富,色泽红润,芳香扑鼻,入口鲜辣可口,肉质肥而不腻,入腹回味绵长,有开胃、增强食欲之功效。

宜章脐橙

宜章县位于湖南的最南端,气候温暖,雨量充沛,无霜期长,昼夜温差大,非常适合脐橙生长,可种植脐橙的山地资源相当丰富。2003年该县被农业部列为"赣南—湘南—桂北"柑橘优势产业带脐橙优势项目县,是全国脐橙标准化生产示范县。宜章脐橙具有果面光滑、皮泽橙红、皮薄易剥、味甜而浓、质脆化渣、香味浓郁等特点,先后荣获湖南省第七、八届农博会金奖,湖南省首届中西部农博会金奖,全国名特优新农产品,地理标志证明商标等荣誉称号,2006年5月被中国绿色食品发展中心认定为绿色食品A级产品。

近年来,宜章县将脐橙产业确定为"一县一品"支柱产业,依托华中农业大学、湖南农业大学等科研院所技术,以绿色生态种植引领脐橙开发热潮。按照"公司+基地+业主"的模式,宜章县先后成功建设了城西万亩生态农业示范园、梅田镇上寮生态农庄两个万亩核心脐橙示范基地,带动各乡镇建设了一大批规模化脐橙新基地,到2017年,全县脐橙种植面积已达20.3万亩,是全省8个脐橙大县之一,年产量10万吨,产值5亿元,取得了良好的经济效益、社会效益和生态效益。

永兴冰糖橙

永兴种植橙子历史悠久,据《永兴县志》记载,乾隆年间,在永兴的乡村,橙子已达到相当的规模。冰糖橙因甜似冰糖而得名,永兴县素有"冰糖橙之乡"的美誉。

相传唐贞元十九年(803),韩愈被贬为阳山令。途经永兴时,见便江两岸风光秀美,便在此逗留多日。当他听说有"涌水罐"这一奇怪地名时,决定去看看。涌水罐丘陵绵延,遍布泉眼,泉水清澈。韩愈走走停停,不觉天色已晚,便在一户农人家里借宿。农人很好客,宰鸡具酒款待。席间,宾主尽兴,韩愈多喝了几杯,竟然醉了。农人摘了几个橙子,给韩愈醒酒。可是橙子味道酸涩，无法下咽。这时韩湘子云游至此，看见农人对他叔祖这么好，有心帮助这位农人。于是在云端作法，吹响紫玉箫。箫声振起的声波回荡在农舍周围，屋后的橙子树随箫声婆娑摇动。第二天，农人摘来了橙子，剥开尝了尝，味道竟然变了，一股浓浓的冰糖味从齿间溢出，农人大惊。韩愈笑而不语，嘱咐农人好好地保护这几株橙子树。此后，农人的后人代代传种，并借此养家糊口。

该县地处中亚热带大陆湿润季风气候区，热量丰富，光照充足，雨量充沛，四季分明，土壤有机质含量较高，酸碱度适中，保水保肥性能强，良好的生态环境为冰糖橙生长发育、内在品质和独特风味形成提供了得天独厚的自然条件。经国家农业部柑橘及苗木质量检测检验中心测试，永兴冰糖橙可溶性固形物含量为 13.5%，全糖含量为 12.11%，维生素 C 含量达 59.7 毫克/100 毫升，富含糖、酸、膳食纤维、多种维生素以及钙、铁、镁、硒等微量元素，具有很高的营养价值和保健作用。先后荣获第二届中国农业博览会金奖、湖南省农业厅优质水果金奖、"中国十大名橙"等荣誉称号，连续 8 年荣获湖南省农博会金奖和最畅销产品奖。

嘉禾倒缸酒

嘉禾民间酿酒历史悠久，从在该县发现的古代遗址中，发掘出的东周时代陶质盛酒罐、鼎足以及汉代陶质酒罐来看，嘉禾民间酿酒历史可谓十分悠久。据传，清朝咸丰年间，太平天国五万义军途经嘉禾，将士奋力攻克县城后，待民如亲，饭宿给钱，城民热烈拥护，纷纷献出家藏美酒。将士大喜，开怀畅饮，并歌舞吟诗，欢娱达旦。当时，酒量大的人觉得水酒不过瘾，索性弄来糟烧（糟烧酒）兑入水酒中，果然其味更佳，全城藏酒被一饮而空。此后，一些人家就试着将糟烧兑水酒饮，然觉烧酒味太重，慢慢地索性将糟烧倒入未兑水的甜糟中，封缸月余，缸中酒香扑鼻，乍一品尝，口味绝佳。后人便将其称为"倒缸酒"。倒缸酒醇香味甜，好进口，后劲大，且"醉脚不醉头"。正如著名电影导演谢晋来嘉禾喝了倒缸酒后说的："知道不会醉，醉了不知道。"

在酿酒的分类中，嘉禾水酒属于半干型黄酒类。其制作程序是：先将淘净的优质糯米蒸熟，然后放入药曲糖化成甜糟，再按比例兑水，待储存若干天后，即成色清味醇的嘉禾水酒。因气温之故，冬至酿制的水酒色更清、味更醇、酒糟化酒率高，故每年"冬至"时节，家家户户用糯米酿酒，直到"春节"才开盖饮用。

倒缸酒是在提高嘉禾水酒酿造技术的基础上酿制而成的。即将糟烧或水酒倒入未兑水的甜糟中，若干天以后，缸中酒香扑鼻，取出品尝，口味绝佳。因该酒在酿制中将糟烧或水酒倒入糟缸，故名"倒缸酒"。这种传统倒缸酒要历经20余道工序，其酒色泽棕黄，香味浓郁，入口醇和，酒精度22度左右，糖度15以上，属低度甜型营养酒。经科学测定，倒缸酒富含人体必需的氨基酸达22种以上，还含有人体需要的多种维生素、无机盐和碳水化合物，其营养成分的含量为啤酒的5倍，具有滋补养身、强力健体之功效。全国政协原副主席、中顾委常委萧克将军称赞"水是家乡甜，酒是倒缸好"。

图10-5　嘉禾倒缸酒酿制

嘉津茶油

相传，神农氏教耕于嘉禾，在这块神奇的土地上还发明了将茶籽榨油供人们食用。嘉禾茶油是饮誉中南诸省的土特产品。民国38年（1949），全县已有油茶林12万多亩，年产茶油2000担，销往省内各地。20世纪70年代初，嘉禾被列为湖南省重点茶油基地之一。

嘉禾茶油以清、香、纯见称。油茶籽的出油率在25%左右，茶油杂质在2%以内。茶油色泽清亮，晶莹透明，富有香味，有"香油"之称。且茶油食用后容易消化，能促进脂溶性维生素的吸收，不易导致肥胖，不会增加心脑血管负担，被誉为"长寿油"。20世纪80年代以来，嘉禾茶油先后调至广东、广西、江西等省份，均是免检入境。农村实行家庭联产承包责任制后，农民培育油茶林的积极性进一步高涨，大片大片的油茶基地得到了垦复，一些宜林的荒山均种上了油茶树，茶油生产得到了较快的发展，并成为农民增收的一项重要财源。

当前，随着农业产业化步伐的加快，嘉禾茶油也进入了"农户＋基地＋公司"的产业化、市场化运作领域，并创立了自己的品牌"嘉津"茶油。"嘉津"茶油是嘉禾县嘉津实业有限公司通过精深加工生产的，成为湖南省著名商标、湖南省食品安全优秀品牌、郴州十大农产品品牌之一，并荣获中国中部（湖南）第五、第六届国际农博会金奖。"嘉津"纯茶油还是中国女排郴州训练基地的指定食用油，品牌效应带动了巨大的市场竞争力。

舜华临武鸭

临武鸭是中国八大名鸭之一，国家地理标志保护产品。相传舜帝南巡来到临武，有感于临武先民的淳朴和生活的艰难，将一片羽毛、四个石头赐予了当地百姓，老百姓抱石伏羽七七四十九天后，孵出了四只美丽异常活泼可爱的小鸭，这就是临武鸭，为了使临武鸭区别于其他地方的鸭种，舜帝又在临武鸭的颈上钦点了一圈白环。从此以后，临武百姓把喂养临武鸭作为一项传统产业，世代相传。还有一种传说是，临武鸭本是天宫神鸭，因迷恋临武秀美的山水，常常偷下天宫嬉戏游玩其间。后来，舜帝南巡到临武，被那翔于峡谷、游于溪间河流的临武鸭所吸引。他决意要把这些可爱的精灵在临武留下来造福临武人民，于是手指轻轻一点，一道明晃晃的银环便套在临武鸭的颈上，使本来就玲珑秀美、仙姿绰约的临武鸭更加光彩照人。银环不但套住了临武鸭的颈，而且套住了临武鸭的心，从此，临武鸭不再飞往天宫，在临武的山水之间永久地住下来。临武鸭肉质细嫩、味道鲜美、营养丰富，被称为"家禽之珍品"。相传明代万历年间，时任礼部尚书的临武人曾朝节家中一位王爷来访，正碰到曾朝节家乡人送来一对临武鸭。王爷看惯了体大肥硕的北京鸭，看到这小小巧巧的临武鸭，对曾朝节说："临武人真小气，送两只这么小的鸭子作礼品。"曾朝节郑重地告诉王爷:"你不要看它小,它可是鸭中珍品,鲜美得很呢。"王爷不信,曾朝节留其吃饭。王爷吃后,果然大加赞赏。从此,临武鸭成为皇家贡品。

图10-6 临武鸭

临武人弘扬舜帝明德之精神,创立舜华鸭业公司。舜华临武鸭自20世纪90年代实施产业化开发以来,建成了集养殖、加工、商贸为一体的全产业化链条。目前,临武鸭年出栏量1200万羽,开发出了休闲、餐桌、冷链三大品类200多款产品,200多家临武鸭专卖店分布湖南、广东、贵州、海南等省,28000多个商业网点遍布全国,成了一个独具文化内涵的农产品品牌。2017年,舜华鸭业荣获"湖南省省长质量奖"。

桂东玲珑茶

桂东玲珑茶,属于绿茶,产于桂东县清泉镇铜锣村的玲珑组。桂东地处湖南的东南隅,位于罗霄山脉中段南端,东北靠万洋山,东南临渚广山,西有八面山,玲珑茶可谓"生在高山上,长在云雾中"。玲珑茶紧细弯曲,状若环钩,色泽苍翠,银毫毕露,冲泡后汤色清亮,滋味醇厚。茶形如环钩,奇曲玲珑,又产于玲珑村,故有"玲珑茶"之雅称。桂东玲珑茶是湖南八大历史名茶之一,明清以来自然选择和人工繁育的两朝贡品,湖南省第一批获得 IMO 认证的绿茶产品，入选《中国茶经》名典。

桂东县茶叶种植始于明代末期，历史悠久。相传在明末清初年间，玲珑山上有一位山母仙，怜悯远道求生之客，一夜，亲自骑马到村里传授制茶仙法，对各农户都教三遍。一到拂晓，她来不及喂马，就匆匆腾云离去，至今玲珑山顶上还有一处称为马归槽的地方，形如马槽，终年蓄水不竭。玲珑茶以采摘细嫩、制工精巧而蜚声各地，近年来，制茶工艺又经科学改进而更臻完善。

近年来，桂东县委、县政府高度重视茶叶产业的发展，加大投入力度，着力打造全国"茶叶之乡"，着力开发以"玲珑茶"为主的茶产品，玲珑茶先后荣获"第十二届上海国际茶文化节中国名茶金奖""第三届中国（长沙）国际食品博览会金奖""第十届中国（湖南）国际农博会金奖"等 60 多项国际国内大奖，是全省重点扶持的品牌之一，"玲珑茶"2012 年获批成为"国家地理标志保护产品"。玲珑王茶叶开发有限公司生态茶园被评为中国最美 30 座茶园之一，全国生态茶园示范基地。目前全县茶叶发展到 13.8 万亩，年产量 3600 吨，年产值 3.35 亿元。

（本章撰稿：肖　蕾　何　琦）

结　语

　　郴州是一方神奇的宝地和热土，拥有深厚的历史文化底蕴。上古时代，神农氏在此制耒耜耕种水稻，尝百草作医药。战国时，楚国在此地置苍梧郡。秦时设郴县，西汉时置桂阳郡。隋开皇九年（589），改桂阳郡为郴州，"郴州"这一地名正式载入史册。"郴"字独属郴州，绵延至今两千余年。郴州南通岭南，北接湘楚大地，是湖湘文化与岭南文化的交会之地。郴州地处罗霄、五岭山脉，古时候是瘴疠横行的闭塞之地。一句"船到郴州止，马到郴州死，人到郴州打摆子"的民谣，将郴州这块昔日朝廷官吏被贬流放的"南蛮之地"形容得淋漓尽致。尽管如此，境内仍然保留许多古老运输通道，人们统称为湘粤古道。悠悠古郡马蹄疾，历来多少失意的文人墨客荟萃于此，唐宋文人杜甫、韩愈、柳宗元、秦少游等都在此留下脍炙人口的诗篇以及流传千古的人文故事。尤其宋代周敦颐，在郴州为官八年，兴办学校，谈经讲学，撰《太极图说》，成为理学的开山鼻祖。南宋以后，中国经济文化中心开始南移，大量人口迁移入郴州，同时带来了丰富的农作物和经济作物品种，以及较为先进的农业和手工业生产技术，郴州大地迎来了历史上快速发展的时期。明清之际，郴州地区的建筑技术达到相当高的水平，从现存的规模颇大的古村落看来，这些民居群体建筑蕴含着丰富的伦理传统、风水观念、生态原理，遗留下来的民居建筑雕梁画栋、布局合理，工艺十分精湛，凸显了湘南民居的鲜明特色。

　　近代以来，中国面临千百年未有之变局，战乱频繁，社会动荡不安，中国逐渐沦为半封建半殖民地国家。此时的郴州人们亦被卷入了历史的洪流之中。晚清湘南天地会反清起义、太平天国与湘军在郴州的激战，激扬了郴州人们的斗争精神，为以后湘南起义等革命活动积累了宝贵的精神传统。辛亥革命推翻清朝建立民国，广大郴州青年学生参加到革命队伍之中。五四运动期间，郴州组织"郴县学生联合救国团"，各界人士积极参与。之后，郴州籍青年邓中夏、黄克诚、曾志、曾中生、曾希圣等先后入党，成为早期的中国共产党党员。大革命期间，被反动派屠杀的郴州革命烈士达数千人。朱德、陈毅率领南昌起义军余部在宜章县城发动"年关暴动"，揭开湘南起义的序幕。毛泽东率领部队从井冈山进取桂东，为严明军纪宣布"三大纪律六项注意"，后完善发展为"三大纪律八项注意"，成为人民军队"第一军规"。红军长征经过郴州时，留下许多美谈，汝城县沙洲村"半条被子"的故事就是其中最著名最感人的一个。抗日战争爆发后，郴州各县建立抗日游击队，发动和依靠群众，郴州军民浴血奋战，直至取得抗战的最后胜利。中华人民共和国成立后，掀开了郴州历史的新篇章。

历史潮流，浩浩荡荡。现代的郴州，在改革开放、科学发展思潮的激荡中，迸发出无穷的活力。郴州充分利用处于内陆对接东南沿海的前沿区位优势，构建与珠三角、长三角、长株潭、海西、成渝等经济圈紧密联系的大通关、大开放格局。以建设全方位开放的现代化省际区域中心城市为目标，推动城市建设管理大提质。境内京广铁路、京广高铁、京港澳高速公路及复线和106、107国道纵贯南北，厦蓉高速公路衡贯东西。郴州北湖机场、兴永郴赣铁路建成以后，郴州的区域交通优势更加明显。郴州充分利用得天独厚的丰富资源，打造"中国有色金属之乡""中国银都""中国观赏石矿物晶体之都""中国温泉之城""最具幸福感城市"等名片。境内拥有丰富的自然生态资源，森林覆盖率高，山清水秀，空气清新，城市品位、人文景观不断提升，呈现出"郴江幸自绕郴山"的秀美画面。

郴州自古为"九仙二佛之地"，是道佛宗教文化发扬壮大的福地，苏仙、王仙得道成仙的传说在民间广为流传，苏仙岭更是郴州的文化地标。因为苏仙岭，人们认识并记住了郴州。岭上的道观、石刻、诗词、传说和故事，都在诠释苏仙岭。直到今天，各方游客接踵而至，流连于苏仙岭文物艺术、山清水秀之中。遍布郴州各地的古道、古村、古寺、古堡、古祠堂、古碑刻，都是祖先留下的独一无二的不可替代的文化基因，这种人文精神缔造的古迹文物历经沧桑巨变之后，更加让现代郴州焕发出无穷的魅力。郴州古老的裕后街，积淀着城市的历史，蕴含着湘南的古韵。如今的裕后街，以纯正的湘南风情为基调，成为集商业、居住、娱乐和历史、文化、旅游于一体的休闲街区。位于郴江河畔的爱莲湖公园，因北宋周敦颐的《爱莲说》而得名，融合郴州的历史文化和湘南古民居建筑特色，成为湘南民俗文化长廊中的一颗明珠以及生态宜居家园。

郴州经济的发展，亦经历了一个曲折的过程，头顶着"中国有色金属之乡"的光环，不可避免地陷入资源路径依赖，矿兴则市兴，矿弱则市弱。产业结构调整优化，这是一道必须迈过的坎。发展至今，郴州进入了从传统产业格局向现代产业格局的转型、从城乡二元结构向城乡一体转型、从单一交通节点城市向综合交通枢纽城市转型、从欠发达向全面小康转型的轨道。

展望未来，别样郴州，更具魅力，更具活力。站在新的起点，郴州市委市政府和全市人民一道，科学推进经济社会发展，加强城乡一体化管理，全面提升市民素质，建设和谐宜居、富有活力、具有湘南特色的现代化城市。按照促进生产空间集约高效、生活空间宜居适度、生态空间山清水秀的要求，形成生产、生活、生态空间的合理结构。提高城镇建设管理水平，体现尊重自然、顺应自然的理念，让城市融入大自然，让居民望得见山、看得见水、记得住乡愁；保护和弘扬优秀传统文化，延续城市历史文脉，努力把郴州建设成为人与人、人与自然和谐共处的美丽家园。郴州的明天将更加美好！

主要参考文献

1. 《郴州地区志》，中国社会出版社，1996。
2. 王硕男主编《郴州文化概论》，中国戏剧出版社，2013。
3. 谢武经：《试析苍梧——带您走进神秘古苍梧》，郴州文史网。
4. 胡祥苏：《古桂阳郡的来龙去脉》，《郴州日报》2018年11月11日《林邑周刊》文化版。
5. 刘华寿：《郴州历代诗文选注》，湖南出版社，1996。
6. 王文章：《非物质文化遗产概论》，文化艺术出版社，2006。
7. 刘诚煦、张式成：《天下第十八福地郴州》，天马图书有限公司，2001。
8. 何琳仪：《新蔡竹简选译》，《安徽大学学报》2004年第3期。
9. 金东辰、孙朝宗：《医林典故》，百花文艺出版社，2009。
10. 张式成：《传国玉玺与林人卞和》，《湖南年鉴·文献与人物》2016年第3期。
11. 刘华寿：《郴州历代诗文选注》，湖南出版社，1996。
12. 中共湖南省委党史研究室：《中国共产党湖南历史》第一卷，湖南人民出版社，2008。
13. 湖南郴州市党史资料征集办公室编《湘南起义史稿》，湖南人民出版社，1986。
14. 李映山：《文心撷美——文心雕龙与美育研究》，吉林科技出版社，2005。
15. 喻广德、张式成主编《郴州之光——群星璀璨》，花城出版社，2007。
16. 《宜章读本》，方志出版社，2013。
17. 冯天瑜等：《中华文化史》，上海世纪出版集团，2005。

18. 纪念宜章置县1395周年丛书:《百件大事和百位人物》,方志出版社,2013。
19. 中共郴州市委宣传部主编《人文郴州》,湖南人民出版社,2015。
20. 刘华寿编著《郴州历代名人》,湖南师范大学出版社,1993。
21. 《郴州地区志》,中国社会出版社,1996。
22. 喻广德、张式成主编《郴州之光——群星璀璨》,花城出版社,2007。
23. 中共宜章县委:《勇立潮头创伟业,浩然正气昭千秋》,《湖南日报》2014年10月4日。
24. 中共湖南省委党史研究室:《为理想执著奉献 用理论书写忠诚》,《湖南日报》2015年11月30日。
25. 中共郴州市委党史办公室等编《郴州英模》。
26. 王硕男主编《郴州文化概论》,中国戏剧出版社,2013。
27. 《郴州地区志》,中国社会出版社,1996。
28. 王娜:《论何孟春的边塞诗》,《时代文学》2012年2月下半月刊。
29. 胡光凡:《写出色彩来 写出情调来——评古华小说创作的艺术特色》,《文学评论》1982年第5期。
30. 雷达:《当代农村的社会风俗画——略论〈芙蓉镇〉》,《当代》1981年第1期。
31. 李国春:《郴州当代文学评论选》,湘潭大学出版社,2015。
32. 郴州地区志编纂委员会编《郴州地区志》,中国社会出版社,1996。
33. 中共郴州市委宣传部主编《人文郴州》,湖南人民出版社,2015。
34. 袁玉娟主编《品读汝城》,红旗出版社,2009。
35. 李光球主编《嘉禾县志》,黄山书社,1994。
36. 李刚铤、宋甲武主编《郴州市志》,黄山书社,1994。
37. 黄志莲主编《宜章读本》,方志出版社,2013。
38. 邓艳红主编《守望桂阳》,湖南人民出版社,2018。
39. 谭金刚主编《便江文化考略》,永兴县文史研究会,2017。
40. 王硕男主编《郴州文化概论》,中国戏剧出版社,2013。
41. 冯象钦、刘欣森主编《湖南教育史》,岳麓书社,2002。
42. 张仁主编《郴州教育志》,郴州市教育委员会,1993。

43. 《桂东县志》，湖南人民出版社，1998。
44. 《资兴市志》，湖南人民出版社，1999。
45. 《桂阳县志》，中国文史出版社，1994。
46. 《宜章县志》，黄山书社，1995。
47. 《安仁县志》，中国社会出版社，1996。
48. 《郴州市志》，黄山书社，1994。
49. 《汝城县志》，方志出版社，2008。
50. 《徐霞客游记》（上、下），上海古籍出版社，1987。
51. 尹长生、尹香力：《北湖龙王大揭秘》，《郴州民间文化》2012年4月，总第八期。
52. 桂阳县政协主编《桂阳民俗》，中国文史出版社，2016。
53. 萧落落：《关于〈陋室铭〉那些事儿》，《中国文化报》2012年5月30日。
54. 张辛欣：《湖南地区石窟摩崖造像调查与研究》，湖南大学硕士学位论文，2011。
55. 萧落落、曹海陵：《"先天地偈"启发〈太极图说〉辨》，《湘学研究》2018年第1辑。
56. 邓湘宜主编《浆水风物》，中国诗词楹联出版社，2016。
57. 朱惠芳主编《汝城古祠堂》，岳麓书社，2012。
58. 张兴民主编《桂阳古戏台》，中国建筑工业出版社，2016。
59. 中共郴州市委宣传部主编《人文郴州》，湖南人民出版社，2015。
60. 陈岳、何琦：《郴州味道》，花城出版社，2016。

后 记

本书是在中共湖南省委宣传部、湖南省社会科学院、湖南省湘学研究院统一组织和指导下完成的，是"湖湘文化区域精粹"丛书中的一本。从策划到成稿，历时近一年时间。编写组先后多次召开座谈会，并深入桂阳、宜章、永兴、汝城、临武等地进行实地调研，与基层文史工作者座谈交流。在统一调研的基础上，编写组成员按照分工进行撰稿。初稿完成后，经集中讨论交流，各章作者又进行了修改。各章稿件汇总后，主编、副主编在统稿的过程中又多次进行修改，并增加或删减了部分内容。

中共郴州市委常委、市委宣传部部长冯海燕多次听取本书编写组汇报，对本书编写工作精心指导，亲自审阅文稿。中共郴州市委宣传部和郴州市各县市区委宣传部对本书编写工作给予了大力支持。周露同志为本书编写做了大量服务工作。湘南学院地域文化研究所积极参与本书编写工作。有关县市区委宣传部，郴州网以及段移生、曾湘荣、李文、贺茂峰、陈卫平、黄建华、欧阳常海、朱主洪、肖蕾等为本书提供了图片。在此，我们一并表示衷心的感谢！

由于我们水平和阅历所限，书中难免有一些不足乃至错误，敬请读者批评指正。

编写组
2018 年 12 月

图书在版编目(CIP)数据

郴州：郴江幸自绕郴山／毛健，胡祥苏主编. －－北京：社会科学文献出版社，2019.11
（湖湘文化区域精粹）
ISBN 978－7－5201－4875－7

Ⅰ.①郴… Ⅱ.①毛… ②胡… Ⅲ.①地方文化－介绍－郴州 Ⅳ.①G127.643

中国版本图书馆 CIP 数据核字（2019）第 095317 号

湖湘文化区域精粹
郴州：郴江幸自绕郴山

主　　编／毛　健　胡祥苏
副 主 编／李国春　刘军勇

出 版 人／谢寿光
责任编辑／周雪林
文稿编辑／殷　霞

出　　版／社会科学文献出版社·城市和绿色发展分社（010）59367143
　　　　　地址：北京市北三环中路甲29号院华龙大厦　邮编：100029
　　　　　网址：www.ssap.com.cn
发　　行／市场营销中心（010）59367081　59367083
印　　装／三河市尚艺印装有限公司

规　　格／开　本：787mm×1092mm　1/16
　　　　　印　张：16.5　字　数：276千字
版　　次／2019年11月第1版　2019年11月第1次印刷
书　　号／ISBN 978－7－5201－4875－7
定　　价／88.00元

本书如有印装质量问题，请与读者服务中心（010－59367028）联系

▲ 版权所有 翻印必究